**"쉽고 재미있는데
유익한 프로그래밍 책이 존재한다고?"** _ 서은택

이 책은 〈코딩게임〉이라는 프로그래밍 챌린지 사이트의 다양한 문제들을 엄선하여
난이도별로 차례로 설명해 주면서 독자의 실력이 차근차근 늘어가도록 구성되어
있습니다.

책의 구성이 잘 설계되어 있어 최소한의 프로그래밍 기초만 있다면 누구라도 책에서
설명하고 있는 내용을 따라가면서 문제들을 해결하는 기쁨을 맛볼 수 있습니다.
단순한 문제풀이 책이 아니라, 프로그래머라면 꼭 알아야 하는 다양한 자료구조와
알고리즘을 하나씩 차근차근 설명해 주기 때문에 알고리즘 학습을 위한 교재로도
손색이 없습니다. 웬만한 일반 알고리즘 책과 비교해 봐도 더 상세하고 잘 정리된
설명에 다양한 도표, 더불어 그 알고리즘을 직접 적용할 수 있는 문제가 함께
소개되기 때문에, 말하자면 이론과 실전이 제대로 결합되어 학습 효과를 극대화할
수 있는 구성입니다. 거기에 저자가 중간 중간에 넣어 놓은 다양한 읽을거리들은
프로그래밍과 관련한 상식을 키우는 데에도 도움을 줍니다.

〈코딩게임〉 사이트 또한 매우 흥미롭습니다. 다른 많은 프로그래밍 챌린지
사이트들은 프로그래밍 자체에 초점이 맞추어져 있기 때문에 처음 입문하는
사람들에게 재미를 느끼게 하기 어려운 반면, 〈코딩게임〉은 프로그래밍 결과가
즉각적으로 표시되기에 프로그래밍의 즐거움을 훨씬 더 강하게 느끼게 해 줍니다.
혼자서 문제를 푸는 것뿐만 아니라 다른 사람과 경쟁하기도 하고 심지어는 실시간
프로그래밍 대결도 할 수 있어서 몰입해서 하다 보면 프로그래밍의 즐거움에
'중독'되는 진기한 경험도 해볼 수 있습니다. 그래서 이 책과 〈코딩게임〉을 잘
활용한다면 말 그대로 프로그래밍을 재미있게 배울 수 있다고 확신합니다. 저자가
〈코딩게임〉 사이트에서 활발히 활동하고 있기 때문에 저자와 직접 대결도 해 볼 수
있다는 것은 또 다른 즐거움이 아닐까요?

**"쉽게 따라 하고 재미있게 도전해보면서
알고리즘과 논리적 사고를 키워주는 책"** _김수영

개발자가 아니더라도 최근 파이썬 정도는 해야 한다는 분위기가 조성되고 있습니다.
특히 데이터 관련 작업을 하는 팀에서는 필수입니다. 하지만 혼자서 공부를 하다
보면 어느 정도까지 문법은 따라 할 수 있지만, 논리적인 코드를 작성하는 것은
어렵고 흥미를 잃기 쉽습니다. 이 책은 그런 사람들에게 쉽게 따라 하고 재미있게
도전해 보면서 실질적인 알고리즘과 논리적 사고를 키워줍니다. 이와 함께 파이썬
코딩에 대해 꼭 필요한 부분을 잘 짚어주고 있습니다.

**"기초 알고리즘을 재미있고
쉽게 배울 수 있도록 도와주는 책"** _이지호

개발자로서 18년을 일하면서 현장에서 알고리즘에 목마름을 느낄 때가 많았습니다.
아마도 대학 2~3학년 때 짧게 배우고 지나갔던 수학 과목들과 알고리즘을 다시
떠올리기 싫어서였던 것 같습니다. 저와 여러분이 이제 만나기 시작한『게임으로
익히는 코딩 알고리즘』은 기초 알고리즘을 재미있고 쉽게 배울 수 있도록 도와줄
것입니다. 책을 봄에 있어 시간을 낸다고 생각하지 말고 조금씩 즐겨보세요.
그러다가 닥터 후가 언급되면 지나간 향수를 불러일으킬지도 모릅니다. 닥터 후
글자를 보면 바로 제나 콜먼이 생각날지도 모릅니다.

"쉬운 방법부터 최적화까지
스토리로 문제를 해설해주는 책"_문성훈

참 어렵고도 딱딱하기 쉬운 코딩과 알고리즘을 〈코딩게임〉이라는 사이트의 문제를
통해서 재미있는 소설을 읽는 것처럼 알려주는 점이 좋았습니다. 단순히 문제를
푸는 데 그치지 않고 쉬운 방법부터 최적화까지 스토리로 문제를 해설해 주고, 같이
고민하면서 쉽게 쉽게 읽을 수 있도록 만들어 줍니다. 처음 알고리즘에 입문하거나
알고리즘 사이트에서 아무리 문제를 풀어도 실력이 늘지 않는다고 느끼시는
분들에게 강력 추천해 드립니다.

"응용력을 키우고 싶을 때
진입장벽을 낮춰주는 좋은 가이드 북"_한미소

이 책은 코딩의 이론을 마치고 응용을 시작하는 단계에서 '〈코딩게임〉이라는
사이트를 통해 응용력을 키우고 싶다'라고 할 때 이 책이 진입장벽을 낮춰 주는
좋은 가이드 북이 될 것 같습니다. 개인적으로 '초급 문제 비중이 더 많았으면
어땠을까'하는 아쉬움은 있습니다. 왜냐면 그래도 초급은 좀 많이 따라 했거든요!
그리고 완료하면서 좀 재미있었습니다. 초급의 다른 문제들도 도전해보려고 합니다.
나중에 초급/중급/고급으로 아예 따로 내주세요.

**"실무라는 사막에서 길 잃은 개발자에게
지식과 지혜를 나눠주는 오아시스 같은 책"**_최성현

이 책을 총 5번 읽었는데요,

한 번 읽었을 땐 컴퓨터 사이언스의 필수 알고리즘들을 배울 수 있었고,

두 번 읽었을 땐 파이썬이라는 프로그래밍 언어를 이해하게 되었고,

세 번 읽었을 땐 〈코딩게임〉 사이트에 대한 흥미를 느낄 수 있었고,

네 번 읽었을 땐 개발 경험이 풍부한 작가이 개발 철하을 엿볼 수 있었고,

마지막으로 읽었을 땐 주식은 하면 안 된다는 것을 느낄 수 있었습니다.

(06 STOCK EXCHANGE LOSSES 내용)

실무라는 사막에서 길을 잃은 개발자에게 지식과 지혜를 나눠주는

오아시스 같은 책이라고 단언합니다.

게임으로 익히는
코딩 알고리즘

지은이 김영기 코딩게임 레벨 36(nickname: hard-coded)

코딩게임의 모든 업적을 다 채우려다보니 평소에 쓰지도 않던 프로그래밍 언어를 공부하는 일이 어느새 새로운 취미가 되었다.

한글과컴퓨터에서 개발자의 삶을 시작하며 〈아래아한글〉을 개발했다. 그러다 어느 날 게임을 만들겠다며 회사를 뛰쳐나가 (주)블루사이드, 이노스파크, 비주얼 콘셉츠에서 〈킹덤 언더 파이어 2〉, 〈드래곤프렌즈〉, 〈히어로스카이〉, 〈NBA 2K〉 시리즈 등의 게임을 출시했다. 현재는 캐나다에서 새로운 도전을 위한 공부를 하며 취미로 새로운 언어를 익히고 있다.

• 코딩게임 프로필 : www.codingame.com/profile/bdb85491a5398d37cc726929a30b95231303091

게임으로 익히는 코딩 알고리즘

취업, 이직, 승진 준비생들을 위한 알고리즘 기본 + 코딩 테스트 트레이닝 북

초판 1쇄 발행 2019년 5월 6일
초판 2쇄 발행 2020년 8월 1일

지은이 김영기 / **펴낸이** 김태헌
펴낸곳 한빛미디어(주) / **주소** 서울시 서대문구 연희로2길 62 한빛미디어(주) IT출판부
전화 02-325-5544 / **팩스** 02-336-7124
등록 1999년 6월 24일 제 25100-2017-000058호 / **ISBN** 979-11-6224-161-5 93000

총괄 전정아 / **책임편집** 윤은숙 / **기획** 조희진 / **편집** 강민철
디자인 표지&내지 김연정 조판 이경숙
영업 김형진, 김진불, 조유미 / **마케팅** 박상용, 송경석, 조수현, 이행은 / **제작** 박성우, 김정우

이 책에 대한 의견이나 오탈자 및 잘못된 내용에 대한 수정 정보는 한빛미디어(주)의 홈페이지나 아래 이메일로 알려주십시오. 잘못된 책은 구입하신 서점에서 교환해 드립니다. 책값은 뒤표지에 표시되어 있습니다.

한빛미디어 홈페이지 www.hanbit.co.kr / **이메일** ask@hanbit.co.kr
자료실 www.hanbit.co.kr/src/10161

지금 하지 않으면 할 수 없는 일이 있습니다.
책으로 펴내고 싶은 아이디어나 원고를 메일(writer@hanbit.co.kr)로 보내주세요.
한빛미디어(주)는 여러분의 소중한 경험과 지식을 기다리고 있습니다.

게임으로 익히는

코딩 알고리즘

김영기 지음

개발자 레벨업 프로젝트

HB 한빛미디어
Hanbit Media, Inc.

2017년 봄이었습니다. 직장 동료가 〈코딩게임〉을 제게 처음 소개해줬습니다. 그 전에도 다른 코딩 사이트에서 간간히 코딩을 하고 있던 터라, 그와 비슷한 사이트인줄 알았습니다. 처음 한두 문제를 풀 때까지는 그 생각에 별로 변화가 없었습니다. 그러다 어느 순간 저는 코딩이 아닌 게임을 하고 있다는 것을 깨달았습니다. 화려한 그래픽 화면은 제 눈을 사로 잡았으며, 레벨과 업적 같은 요소는 한 문제씩 풀 때마다 저를 성장시킨다는 느낌을 받았습니다. 마치 RPG 게임에서 캐릭터를 성장시키는 것처럼 말이죠. 그 후 저의 취미는 '코딩게임'이 되었습니다. 한 문제씩 퍼즐을 풀어나가면서 얻는 희열과 쾌감이 저를 이 게임에 빠져들게 만들었습니다.

EASY 난이도부터 시작해서 MEDIUM과 HARD를 거쳐 VERY HARD 문제를 처음 풀었던 날은 하루 종일 흥분이 가라앉지 않더군요. 별것 아닌 문제 하나 풀었을 뿐인데 막연한 자신감이 샘솟고 나머지 문제도 빨리 풀어야겠다는 욕구가 넘쳤습니다. 하지만 게임마다 문제를 풀기 위한 방법과 알고리즘은 모두 달랐습니다. 한 문제 한 문제 풀 때마다 새로운 알고리즘을 공부하면서 풀어야 했습니다.

또, 코딩게임에서 제공하는 AI 경쟁 모드는 제가 만든 AI와 다른 개발자가 만든 AI끼리 전투를 벌여 승패와 순위를 매기는 것이었는데, 의욕에 비해 제 실력은 그리 뛰어난 편이 아니라 초기에는 하위 리그에 머물렀습니다. 은근히 자존심이 상하기도 하고 승부욕이 발동하여 게임 한 개라도 상위 리그에 도달해 보자는 목표를 세웠습니다. 하지만 알고리즘을 적용하여 문제를 푸는 것과 이를 응용하여 AI를 만드는 것은 다른 얘기였습니다. 그간 제가 알고 있는 AI는 '길찾기' 알고리즘이 전부였습니다. 그것만으로는 부족하다는 것을 깨닫고 본격적으로 공부하기 시작했습니다.

각 게임에는 이 게임에서 **가장 많이 사용하는 알고리즘**이 소개되어 있습니다. 이를 바탕으로 유튜브, 블로그, 인터넷 강의, 심지어는 논문까지 찾아가면서 매진하기 시작했습니다. 각종 강의자료와 문서 등을 참고하면서 개발한 제 봇이 성장하는 것을 지켜보니 흡사 RPG 게임에서 제 캐릭터를 키우는 것과 비슷한 느낌을 받았습니다. 그리고 몇 달에 걸쳐 하위 리그에서 최상위 리그로 올라가는 제 봇을 보면서 말로 형용할 수 없는 느낌을 받았습니다. "이 맛에 게임을 하는구나!" 요즘은 틈만 나면 코딩게임에 접속해서 제 봇을 하나씩 키우고 있습니다.

몰입의 즐거움을 깨달은 순간이었습니다.

이제는 기회가 될 때마다 주위 개발자에게 코딩게임을 소개합니다. 사실 게임도 친구랑 같이 하면 재미있듯이, 주변 개발자들과 같이 코딩게임을 즐기고 싶었습니다. 특히 주기적으로 열리는 AI 봇 프로그래밍 대회를 할 때마다 누군가 의논할 사람이 있었으면 하는 생각을 했습니다. 아쉽게도 그 정도까지 관심을 보이는 동료 개발자는 없었습니다. 그러다가 생각을 바꿨죠. "찾을 수 없다면 만들어 볼까?" 네, 그렇습니다. 이 책은 널리 코딩게임을 전파하여 함께할 친구를 찾으려는 소박한 목표에서 시작하였습니다. 그 친구는 이 책을 읽는 독자 여러분이고, 여러분과 함께 코딩에 몰입하는 즐거움을 느끼면 더 좋지 않을까 하는 생각이 컸습니다. 이제 여러분도 저와 함께 코딩을 즐기면서 서로 정보를 공유할 수 있기를 희망합니다.

> "노력하는 사람은 즐기는 자를 이길 수 없다"라는 말이 있습니다. 하지만 즐기는 사람이 노력까지 한다면 그 누구도 이길 수 없지 않을까요? 여러분도 **공부를 위한 코딩**
> **이 아닌 즐거움을 위한 코딩의 세계에 함께 빠져들기를 바랍니다.**

이 책이 세상에 나오기까지 힘써 주신 한빛미디어 송성근 님, 조희진 님, 그리고 전정아 님께 감사드립니다. 바쁜 시간을 기꺼이 내어 인터뷰에 응해 주신 김성균 님, 박만호 님, 이수동 님, 유재욱 님, 전형규 님께 감사드립니다. 이 책의 출판을 위해 시간을 아끼지 않고 검토해 주신 김수영 님, 김종원 님, 문성훈 님, 한미소 님, 그리고 이지호 님께 감사드립니다. 제가 처음 책을 쓰겠다고 했을 때 많은 격려와 조언을 아끼지 않으신 서은택 님, 정승원 님, 그리고 저를 코딩게임의 세계로 인도해 주신 최성현 님께 감사드립니다. 끝으로, 이 책이 나오기까지 묵묵히 저를 지원해 주고 배려를 아끼지 않은 사랑하는 아내에게 이 책을 바칩니다.

2019년 **김영기**

코딩게임에 대하여

이 책은 코딩게임(www.codingame.com)에서 제공하는 프로그래밍 퍼즐 문제를 하나씩 풀어가면서 코딩과 알고리즘을 학습하는 책입니다.

코딩게임에는 크게 2가지 모드가 있습니다. 여러 가지 프로그래밍 문제를 온라인상에서 직접 풀어보는 연습 모드가 있고, 연습 모드에서 갈고 닦은 실력을 바탕으로 다른 개발자와 실력을 겨룰 수 있는 경쟁 모드가 있습니다.

연습 모드의 각종 퍼즐

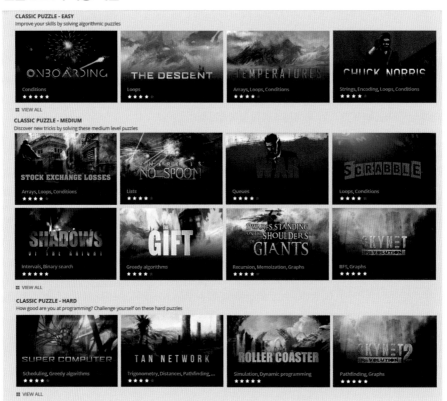

이 책은 연습 모드에 있는 여러 문제 중 엄선한 문제를 풀어보는 방식으로 구성되어 있습니다. 선정된 문제는 각 절의 핵심 키워드에 부합하는 문제로, 문제를 풀기 위한 방법과 필요한 알고리즘을 학습하고 이를 적용할 수 있도록 하였습니다.

경쟁 모드의 여러 게임들

경쟁 모드는 다시 3가지로 나뉘는데 AI봇 만들기, 코드 최적화하기, 짧은 코드 작성하기(일명 '코드 골프'라고 합니다. 골프는 타수가 적은 선수가 이기는 경기이니까요)가 있습니다. 이 책을 마친 후 경쟁 모드에 도전해 보는 것을 추천합니다. 혼자 문제를 푸는 것과 다른 개발자와 경쟁하는 것은 전혀 다른 느낌을 받으니까요.

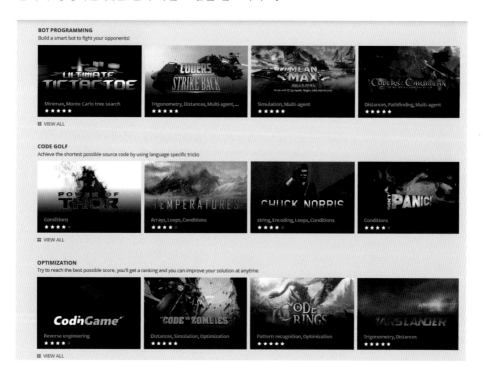

이 책의 구성에 대하여

각 절은 다음과 같이 5개의 단계로 이루어져 있습니다.

각 절에서 선정한 코딩게임의 문제를 설명합니다. 각 문제의 규칙과 조건, 제약 사항, 입력과 출력 등을 소개합니다. 문제를 이해하는 것은 문제를 푸는 것만큼 중요하므로 최대한 상세하게 설명하였습니다.

앞 단계에서 소개한 풀이법을 구현하기 위해 필요한 프로그래밍 방법 또는 알고리즘을 소개합니다. 다양한 예제와 함께 알고리즘을 최대한 쉽게 설명하였습니다.

문제 풀이 이외에 추가로 설명하거나 언급할 사항에 대하여 소개합니다. 때로는 이 항목이 본문보다 분량이 더 많은 경우도 있습니다.

1 문제 설명

3 필요한 알고리즘은?

5 더 생각해 봅시다

2 어떻게 풀까요?

4 풀어 봅시다

문제의 요구 조건을 설명하면서 풀이법에 대해 개괄적으로 소개합니다. 여기까지만 읽고 문제를 바로 풀어도 됩니다. 문제를 성공적으로 풀었다면 다음 코딩게임 문제로 넘어가도 좋습니다.

문제를 풀지 못하였거나, 다른 풀이법이 궁금한 분은 계속해서 다음 단계를 읽어 나가기 바랍니다. 여기에서 제가 제시하는 방법은 여러 가지 풀이 중의 하나일 뿐입니다. 이 방법 이외에도 본인만의 방법을 만들어 나가는 것이 중요하며, 프로그래밍을 학습하는 좋은 방법입니다.

학습한 알고리즘을 실제 문제에 적용하면서 문제를 풀어 봅니다. 이 책은 제가 아닌 여러분이 직접 문제를 풀어보는 것을 바라기 때문에 전체 정답 코드를 공개하지는 않습니다. 중요한 소스 코드는 소개하지만 최종 코드는 여러분이 직접 완성해야 합니다. 이 점을 이해해 주기 바랍니다. 대신 부록에서 전체 프로그램의 흐름을 이해하는 데 도움을 줄 수도코드를 공개하고 있으니 이를 참조하기 바랍니다.

! 일러두기

- 책에서 사용한 용어는 다른 프로그래밍 서적 및 자료에서 많이 사용한 용어를 최대한 따라서 표기하였습니다. 예를 들어 배열, 문자열, 리스트 등의 용어는 이미 친숙한 표기이므로 그대로 사용하였습니다.

- 번역어가 있지만 조금 낯선 용어는 한글과 영문을 병기하도록 하겠습니다. 예를 들어 탐욕 알고리즘greedy algorithm, 재귀recursion 등은 한글과 영문을 병기합니다.

- 적절한 한글 표기가 없거나 번역어가 뜻을 제대로 담지 못하는 경우는 영문명을 음차하였습니다. 예를 들어 해시hash, 튜플tuple같은 용어는 영문명을 그대로 사용하였습니다.

이 책에서 사용한 프로그래밍 언어는?

1) 책에서 사용한 프로그래밍 언어는 파이썬^{Python}**입니다.**

파이썬은 처음 프로그래밍을 시작하기에 좋은 언어입니다. 파이썬은 C++, C# 등에 비해 쉽게 배울 수 있고 코드가 간결하여 가독성이 높습니다. 수많은 라이브러리와 비교적 쉬운 사용법 덕분에 전세계 많은 개발자들의 선택을 받은 언어입니다. 파이썬을 처음 접하는 분이라면 이번 기회에 새로운 언어를 배워 보기를 추천합니다.

2) 요즘의 개발 환경에서는 2개 이상의 프로그래밍 언어를 혼용하는 경우도 어렵지 않게 찾아볼 수 있습니다.

파이썬을 배우지 않더라도 코딩게임을 즐기는 데는 아무런 지장이 없습니다. 코딩게임 플랫폼에서는 25가지 이상의 프로그래밍 언어를 제공하기 때문에 평소에 즐겨 사용하는 언어를 그대로 사용하여도 무방합니다.

3) 책에서 소개하는 소스 코드는 대부분 수도코드^{Pseudocode}**이거나 수도코드에 준하는 수준으로 작성되어 있습니다.**

수도코드는 여러분이 사용하는 언어로 어렵지 않게 변경하여 작성할 수 있습니다. 이 책은 파이썬 언어로 작성되어 있지만 파이썬 언어의 문법을 소개하지는 않습니다. 책 중간 중간에 파이썬 기능을 일부 소개하기도 하지만, 책을 시작하기 전에 기본 문법을 한번 확인하고 오면 더 좋겠습니다.

• **자료실 www.hanbit.co.kr/src/10161**

❗ 이 책은 파이썬3을 기준으로 작성되어 있음을 알려드립니다. 여타 프로그래밍 언어와 달리 파이썬은 버전2와 버전3 사이에 문법적 차이가 존재합니다. 문법적 차이가 큰 편은 아니지만, 한 버전에서 만든 프로그램이 다른 버전에서 작동이 되지 않곤 합니다. 그로 인해 파이썬으로 만들어진 프로그램은 버전2와 버전3용을 각각 따로 제작 배포하기도 합니다. 2019년 현재 파이썬2가 시스템 운영에 사용되고 있으나 파이썬2의 기술 지원이 2020년 1월 1일 0시 0분 0초를 기점으로 종료됩니다. 이에 따라 파이썬을 처음 접하는 분은 파이썬3으로 시작해야 합니다.

책의 난이도에 대하여

1) 이 책의 대상 독자는 프로그래밍을 배우는 학생 및 초급 개발자입니다.

다음 중 한 항목이라도 "이건 내 이야기야!"라고 생각하는 사람이라면 제대로 찾아왔습니다.

- 프로그래밍 언어의 기본 문법은 학습하였지만 막상 코딩을 시작하려니 막막한 사람
- 힘겹게 취직은 했지만 아는 것보다 모르는 것이 더 많은 초보 개발자
- 업무를 진행할 때마다 많은 시행착오로 인해 업무 처리가 버거운 사람

이번 기회에 저와 함께 코딩의 즐거움을 느끼고 프로그래밍 실력을 연마해 볼까요?

2) 책의 초반부에서는 프로그래밍 언어의 기본 문법을 활용한 문제가 나옵니다.

이를 통해 제어문, 반복문, 배열, 함수 등 프로그래밍의 기본 문법을 학습합니다.

3) 책의 중반부에서는 큐^{queue}, 스택^{stack}, 해시^{hash}, 그래프^{graph}같은 자료구조를 학습합니다.

알고리즘과 자료구조는 떼려야 뗄 수 없는 관계이고, 많은 알고리즘이 특정 자료구조를 사용하기 때문에, 자료구조를 알아야만 알고리즘을 적용할 수 있는 경우도 있습니다.

4) 책의 후반부에서는 재귀^{recursion}, 탐색^{search}, 길 찾기$^{path \, finding}$, 동적 프로그래밍$^{dynamic \, programming}$ 등 여러 프로그래밍 알고리즘에 대해 학습합니다.

! 후반부로 갈수록 문제의 난이도가 점점 높아집니다. 프로그래밍을 어느 정도 익힌 분은 초반부가 다소 쉬울 수 있습니다. 각 코딩게임에서 소개한 문제를 상세한 설명 없이 혼자서 풀 수 있다면 바로 다음 문제로 건너뛰어도 됩니다. 혼자 진행하다 막히는 문제가 발생하면 바로 그 부분에서 저와 함께 학습을 시작하면 됩니다.

목차

저자의 글 _004

들어가기 전에 _006

코딩게임에 대하여 _006

이 책의 구성에 대하여 _008

이 책에서 사용한 프로그래밍 언어는? _009

책의 난이도에 대하여 _010

PART 01 코딩게임 첫걸음 떼기

01 알고리즘 시작하기
알고리즘은 무엇이고 왜 필요할까? _020

1-1 컴퓨터 알고리즘 _021

1-2 알고리즘은 왜 필요할까? _021

1-3 알고리즘은 어떻게 학습할까? _022

1-4 알고리즘의 성능은 어떻게 표현할까? _022

02 코딩게임 살펴보기
게임으로 배우는 알고리즘 _025

2-1 코딩게임이란? _025

2-2 화면 구성 알아보기 _026

2-3 사용자 정보 보기 _034

03 THE DESCENT
반복문으로 가장 높은 산을 파괴하라 _035

3-1 문제 설명 _036

3-2 어떻게 풀까요? _038

3-3 필요한 알고리즘은? _038

조건문 _038

최댓값 구하기 _039

3-4 풀어 봅시다 _040

3-5 더 생각해 봅시다 _043

04 TEMPERATURES
가장 낮은 절댓값을 찾아라 _045

4-1 문제 설명 _046

4-2 어떻게 풀까요? _047
절댓값 _047

4-3 필요한 알고리즘은? _049
반복문 _049
split의 용도 _050

4-4 풀어 봅시다 _051

4-5 더 생각해 봅시다 _057
배열 _057

05 CHUCK NORRIS
0만 가지고 2진수 표현하기 _060

5-1 문제 설명 _061

5-2 어떻게 풀까요? _063

5-3 필요한 알고리즘은? _063
10진수를 2진수로 변환하기 _063
인코딩하기 _066

5-4 풀어 봅시다 _067

5-5 더 생각해 봅시다 _072
2진수 변환 _072
문자열 슬라이스 기능 _072
비트 시프트 연산 _073

PART 02   문제 속에서 답을 찾는 실전 알고리즘

06   STOCK EXCHANGE LOSSES
발 끝에서 사서 머리에서 팔아라 _076

6-1 문제 설명 _077

6-2 어떻게 풀까요? _078

6-3 필요한 알고리즘은? _085
    문제 분석 능력 _085

6-4 풀어 봅시다 _086

6-5 더 생각해 봅시다 _086
    코드에 대한 이해도 높이기 _086
    다른 방식으로 접근하기 _087

07   THERE IS NO SPOON
2차원 배열에서 좌표 찾기 _088

7-1 문제 설명 _089

7-2 어떻게 풀까요? _092

7-3 필요한 알고리즘은? _094
    배열 _094
    2차원 배열 _095
    중첩 반복문 _097

7-4 풀어 봅시다 _098

7-5 더 생각해 봅시다 _100
    2차원 배열 _100
    시간 복잡도 O(n) _101
    중첩 반복문 _101

08 **WAR**
큐와 스택으로 벌이는 한판 게임 _102

8-1 문제 설명 _103

8-2 어떻게 풀까요? _108

8-3 필요한 알고리즘은? _110
　　큐 _111
　　스택 _112

8-4 풀어 봅시다 _116

8-5 더 생각해 봅시다 _122

09 **SCRABBLE**
해시맵으로 단어 만들기 _129

9-1 문제 설명 _130

9-2 어떻게 풀까요? _132

9-3 풀어 봅시다-1 _134

9-4 필요한 알고리즘은? _139
　　해시맵 _139

9-5 풀어 봅시다-2 _143
　　해시맵 풀이 _143

9-6 더 생각해 봅시다 _145
　　해시의 의미 _145
　　해시맵의 제약 _146

10 **SHADOWS OF THE KNIGHT**
폭탄의 위치를 찾는 가장 빠른 방법 _147

10-1 문제 설명 _148

10-2 어떻게 풀까요? _151

10-3 필요한 알고리즘은? _155

　　이진 탐색 _156

　　이진 탐색의 시간 복잡도 _157

10-4 풀어 봅시다 _159

10-5 더 생각해 봅시다 _161

　　M×N 배열에서 시간 복잡도 _161

　　이진 탐색의 전제 조건 _161

11

THE GIFT
돈을 나누는 가장 공평한 방식 _162

11-1 문제 설명 _163

11-2 어떻게 풀까요? _165

11-3 필요한 알고리즘은? _167

　　탐욕 알고리즘 _167

　　탐욕 알고리즘으로 최적의 해 찾기 _170

11-4 풀어 봅시다 _175

11-5 더 생각해 봅시다 _176

　　무차별 대입법 / 동적 프로그래밍 _176

　　외판원 문제 _176

12

DWARFS STANDING ON THE SHOULDERS OF GIANTS
재귀 함수를 사용해 트리의 높이 구하기 _178

12-1 문제 설명 _179

12-2 어떻게 풀까요? _182

12-3 필요한 알고리즘은? _183

　　그래프 _183

　　너비 우선 탐색과 깊이 우선 탐색 _188

　　재귀 _194

12-4 풀어 봅시다 _199

12-5 더 생각해 봅시다 _201

　그래프와 트리 _201

　단방향 그래프와 양방향 그래프 _203

13 **SKYNET REVOLUTION**

I will be back to search _204

13-1 문제 설명 _205

13-2 어떻게 풀까요? _209

13-3 필요한 알고리즘은? _211

　그래프 _211

　너비 우선 탐색 _212

13-4 풀어 봅시다 _219

13-5 더 생각해 봅시다 _225

　깊이 우선 탐색과 최단 경로 _225

　노드 간 이동 시간과 최단 거리 _225

PART 03 고급 퀴즈 해결하기

14 **TAN NETWORK**

최단 경로를 알려드립니다 _228

14-1 문제 설명 _229

14-2 어떻게 풀까요? _232

14-3 필요한 알고리즘은? _233

　다익스트라 알고리즘 _233

14-4 풀어 봅시다 _241

14-5 더 생각해 봅시다 _245

다익스트라 알고리즘 적용이 불가한 경우 _245

다익스트라 알고리즘의 단점 _247

15 ROLLER COASTER
최고의 롤러코스터 타이쿤 되기 _248

15-1 문제 설명 _249

15-2 어떻게 풀까요? _251

15-3 풀어 봅시다-1 _253

15-4 필요한 알고리즘은? _261

원형 큐 _261

동적 프로그래밍 _262

15-5 풀어 봅시다-2 _266

15-6 더 생각해 봅시다 _268

시간 초과 개선 방법 _268

A 부록
먼저 취업한 선배들의 도움되는 Talk Talk _272

B 부록
프로그램 이해에 도움되는 수도코드 _290

마치는 글 _306

Index _308

PART
01

코딩게임
첫걸음
떼기

PART 01에서는 코딩게임을 소개합니다. 코딩게임은 무엇이며, 어떻게 학습에 활용하는지를 얘기합니다. 또한 몇 종류의 초급 퍼즐 문제를 저와 함께 풀 예정입니다. 대부분 프로그래밍의 기본적인 문법 사항을 제대로 활용할 수 있는지 물어보는 문제로 제어문, 반복문, 배열, 함수 등에 대해 다룹니다. 그리고 프로그램의 기본 로직을 어떻게 만들어 나가는지를 학습합니다.

01 알고리즘 시작하기

알고리즘은 무엇이고 왜 필요할까?

우리는 살면서 수많은 선택을 합니다. 그리고 선택하는 순간마다 최선의 결과를 얻기 위해 고민합니다. 여러분에게 최선의 선택 기준은 무엇인가요? 누군가에게는 시간이 중요할 수 있고, 누군가에게는 돈이 중요할 수 있으며, 다른 누군가에게는 행복이 중요할 수 있습니다. 사람마다 선택 기준은 모두 다르지만 각자의 기준에 맞게 최선의 선택을 한다는 점은 모두 똑같습니다.

예를 들어 서울에서 부산으로 가는 방법을 살펴볼까요?

사업상 급한 일을 처리해야 한다면 비행기를 타거나 KTX를 탈 것이고, 예산이 부족하다면 버스를 이용할 것입니다. 걷는 것을 좋아한다면 걸어갈 수도 있겠죠. 이와 같이 주어진 상황에서 특정한 기준에 맞게 최선 또는 최적의 방법을 찾는 것을 알고리즘^{algorithm}이라고 합니다.

1-1 컴퓨터 알고리즘

알고리즘은 문제를 해결하는 방법을 말합니다. 컴퓨터 알고리즘 또는 프로그래밍 알고리즘은 컴퓨터 환경에서 프로그래밍 언어를 이용하여 주어진 문제를 해결하기 위한 방법이나 절차를 말합니다. 여기에 조금 더 보태어 얘기하면 문제를 해결하는 최선 또는 최적의 방법을 말합니다.

예를 들어 "퇴근 시간에 강남에서 서울시청까지 가장 빠르게 도달할 수 있는 방법은 무엇일까요?", "특정 제품의 수익을 최대한 얻기 위해 제품 가격은 얼마로 정해야 할까요?"는 모두 알고리즘 문제라고 할 수 있습니다. 문제가 주어져 있고 조건이 있으며 정답을 구해야 합니다.

이동 경로 탐색은 컴퓨터 알고리즘을 이용하는 대표적 분야 중 하나입니다. 여러분이 많이 사용하는 네이버 지도나 구글 지도 등의 길 찾기 서비스는 최단 경로 탐색 알고리즘이 적용된 대표적 사례라고 할 수 있습니다.

1-2 알고리즘은 왜 필요할까?

알고리즘은 왜 필요할까요? 우리가 흔히 사용하는 길 찾기 앱은 약속 시간에 맞추기 위해서, 또는 길에서 아까운 시간을 허비하지 않기 위해서 사용합니다. 한마디로 얘기하면 시간을 효율적으로 사용하기 위해서입니다.

컴퓨터 환경도 마찬가지입니다. 컴퓨터의 자원은 한정되어 있고(컴퓨터 환경에서 자원이란 CPU 사용량, 응답 처리 시간 또는 메모리 사용량 등이 될 수 있습니다), 실행해야 하는 프로그램은 많습니다. 프로그램이 효율적으로 작성되어 있지 않아 사용자의 요청을 제때 처리하지 못한다면 그 프로그램은 살아남기가 쉽지 않을 것입니다.

사람마다 선택 기준이 다르듯이 프로그램마다 중요하게 여기는 기준도 다릅니다. 컴퓨터 게임 같이 고성능을 요구하는 프로그램에서는 처리 속도가 가장 중요하고, 제한된 메모리를 가지고 있는 하드웨어에서 동작하는 프로그램은 메모리 사용을 최소화하고 효율적으로 사용해야 합니다. 스마트폰의 경우 배터리 사용량을 줄이기 위해 CPU 사용을 최소화해야 할 수도 있습니다. 따라서 알고리즘을 적용하기에 앞서 여러분이 작성하는 프로그램의 요구사항을 정확히 파악하는 일이 필요합니다.

최근에는 하드웨어의 성능이 매우 뛰어나고 가격도 저렴하여 하드웨어를 확장하기는 비교적 쉽습니다. 반면에 소프트웨어의 처리 속도는 아직 하드웨어의 발전 속도를 따라가지 못해 더 많은 성능 향상이 필요합니다. 그래서 컴퓨터 알고리즘을 얘기할 때 대부분의 경우에는 처리 속도를 높이는 데 중점을 둡니다.

1-3 알고리즘은 어떻게 학습할까?

바둑에 정석이 있듯이 프로그래밍에도 상황에 맞는 알고리즘을 선택하는 것이 문제 풀이의 핵심인 경우가 꽤 많습니다. 하지만 알고리즘 자체를 모르면 아무 소용이 없겠죠?

이 책에서는 몇 가지 기본적인 프로그래밍 알고리즘을 소개하고, 여러 문제를 통해 어떤 경우에 어떤 알고리즘을 적용해야 하는지 설명합니다. 여러분은 저와 함께 이 책에서 다양한 알고리즘과 프로그래밍 방법을 학습하게 될 것입니다. 많이 생각하고 많이 연습하는 것만이 알고리즘을 학습하는 방법입니다. 너무 당연한 얘기라고요?

그렇습니다. 미안하지만 알고리즘을 학습하는 특별한 방법은 없습니다. 우리가 보통 새로운 것을 배우는 방법은 이론을 공부하고 실전 또는 연습을 통해 공부한 이론을 적용해 보는 것입니다. 알고리즘 학습도 이와 다르지 않습니다. 먼저 알고리즘을 공부하고 문제 풀이를 통해 어떻게 적용할지 고민하면서 코드를 직접 작성하는 것이 일반적이면서 확실한 학습법입니다. 저는 이러한 학습법을 기본으로 하고 그 위에 여러분의 학습 의욕을 효과적으로 지속시키기 위한 방법을 소개할 예정입니다. 작심삼일이란 말이 생겨났듯이 어떤 계획을 지속적으로 실천하기란 쉽지 않은 일입니다. 그것이 공부라면 더욱 그렇겠죠? 하지만 그것이 공부가 아닌 게임이라면 어떨까요? 게임이라면 1년 내내 해도 절대 지치지 않겠죠?

앞으로 이 책을 통해 소개할 코딩게임은 캐릭터의 성장 및 경쟁 같은 게임의 요소를 학습에 적용했습니다. 게임에서 캐릭터를 성장시키듯이 본인의 코딩 레벨을 올리고 다른 사람과 코딩 실력을 겨룬다고 생각해 보세요. 의욕이 활활 불타오르지 않나요? 온라인 게임에서 친구에게 레벨을 자랑하듯이 다른 개발자에게 본인의 실력을 자랑해 보세요. 그 실력을 유지하기 위해 더 열심히 공부해야 할 것입니다. 여러분은 이제 저와 함께 코딩게임을 즐기게 될 것입니다.

1-4 알고리즘의 성능은 어떻게 표현할까?

알고리즘의 성능은 시간 복잡도$^{\text{time complexity}}$와 공간 복잡도$^{\text{space complexity}}$로 표현합니다. 시간 복잡도는 입력 값의 개수와 처리 시간과의 관계를 표현합니다. 공간 복잡도는 입력 값의 개수와 메모리 증가량과의 관계를 표현합니다.

시간 복잡도는 입력 값의 개수와 알고리즘의 처리 시간과의 상관관계를 표현한 말로 입력 데이터의 양이 많아짐에 따라 처리 속도가 어떻게 변화하는지를 수학의 기호를 빌려 표현하는 방식입니다. 쉽게 생각해서 수학의 방정식을 떠올리면 됩니다. x축을 입력 값의 개수로 놓고 y축을 처리 시간으로 봤을 때, x가 증가함에 따라 y가 어떻게 변화하는지를 표현하는 것입니다. x와 y가 일정한 비율로 증감한다면 선형^{linear} 시간 복잡도를 가진다고 표현하며, 지수나 로그의 형태로 증가한다면 각각 지수형, 로그형 시간 복잡도를 가지고 있다고 표현합니다. 공간 복잡도 역시 기본적으로 시간 복잡도와 동일합니다. 다만 처리 시간 대신 메모리의 사용량 변화를 비교하는 것만 다를 뿐입니다.

예를 들어 어떤 탐색 알고리즘의 입력 데이터 개수가 100개에서 1000개로 증가할 때 탐색 시간이 선형적으로 증가한다면 이 알고리즘은 선형 시간 복잡도를 가지고 있다고 얘기합니다. 입력 데이터가 100개에서 1000개로 증가하더라도 처리 시간에 변화가 없다면 이 알고리즘은 상수^{constant} 시간 복잡도를 가지고 있다고 합니다. 앞에서도 언급했지만 최근의 알고리즘 경향은 처리 속도에 중점을 두기 때문에 별도의 언급이 없는 한 이 책에서 알고리즘의 성능은 시간 복잡도를 의미합니다.

알고리즘의 성능은 보통 빅오$^{big-O}$ 표기법으로 표현합니다. 빅오 표기법은 O(n) 표기법으로 불리기도 합니다. 이 알고리즘은 최악의 상황에서도 이 성능 이상을 보장한다는 의미입니다.

O(n) 표기법에서 괄호 안의 n은 입력 데이터의 개수를 의미합니다. O(n) 표기법으로 성능을 표현할 때 괄호 안에는 입력 데이터의 개수 n에 대한 알고리즘의 처리 시간을 표기합니다. 즉 O(n)은 n개의 입력이 들어올 경우 처리도 n번 수행한다는 의미로 받아들이면 됩니다. $O(n^2)$은 n개의 입력을 처리하기 위해 코드를 n^2번 수행하는 것입니다. 그러므로 $O(n^2)$은 입력 데이터의 양이 증가할 때 처리 시간은 입력 데이터 증가량의 제곱에 비례한다는 뜻입니다. O(1)은 n의 크기와 상관없이 항상 고정된 시간이 걸린다는 뜻입니다. 대표적인 알고리즘의 성능과 그 예시는 다음과 같습니다.

표기	설명	예시
O(1)	상수 시간을 말하며, n의 크기와 상관없이 항상 고정된 처리 시간을 사용합니다.	정렬된 배열에서 중간 값 찾기
O(log n)	n이 증가할수록 log(n)만큼 처리 시간이 증가한다는 의미입니다. 로그의 밑수는 2, e, 10 등 그 어떤 숫자가 오더라도 상관없습니다.	정렬된 배열에서의 이진 탐색 〈10. Shadows of the Knight〉 참조
O(n)	선형 시간을 말하며, n이 증가할수록 일정한 처리 시간이 똑같이 증가합니다.	정렬되지 않은 배열에서 특정 요소 찾기 〈03. The Descent〉, 〈04. Temperatures〉 참조
O(n log n)	n이 증가할수록 n×log(n)만큼의 처리 시간이 증가합니다.	병합 정렬
$O(n^2)$	n이 증가할수록 n의 제곱만큼 처리 시간이 증가합니다.	버블 정렬, 삽입 정렬 등 〈07. There is No Spoon〉 참조
$O(2^n)$	n이 증가할수록 2의 지수만큼 처리 시간이 증가합니다.	재귀함수를 이용한 하노이의 탑 문제 〈12. Dwarfs Standing on the Shoulders of Giants〉, 〈15. Roller Coaster〉 참조
O(n!)	n 계승의 복잡도를 가집니다.	외판원 문제

시간 복잡도에 따른 성능을 그래프로 그리면 다음과 같습니다.

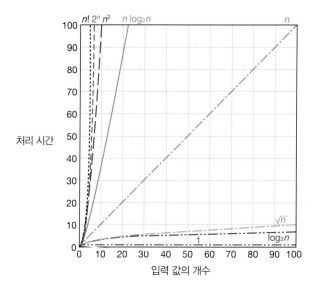

요약하면 O(n)을 기준으로 아래쪽에는 O(1), O(log n), O($\sqrt{n}$)이 있고, 위쪽에는 O(nlog₂n), O(n²), O(2ⁿ), O(n!)이 있습니다. 이 중에서도 그래프의 맨 왼쪽에 있는 O(n!)은 가장 좋지 않은 성능으로 n개의 입력 값을 처리하려면 n!번의 연산이 필요하다는 뜻입니다. O(n!)의 대표적인 예제가 외판원 문제travelling salesperson problem입니다. 외판원 문제는 오늘날의 컴퓨터 성능으로도 쉽게 풀지 못하는 문제입니다. 외판원 문제는 ⟨11. The Gift⟩에서 다루고 있으므로 해당 페이지를 참조하세요.

요즘은 구글, 유튜브, 페이스북 등 거대 기업뿐만 아니라 일반 회사에서도 수 많은 데이터를 빠르게 처리해야 하는 상황이 되었습니다. 프로그램의 처리 속도가 이를 뒷받침하지 못한다면 그 프로그램의 앞날은 어두울 수밖에 없습니다. 여러분이 알고리즘에 대해 더 많은 고민을 해야 하는 이유가 바로 여기에 있습니다.

이제 저와 함께 본격적으로 코딩 알고리즘의 세계에 빠져보도록 하겠습니다.

02 코딩게임 살펴보기

게임으로 배우는 알고리즘

2-1 코딩게임이란?

코딩게임www.codingame.com은 각종 프로그래밍 퍼즐 문제와 AI 프로그래밍 대회를 통해 코딩 능력을 키우고 프로그래밍 알고리즘 학습에 도움을 주기 위한 플랫폼으로 개발되었습니다. 전 세계에서 수십만 명의 개발자들이 코딩게임을 통해 새로운 지식을 배우고, 정보를 공유하고, 때로는 경쟁하며 프로그래밍 실력을 향상시키고 있습니다. 코딩게임은 말 그대로 게임 화면과 같은 그래픽과 편리한 개발 환경으로 구성되어 누구라도 쉽게 즐길 수 있으며 코딩이 아닌 놀이를 하는 듯한 몰입감을 선사합니다.

프로그래밍 언어의 문법은 배웠지만 막상 코딩하려니 막막한 사람, 코딩 인터뷰를 준비하는 개발자 혹은 전 세계의 뛰어난 개발자들과 경쟁해 보고 싶은 사람이라면 지금 바로 사이트에 접속하세요. 코딩게임은 영어로 제공되는 플랫폼이라서 영어가 친숙하지 않은 사람에겐 다소 이용하기 힘들 수도 있습니다. 이 책에서는 영어에 익숙하지 않더라도 코딩게임을 즐길 수 있도록 게임의 규칙을 한국어로 충분히 설명하겠습니다. 자, 그럼 시작해 볼까요? 웹 브라우저에서 https://www.codingame.com을 접속한 후 [GET STARTED]를 클릭해서 게임을 시작합시다.

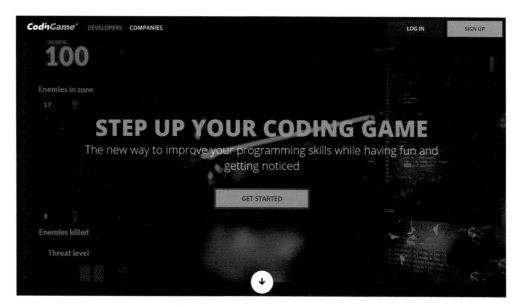

이 책에서는 문제를 게임이라고 부르기도 합니다. 여러분도 직접 문제를 풀다 보면 코딩게임의 퍼즐이 문제라기보다는 게임이라는 생각이 들 겁니다.

코딩게임을 시작하면 회원가입 메뉴가 나옵니다. 페이스북, 구글, 링크드인, 깃허브 등의 계정을 이용하거나 이메일 주소를 직접 입력할 수 있습니다. 코딩게임을 계속 즐기려면 회원가입을 해야 합니다. 가입하고 계속 진행해 볼까요?

2-2 화면 구성 알아보기

이제 게임 화면으로 진입했습니다. 코딩게임의 화면은 크게 4분할된 메인 화면과 왼쪽의 사이드 메뉴로 구성되어 있습니다. 코딩게임의 모든 문제는 이와 같은 화면에서 직접 코드를 입력하고 결과를 바로 확인할 수 있습니다. 코딩게임에서는 처음 시작하는 사용자를 위해 친절한 튜토리얼로 화면의 각 요소를 설명해 줍니다. 우리가 처음으로 시작하는 게임의 이름은 ❶Onboarding입니다. 코딩게임의 세계에 탑승하라는 뜻인 걸까요? ❷ 그 아래에 있는 동영상 화면은 코드를 실행한 결과를 보여줍니다. ❸[GOT IT!]을 클릭하세요.

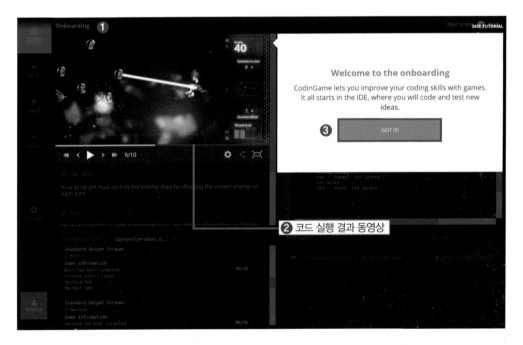

동영상 밑으로 이 게임의 목적 및 설명이 자세히 서술되어 있습니다. 사용자들이 문제를 풀 때 가장 어려워 하는 부분입니다. 저 또한 코딩보다는 문제를 이해하는 게 더 힘들 때가 많습니다. 영어라서 더 그렇게 느끼는 걸까요? 일단 한번 읽어 봅시다.

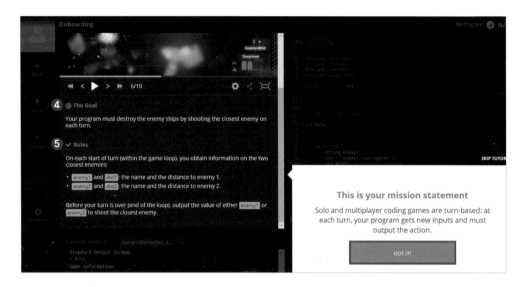

❹The Goal은 이 게임의 목표를 나타냅니다. ❺그 밑에 Rules는 게임의 규칙을 설명합니다. 앞으로는 게임을 시작할 때 매번 다음과 같은 형식으로 The Goal과 Rules를 설명하겠습니다.

◎ The Goal_게임의 목표
여러분이 만든 프로그램으로 턴마다 가장 가까운 적 함선을 격추해야 합니다.

✅ Rules_게임의 규칙
턴을 시작할 때마다 가장 가까운 적 함선의 이름과 거리 정보를 2개씩 얻습니다.

- enemy1과 dist1: 적 함선1에 대한 이름과 거리
- enemy2와 dist2: 적 함선2에 대한 이름과 거리

턴이 끝나기 전에 enemy1 또는 enemy2 중 가까운 곳에 있는 적 함선을 선택하여 격추합니다. 여기서는 공격할 적 함선의 이름을 화면에 출력하면 격추됩니다. 즉, enemy1을 격추하려면 enemy1을 출력하고 enemy2를 격추하려면 enemy2를 출력하면 됩니다.

문제를 이해했다면 [GOT IT!]을 클릭해 다음 화면으로 넘어가 볼까요?

> **여기서 잠깐** **턴제 시뮬레이션 게임** 코딩게임의 문제는 대부분 턴제 시뮬레이션 게임 방식입니다. 즉, 바둑을 두는 것처럼 여러분과 상대방이 서로 턴을 번갈아 가면서 플레이를 하게 됩니다. 여기서 상대방이란 컴퓨터 AI 또는 다른 프로그래머가 작성한 코드를 뜻합니다. 다른 사람의 코드와 내 코드가 경쟁을 한다니 재미있지 않나요?

이제 코딩게임에서 사용할 프로그래밍 언어를 선택할 단계입니다. ❻ 오른쪽의 상단 화면이 프로그래밍 언어 목록입니다. 프로그래머들이 많이 사용하는 C#, C++, Java, JavaScript, Python3이 화면 상단에 보이고, 그 외의 언어들이 알파벳순으로 나열되어 있습니다. C나 Pascal 같은 고전적인 언어부터 Go나 Kotlin 같은 최신 언어까지 25가지 이상의 프로그래밍 언어를 지원합니다. 이 책에서는 Python3(버전 3)을 기준으로 설명하므로 Python3을 선택합니다. Python3 이외의 언어를 사용해 풀고자 하면 취향에 맞는 언어를 선택하기 바랍니다.

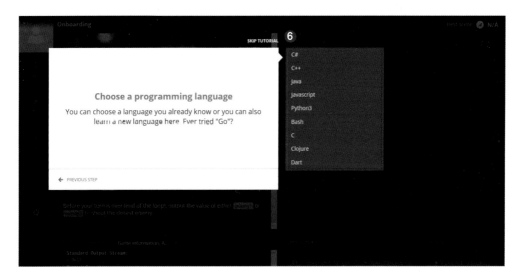

저는 ❼ Python3을 선택했으며, 만약 여러분이 원하는 언어가 없거나 어떤 프로그래밍 언어를 사용할지 잘 모르겠다면 저를 따라 Python3을 선택하길 바랍니다. 만약 Python3 이전 버전을 사용하고 싶은 사람이라면 아래쪽의 Python을 선택하세요. 코드 작성 중에도 언제든지 언어는 바꿀 수 있습니다. 다만 언어를 변경하면 현재 작성 중인 코드가 사라질 수도 있으니 주의하세요.

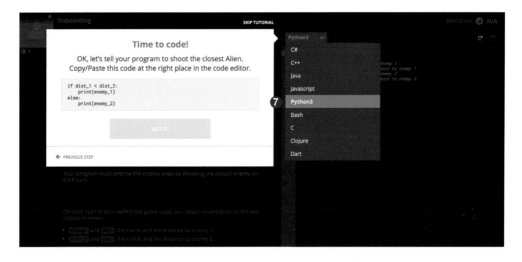

이제 코드를 작성할 시간입니다. 이런! 이미 정답 코드가 나와 있네요. 제가 즐겨 하는 ❽ 복사&붙여 넣기를 한 번 해볼까요? 비록 저는 복사&붙여 넣기를 했지만 여러분은 잠깐만 책을 덮고 문제를 어떻게 풀지 머릿속으로 생각해 보세요. 설명이 너무 길어 문제를 까먹었다고요? 다시 문제를 요약하면 2개의 적 함선과의 거리를 판단해서 가까운 적 함선을 격추하는 문제입니다. 제공된 코드를 한번 살펴볼까요?

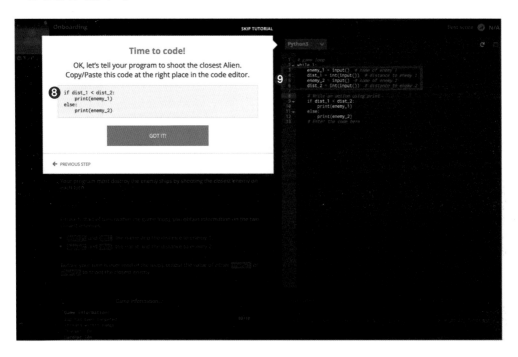

```
if dist_1 < dist_2:
    print(enemy_1)
else:
    print(enemy_2)
```

if-else문은 if 조건식이 참이면 if 다음의 코드를 수행하고, 거짓이면 else 다음의 코드를 수행합니다. 위의 소스 코드는 dist_1이 dist_2보다 작으면 enemy_1을 출력하고, 그렇지 않으면 enemy_2를 출력하겠다는 뜻입니다. ❾ 여기서 enemy_1, enemy_2, dist_1, dist_2는 그림의 오른쪽 화면에서 보는 것처럼 플랫폼에서 미리 제공된 코드임을 알 수 있습니다.

이와 같이 코딩게임에서는 프로그램의 토대가 되는 기본 입출력 코드를 사전에 제공하는 경우가 많습니다. 귀찮은 것은 플랫폼에서 알아서 할 테니 여러분은 핵심 코드만 작성하라는 뜻입니다. 다음으로 넘어가 보죠.

이제 코드를 작성했으니 제대로 작동하는지 확인해 볼까요? 오른쪽 하단의 테스트 케이스(Test cases) 목록에서 ❿[PLAY TESTCASE](코드 테스트)를 클릭합니다. 다음과 같은 화면이 뜨나요?

> **여기서 잠깐** **PLAY TESTCASE와 SUBMIT의 부가기능** 작성 중인 코드를 유지하거나 저장한 후 언어를 변경하고 싶으면 [PLAY TESTCASE] 또는 [SUBMIT](코드 제출)을 클릭합니다. [PLAY TESTCASE]를 클릭하면 마지막으로 테스트한 코드가 코딩게임 서버에 저장되며, [SUBMIT]을 클릭하면 코드를 제출할 때마다 서버에 저장되어 예전에 제출한 코드를 확인할 수도 있습니다.

훌륭합니다! 여러분의 코드 덕분에 우리 편 함선이 매우 잘 싸우고 있습니다. 혹시 코드를 잘못 작성하면 어떻게 될까요? ⓫[PREVIOUS STEP]을 클릭하고 앞서 복사&붙여 넣기 한 코드로 돌아가 enemy_1과 enemy_2를 바꿔서 입력해 보세요.

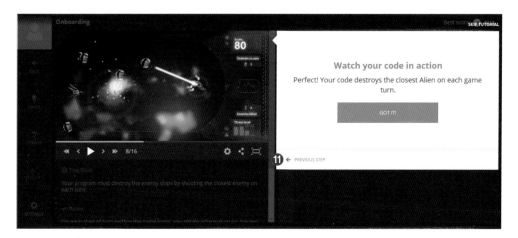

```
if dist_1 < dist_2:
    print(enemy_2)
else:
    print(enemy_1)
```

⓬ [PLAY ALL TESTCASES]를 클릭합니다. 우리 편 함선이 어떻게 싸울지 한번 지켜보죠.

이런, ⓭ 뭔가 잘못되었다고 나옵니다.

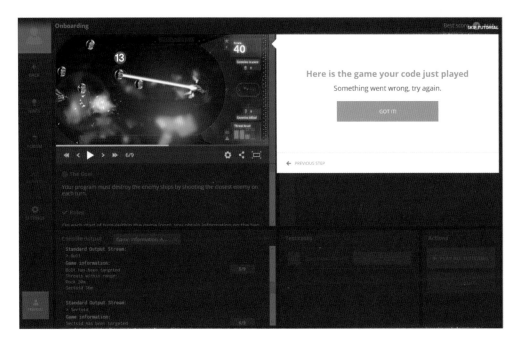

게임 화면을 보면 가까운 적(enemy_1)보다 먼 곳의 적(enemy_2)을 먼저 공격하죠? 이와 같이 코드에 문제가 있을 경우에는 오른쪽 하단의 테스트 케이스 목록이 빨간색으로 바뀌어 테스트에 실패했다는 사실을 알려줍니다. 앞서 작성한 코드에서 enemy_1, enemy_2의 위치를 정상적으로 되돌리고 다시 [PLAY ALL TESTCASES]를 클릭하세요.

⓮이제 'YOU WIN!' 화면과 함께 ⓯테스트 케이스 목록이 다시 녹색으로 바뀌어 있음을 확인할 수 있습니다.

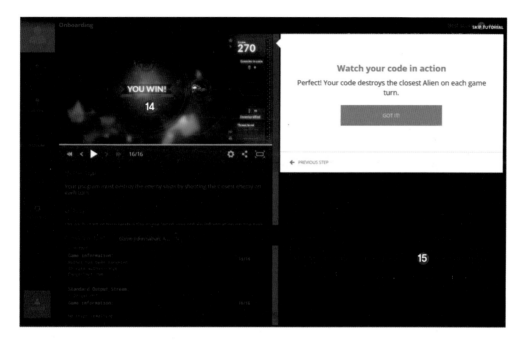

여러분의 코드가 테스트 케이스를 모두 통과하면 ⓰[SUBMIT]을 클릭해 코드를 제출합니다. 제출한 코드는 새로운 테스트 샘플로 다시 검사하여 정상 작동하는지 확인합니다. 여러분의 첫 번째 코드를 제출해 봅시다.

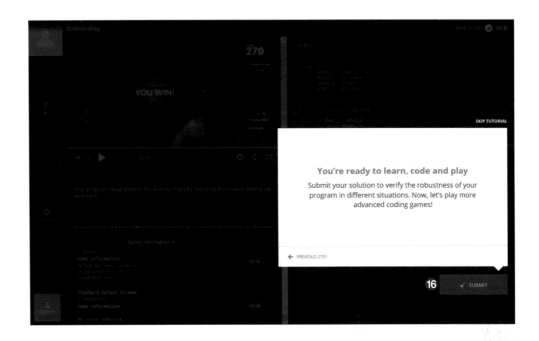

축하합니다! 첫 번째 퍼즐 문제를 풀었습니다. 코딩게임에서 출제하는 문제는 대부분 이와 유사한 방식으로 나옵니다. ❶❼[NEXT STEP]을 클릭해 메인 화면으로 복귀하겠습니다. 메뉴 구성 중 미처 설명하지 못한 기능은 책을 진행하면서 천천히 설명하겠습니다.

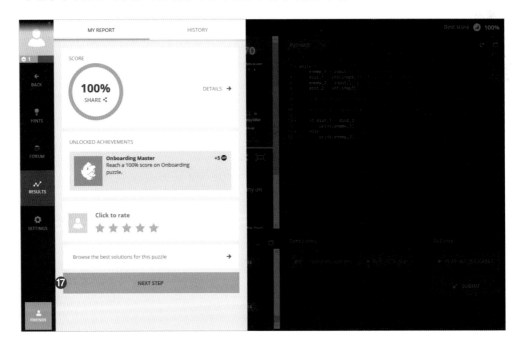

2-3 사용자 정보 보기

맛보기 문제를 푼 이후 나타나는 메인 화면을 살펴보겠습니다. 화면 왼쪽 사용자 정보에 ❶프로필, ❷레벨, ❸업적이 보입니다.

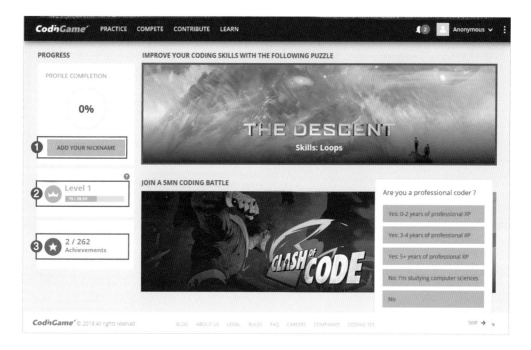

❶ 프로필의 [ADD YOUR NICKNAME]을 클릭해 코딩게임에서 사용할 닉네임을 정하기 바랍니다. 닉네임은 언제든 변경할 수 있어요.

❷ 또한 각종 퍼즐 문제를 풀 때마다 얻게 되는 경험치가 쌓이면 레벨이 올라갑니다. 아직은 Level 1이지만 레벨이 올라갈 때마다 여러분의 실력 또한 늘고 있음을 느껴 보세요.

❸ 업적은 여타 게임과 마찬가지로 의미 있는 성취를 이룰 때마다 나타납니다. 여러 업적에 도전해 보세요. 레벨과 업적은 코딩게임의 재미를 더해줄 것입니다.

다음 게임으로 넘어갈까요? 화면 오른쪽 상단의 [THE DESCENT]를 클릭하세요.

> **여기서 잠깐** **코딩게임의 연습문제** 화면 상단의 [PRACTICE]를 클릭하면 볼 수 있는 연습문제는 크게 클래식 문제와 커뮤니티 문제로 나눠져 있습니다. 클래식 문제는 코딩게임에서 자체적으로 출제한 문제로 오랜 기간 검증되었으며, 그래픽 결과 화면을 보여주기 때문에 흥미를 끕니다. 커뮤니티 문제는 여러분과 같은 개발자가 출제한 문제입니다. 물론 여러분도 문제를 만들어 등록할 수 있습니다. 문제를 작성하여 제출하면 다른 개발자들의 검수를 받아 코딩게임에 등록되는 방식입니다. 여러 개발자의 검수를 받기 때문에 문제의 수준은 클래식 문제와 크게 다르지 않습니다. 문제의 난이도 배정 역시 커뮤니티 자체적으로 이루어지기 때문에 가끔 어려운 문제가 초급 난이도에 있기도 합니다. 문제가 어렵다고 당황하지 마시고 쉬운 문제부터 찾아 풀기 바랍니다.

03 THE DESCENT
반복문으로 가장 높은 산을 파괴하라

이제 실전으로 들어가 볼까요? 메인 화면 상단에 THE DESCENT라는 게임이 보입니다. 바로 클릭해 보세요. 혹시 못 찾겠다고요? 그렇다면 상단의 [PRACTICE] 메뉴에서 [PUZZLES]를 클릭해서 초급 문제인 [CLASSIC PUZZLE-EASY] 중 [THE DESCENT]를 찾아 클릭하세요.

🔗 https://www.codingame.com/training/easy/the-descent

다음은 개발 환경으로 들어가기 전의 화면입니다. 이 페이지에서는 게임의 전반적인 개요를 소개하고 이해를 돕기 위한 영상 및 기타 정보를 보여줍니다. ❶ WHAT WILL I LEARN?에서는 게임을 푸는 데 필요한 로직 또는 알고리즘을 알려줍니다. 이 문제에서는 반복문에 대한 이해가 필요하겠군요. ❷ 그다음에는 이 문제의 결과 영상이 있어 문제를 이해하는 데 도움을 줍니다. ❸ 오른쪽 화면은 문제의 현재 진행 상황을 알려주는 곳으로 문제를 풀고 돌아오면 진척도가 변경되어 있음을 확인할 수 있습니다. ❹ 그럼 [SOLVE IT]을 클릭하여 게임을 풀러 가 볼까요?

이전 문제에 비해 설명이 많아졌군요. 게임의 목표, 규칙, 승리 조건, 패배 조건, 게임에서 입력 받는 값과 출력해야 할 값 등을 세세하게 설명합니다. 또한 이전 Onboarding 문제에서는 테스트 케이스가 1개였는데 이번엔 테스트 케이스가 총 5개입니다. 프로그램을 더욱 정교하게 작성하라는 의미겠죠? 이 5가지 테스트를 모두 통과해야만 문제 풀이에 성공할 수 있습니다. 자, 그럼 시작해 보겠습니다.

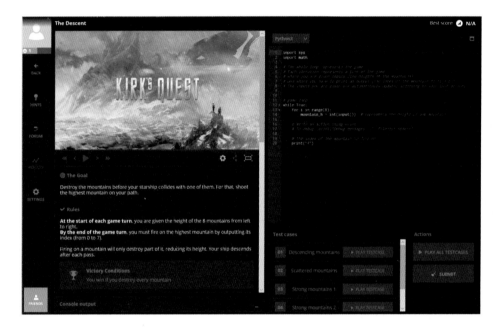

◎ The Goal_게임의 목표

우주선이 산에 충돌하지 않도록 가장 높은 산부터 차례대로 파괴하세요.

✔ Rules_게임의 규칙

- 산은 총 8개가 있으며 턴을 시작할 때 왼쪽 산부터 차례대로 산의 높이를 알려줍니다.

- 턴을 종료할 때마다 8개의 산 중 가장 높은 산에 발포해야 합니다. 8개의 산은 왼쪽부터 순서대로 0~7번의 인덱스를 가지며 인덱스를 출력하면 해당 인덱스의 산에 발포해서 산을 파괴합니다.

- 턴을 종료하면 앞서 파괴한 산의 높이는 낮아집니다. 그리고 우주선은 조금씩 하강합니다.

🏆 Victory Conditions_승리 조건

우주선이 산과 충돌하지 않도록 모든 산을 파괴해야 합니다(우주선에 가까운 산을 먼저 파괴하세요).

🕱 Lose Conditions_패배 조건

- 우주선이 산에 충돌합니다.

- 잘못된 출력 값을 제공합니다.

- 제한 시간 안에 출력하지 못합니다(1턴의 제한 시간은 100ms입니다).

❗ Note_주의사항

코드를 제출하기 전에 모든 테스트 케이스가 성공하는지 확인하기 바랍니다. 모든 테스트 케이스가 성공하더라도 코드 제출 이후 수행하는 별도의 테스트에서 실패하는 경우도 있습니다. 개발 환경에서 제공하는 테스트 케이스만 통과하는 하드코딩을 방지하기 위한 조치입니다. 이런 경우 당황하지 말고 코드를 다시 한번 살펴보기 바랍니다.

🖥 Game Input_게임의 입력 및 출력 값

게임이 실행되는 동안 턴마다 산의 높이를 읽어온 후 발포할 산(가장 높은 산)의 위치를 출력합니다.

■ Input for one game turn_턴마다 입력 받는 값

턴마다 8줄의 입력 값을 받습니다. 각 줄의 입력 값은 산의 높이이며, 왼쪽 산(0번 인덱스)부터 오른쪽 산(7번 인덱스)까지 순서대로 입력 값을 받습니다. 게임을 실행하면 화면 하단 콘솔 출력 창에서 턴마다 입력 받은 값을 확인할 수 있습니다.

■ Output for one game turn_턴마다 출력해야 할 값

이번 턴에 발포할 산의 위치(인덱스 번호)를 출력합니다.

■ Constraints_제약사항

- 산의 높이는 0에서 9 사이의 값입니다.

- 1턴의 제한 시간은 100ms입니다.

> **여기서 잠깐** **1턴의 의미** 코딩게임의 문제 중 상당수는 무한 루프에서 실행됩니다. 프로그램에 필요한 정보를 표준 입력을 통해 받고, 작성한 프로그램에 의해 결과를 출력합니다. 이때 게임 엔진은 출력된 정보를 바탕으로 게임의 성공 실패 여부와 다음 턴의 입력 값을 계산합니다. 여기에서 입력부터 출력까지의 과정을 '1턴'이라고 합니다.

3-2 어떻게 풀까요?

먼저 코딩게임에서 제공하는 기본 코드를 한번 확인해 볼까요?

```python
while True:                         # 게임은 무한 루프 안에서 작동합니다.
    for i in range(8):              # 매 턴 8개의 입력 값을 받습니다.
        mountain_h = int(input())   # mountain_h는 산의 높이를 담고 있습니다.
    print("4")                      # 매 턴 발포할 산의 인덱스를 출력합니다.
```

제공된 코드는 무한 루프 안에서 턴마다 8개의 입력 값을 받고 1개의 출력 값을 내보내는 구조입니다. 턴마다 입력 받은 산의 높이 중에서 가장 높은 산의 위치를 출력하면 됩니다. 하지만 위의 예제 코드는 항상 4번 인덱스(다섯 번째 산)만을 출력하도록 되어 있네요. [PLAY TESTCASE]를 클릭합니다. 실행 결과는 안 봐도 뻔하겠죠? 이제 제대로 문제를 풀어 보겠습니다.

3-3 필요한 알고리즘은?

이 문제를 풀기 위해 이해해야 하는 부분은 다음과 같습니다.

조건문

가장 높은 산을 찾기 위해서 여러 산의 높이를 비교해야 합니다. 프로그래밍 언어에서 데이터를 서로 비교하기 위해서는 조건문을 사용합니다. 조건문은 특정 조건이 참(True)이거나 거짓(False)일 때 지정한 코드 또는 코드 블록을 수행하는 방법을 말합니다. 보통 프로그래밍은 의식의 흐름대로 코드를 작성하기 때문에 조건문은 프로그램에서 빈번히 사용됩니다. "이런 조건이면 이렇게 행동하고, 저런 조건이면 저렇게 행동하고, 둘 다 아니라면 그냥 종료한다."

조건문은 if를 이용하여 작성하며, if문은 여러분이 머릿속에서 생각하는 상황을 그대로 프로그래밍 언어에 맞게 변환한 것뿐입니다. 이를테면 이렇게 말이죠.

```python
if 상대방이 미남이면:
    print("잘 생기셨네요.")
else:
    print("착하게 생기셨네요.")
```

```
if 짜장면이 먹고 싶으면:
    print("짜장면 주문")
elif 짬뽕이 먹고 싶으면:
    print("짬뽕 주문")
else:
    print("짬짜면 주문")
```

조건문은 앞으로도 계속 나오므로 어떤 식으로 조건문을 작성하는지 책을 진행하면서 익히기 바랍니다.

최댓값 구하기

여러 숫자 중에서 가장 큰 값은 어떻게 찾을 수 있을까요? 8개의 숫자라면 계산할 것도 없이 한눈에 알 수 있습니다. 우리 뇌의 속도는 매우 빨라서 여러 개의 숫자 중에 가장 큰 수를 단번에 찾아내지요. 하지만 숫자를 한 번에 하나씩만 알려준다면 어떻게 해야 할까요? 또는 100개의 숫자 중에서 가장 큰 값은 어떻게 찾을까요? 이 경우 우리 뇌는 여러 숫자를 하나씩 비교하면서 가장 큰 수를 머리 한 켠에 기억해 놓고, 더 큰 수가 나오면 기억해 두었던 숫자를 더 큰 수로 바꿔 놓습니다. 그렇게 모든 수를 확인한 후 마지막으로 기억하고 있던 숫자를 꺼내 대답을 합니다. 이 방식을 그대로 코드화해 볼까요?

```
# 수도코드(pseudocode)
max_h를 선언하고 0으로 초기화한다.
while 읽을 데이터가 남아 있는 한:
    숫자 하나를 읽어 mountain_h에 담는다.
    if mountain_h가 max_h보다 크면:
        max_h를 mountain_h의 값으로 변경한다.
```

최댓값을 구하는 방법은 이와 같습니다. 이를 토대로 문제를 풀어볼까요?

여기서 잠깐   **수도코드(Pseudocode)**   이 책에서는 가급적 실제 코드보다는 수도코드(의사코드)를 제공하려 합니다. 그 이유는 여러분이 직접 코드를 작성하기를 바라기 때문입니다. 눈으로 보는 것과 손으로 작성하는 것에는 매우 큰 차이가 있습니다. 문제를 풀다 보면 눈으로는 이해되지만, 막상 코드를 작성하려면 막막한 경우가 있습니다. 코드를 직접 작성해 보지 않았기 때문입니다. 눈으로만 보지 말고 꼭 직접 풀어 보기 바랍니다.

3-4 풀어 봅시다

이 문제에서 주의할 점은 가장 높은 산의 높이를 출력하는 것이 아니라 가장 높은 산의 인덱스를 출력하는 것입니다. 그러므로 최대 높이를 저장하는 변수 이외에 인덱스를 저장할 변수도 필요합니다. 턴마다 들어오는 입력 값 중 최댓값과 그 인덱스를 각각 저장한 후 반복문이 끝나면 가장 높은 산의 인덱스를 출력하도록 하겠습니다.

```python
max_h = 0                        # 가장 높은 산의 높이를 저장할 변수입니다.
max_index = 0                    # 가장 높은 산의 인덱스를 저장할 변수입니다.

while True:
    for i in range(8):           # 턴마다 8개의 입력 값을 받습니다.
        mountain_h = int(input())
        if mountain_h > max_h:   # 입력 받은 산의 높이가 현재까지의 최댓값보다 크다면
            max_h = mountain_h   # 산의 높이와 인덱스를 갱신합니다.
            max_index = i
    print(max_index)             # 가장 높은 산의 인덱스를 출력합니다.
```

코드를 작성했으니 [TRY AGAIN]을 클릭해 확인해 보겠습니다. 이런! 세 번째 턴에서 우주선이 산과 충돌해 테스트가 실패했습니다. 역시 머릿속으로만 생각해서 코드를 작성하면 이런 사태가 벌어지는군요. 코드에서 어떤 점이 잘못되었을까요? 원인을 파악하기 위해 왼쪽 하단의 콘솔 출력 창^{console output}을 살펴보겠습니다. 콘솔 출력 창은 프로그램에서 출력한 값을 확인할 수 있으며, 코드가 제대로 작동하지 않을 때 디버깅용으로 활용합니다. 또한 디버깅을 위한 전용 출력을 할 수도 있습니다.

콘솔 출력 창을 살펴보니 항상 0을 출력합니다. 왜 이럴까요? 분명히 최댓값을 출력하도록 했는데 말이죠. 첫 번째 턴에서는 가장 높은 산(인덱스 0, 높이 9)을 제대로 맞췄습니다. 두 번째 턴에서는 그다음 가장 높은 산(인덱스 1, 높이 8)을 출력해야 하는데 여전히 0을 출력하고 있군요.

뭐가 잘못됐을까요? 아차! 최댓값(max_h)과 그 인덱스를 저장하는 변수(max_index)를 while 문 바깥에서 초기화했습니다. 그로 인해 첫 번째 턴에서 저장된 최댓값(9)이 두 번째 턴 이후에도 가장 큰 값으로 남아 있으니 아무리 높이를 비교해도 더 큰 산을 찾을 수가 없었군요. 이러니 계속 같은 인덱스만 출력할 수밖에 없었군요.

이제 원인을 알았으니 고쳐 볼까요? max_h와 max_index의 초기화 문장을 while문 안으로 넣어 매 턴 초기화하도록 수정하겠습니다. 이 부분은 여러분이 직접 고쳐서 확인하길 바랍니다.

여기서 잠깐　**테스트용 출력**　디버깅을 위한 테스트용 출력은 정답을 맞추기 위한 출력과 다른 방식으로 출력되어야 하며 출력 방법은 프로그래밍 언어별로 상이합니다. 언어를 선택할 때마다 나오는 기본 코드를 살펴보면 테스트 출력을 어떻게 해야 하는지 잘 나와 있습니다. 파이썬의 경우 다음과 같이 출력할 수 있습니다.

```
print("max_h = %d, max_index = %d" % (max_h, max_index), file=sys.stderr)
```

이제 정상적으로 테스트를 마쳤습니다. 코드를 제출하는 [SUBMIT] 위에는 모든 케이스를 한 번에 테스트할 수 있는 [PLAY ALL TESTCASES]도 있습니다. 모든 테스트를 성공했으면 코드를 제출해 볼까요?

축하합니다! 문제 풀이에 성공하고 레벨업했습니다. 여러분의 코딩 실력도 같이 레벨업되었기를 바랍니다. [KEEP CODING]을 클릭해 계속 코딩합시다!

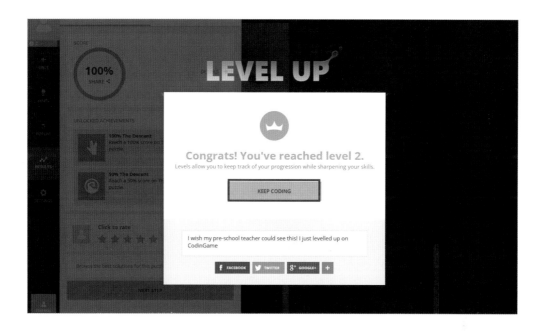

3-5 더 생각해 봅시다

대부분의 프로그래밍 언어에서 인덱스는 보통 1이 아닌 0에서 시작하는 경우가 많습니다. 그 이유는 무엇일까요? 여러 가지 이유가 있을 수 있겠지만 네덜란드의 유명한 컴퓨터 과학자인 다익스트라(Dijkstra, 1930-2002)는 이에 대한 제안서를 작성했습니다. 〈왜 숫자는 0부터 세어야 하는가?Why numbering should start at zero〉라는 이 글의 내용을 요약하면 다음과 같습니다.

> **여기서 잠깐** 직접 원문을 읽어 보고 싶으신 분은 다음 링크에서 확인할 수 있습니다.
> http://www.cs.utexas.edu/users/EWD/transcriptions/EWD08xx/EWD831.html

먼저 수학에서 수의 구간을 표현하는 방식에는 다음과 같은 4가지 방법이 있습니다.

- 열린 구간
- 닫힌 구간
- 반열린 구간
- 반닫힌 구간

예를 들어 2에서 12까지의 정수를 표현하는 방식은 다음과 같습니다.

❶ $1 < n < 13$

❷ $2 \le n \le 12$

❸ $1 < n \le 12$

❹ $2 \le n < 13$

다익스트라는 이 4가지 방법 중 시작은 닫힌 구간, 끝은 열린 구간으로 표현하는 것이 좋다고 얘기합니다. 즉 ❹번 방식을 말합니다.

그 이유는 첫째, 각 구간의 시작과 끝의 간격은 전체 요소의 개수와 일치하는 것이 좋다는 얘기입니다. 2와 12 사이의 숫자는 총 11개입니다. ❸번($12-1=11$)과 ❹번($13-2=11$)의 경우 각 구간의 시작과 끝의 차이는 11로 전체 요소의 개수와 일치합니다. 이 기준에 따르면 ❶번($13-1=12$)과 ❷번($12-2=10$)은 적합하지 않습니다.

둘째, 각 구간의 시작은 닫힌 구간(❷, ❹), 끝은 열린 구간(❶, ❹)일 때 부분 구간이나 빈 구간을 표현함에 있어 어색하지 않게 표현할 수 있다고 합니다. 이 모든 경우를 만족하는 조건은 ❹번 방식입니다.

이제 다음의 경우를 생각해 보겠습니다. n개의 요소를 가진 배열의 인덱스를 표현할 때, 앞에서 얘기한 ❹번 방식을 이용하면 다음과 같이 2가지로 표현할 수 있습니다.

ⓐ $0 \le i < n$

ⓑ $1 \le i < n + 1$

2가지 방법 중 ⓐ 방법이 요소의 개수와 구간의 숫자가 일치하므로 더 나은 방식이라는 것이 다익스트라의 견해입니다. 이 견해를 따라 많은 프로그래밍 언어의 인덱스는 0부터 시작합니다. 물론 이것과 상관없이 인덱스가 1부터 시작하는 프로그래밍 언어도 있습니다. 그리고 다른 이유로 인덱스가 0부터 시작한 프로그래밍 언어도 있습니다.

사실, 인덱스가 0부터 시작하는 이유를 아는 것은 중요하지 않을 수 있습니다. 중요한 것은 파이썬에서 인덱스는 0부터 시작한다는 것입니다. 이제부터 제가 인덱스를 얘기할 때와 몇 번째 요소를 얘기할 때 혼동하지 않길 바랍니다.

04

TEMPERATURES
가장 낮은 절댓값을 찾아라

연습 문제를 하나 풀어 봤지만 아직은 잘 모르겠다고요? 걱정하지 마세요. 하나 더 풀어 보면 되지요. 이제부터 문제다운 문제입니다. [CLASSIC PUZZLE-EASY] 난이도에 있는 게임인 TEMPERATURES 문제를 풀어 보겠습니다.

🔗 https://www.codingame.com/training/easy/temperatures

이 문제는 여러 온도 가운데 0에 가장 가까운 온도를 찾는 것으로, 조건문, 반복문, 배열, 절댓값 등에 대한 이해가 필요합니다. 그럼 시작해 볼까요?

PRACTICE > CLASSIC PUZZLE - EASY >

TEMPERATURES

⏱ Difficulty : Easy   👥 Community success rate: 72%

DETAILS   DISCUSSIONS   SOLUTIONS

WHAT WILL I LEARN?   ★★★★☆ 11095 👤

Conditions, Loops, Arrays

Solving this puzzle validates that the loop concept is understood and that you can compare a list of values.

This puzzle is also a playground to experiment the concept of lambdas in different programming languages. It's also an opportunity to discover functional programming.

External resources: Conditions, Loops, Absolute value, (EN) Let's Play Temperatures

STATEMENT

Your program must analyze records of temperatures to find the closest to zero.

SOLVE IT

STORY

It's freezing cold out there! Will you be able to find the temperature closest to zero in a set of temperatures readings?

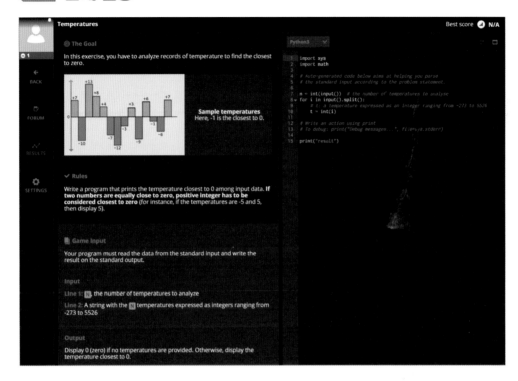

The Goal_게임의 목표

이 게임에서 여러분은 여러 온도 중 0에 가장 가까운 온도를 찾아내야 합니다.

Rules_게임의 규칙

주어진 데이터에서 0에 가장 가까운 수를 찾아 출력하는 프로그램을 작성하세요. 두 숫자와 0과의 거리가 같을 경우는 양수(+)를 0에 가장 가까운 수로 정합니다. 예를 들어 입력 받은 온도에 5와 −5가 있으면 5가 0에 가까운 수입니다.

Game Input_게임의 입력 및 출력 값

프로그램은 표준 입력(콘솔)을 통해 데이터를 읽어오고 표준 출력으로 결과를 내보냅니다.

▪ Input_입력 받는 값

각 턴마다 다음과 같이 두 줄의 값을 입력 받습니다.

첫 번째 라인: N, 입력 받을 온도의 개수를 저장할 변수를 말합니다.

두 번째 라인: N개의 온도를 담은 문자열이며, 온도의 범위는 −273부터 5526 사이의 정수입니다. 참고로 −273도는 절대 영도를 말하며 5526도는 태양 표면의 온도를 말합니다.

▪ Output_출력해야 할 값

0에 가장 가까운 온도를 출력합니다. 입력 받은 온도가 하나도 없을 경우 0을 출력합니다. 단, −1과 1처럼 절댓값이 같은 온도가 있을 때는 양수를 출력합니다.

▪ Constraints_제약사항

$0 \leq N < 10000$

📖 Example_예제

예를 들어 입력 값이 1, -2, -8, 4, 5일 경우 정답은 1이 됩니다.

4-2 어떻게 풀까요?

자, 그래프를 살펴 봅시다.

다음 그래프에서 0에 가장 가까운 온도는 무엇인가요? 여러분은 그래프를 보자마자 단번에 정답이 −1임을 알아차렸을 겁니다. 어떻게 그렇게 빨리 알아냈죠? −1만 빨간색으로 쓰여 있어서 알았다고요? 그럴 수도 있겠지만 여러분의 두뇌는 색에 현혹되지 않았을 겁니다. 그래프의 크기가 가장 짧은 걸 찾았다고요? 조금 더 설득력 있군요. 그렇다면 그림보다 훨씬 더 많은 데이터를 입력 받을 경우에는 어떻게 처리할까요?

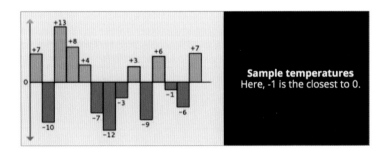

앞 장에서 최댓값을 구할 때와 비슷하게 여러분의 두뇌가 작동할 겁니다. 여러분의 두뇌는 숫자를 하나씩 확인하면서 절댓값을 비교합니다. 이 과정에서 절댓값이 가장 작은 값을 두뇌 한 켠에 기억하고 있다가 모든 비교가 끝나면 기억해 둔 가장 작은 숫자를 떠올립니다.

절댓값

절댓값이란 임의의 숫자에서 부호(+ 또는 −)를 제외한 숫자의 크기를 말합니다. 5와 −5의 절댓값은 모두 5입니다. 바꿔 말하면 절댓값은 0으로부터의 거리라고 말할 수 있습니다. 문제에서 0과

가장 가까운 숫자를 찾는다는 뜻은 절댓값이 가장 작은 숫자를 찾는다는 말과 동일합니다. 많은 프로그래밍 언어에서 절댓값을 구하는 함수를 기본 함수로 제공하고 있습니다. 파이썬에는 절댓값을 구하는 abs 함수가 있습니다. abs 함수는 다음처럼 구현되어 있습니다.

```python
def abs(value):
    if value >= 0:
        return value
    else:
        return -value
```

의식의 흐름에 따라서 문제를 순서도로 한번 그려 볼까요?

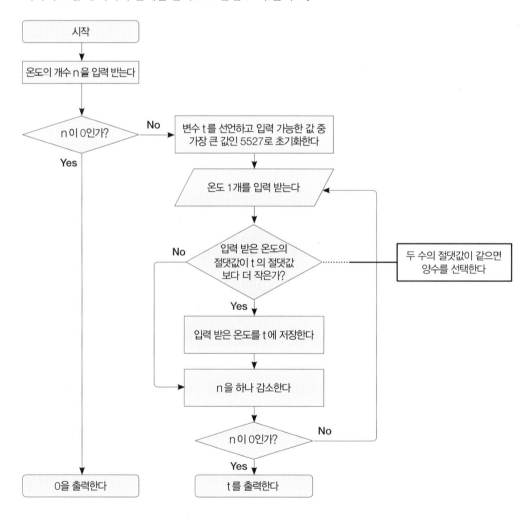

이제 순서도대로 코드를 작성하면 되겠군요. 먼저 코딩게임에서 제공한 코드를 한번 살펴 봅시다.

```
import sys
import math

# 분석할 온도의 개수를 읽어와 n에 저장합니다.
n = int(input())

for i in input().split():
    # t는 온도를 의미하며 정수형으로 -273에서 5526의 범위를 가지고 있습니다.
    t = int(i)

    # 이곳이 여러분의 코드를 작성할 곳입니다.


# 디버깅용 출력을 하기 위한 방법을 알려줍니다.
# To debug: print("Debug messages...", file=sys.stderr)

print("result")
```

게임의 흐름을 다시 한번 얘기하면 "반복문을 이용하여 여러 온도를 입력 받고, 조건문을 이용하여 절댓값을 비교한다. 더 작은 절댓값을 발견하면 변수에 저장하고 반복문을 종료한 후 변수에 저장한 값을 출력한다." 이해됐나요?

4-3 필요한 알고리즘은?

반복문

먼저 반복문을 이용하여 온도를 입력 받습니다. 반복문은 for나 while을 이용하여 정해진 횟수만큼 지정된 코드 블록을 반복적으로 수행하는 방법을 말합니다. 이를테면 다음 코드처럼 말이죠.

```
# for문을 이용하여 0부터 9까지 출력합니다.
for i in range(10):
    print(i)

# while문을 이용하여 1부터 10까지 출력합니다.
i = 1
while i <= 10:
    print(i)
    i += 1
```

앞의 예제에서는 for문과 while문을 10번 수행했습니다. 반복문은 이와 같이 반복 횟수를 지정할 수도 있지만, 특정 조건이 만족하는 동안 반복문을 계속 수행하게 할 수도 있습니다.

```
while player.health > 0:          # 플레이어의 체력이 0을 초과하는 동안 전투를 계속합니다.
    player.attack(enemy)          # 플레이어가 적을 공격합니다.
    enemy.attack(player)          # 적이 반격합니다.
```

이와 같이 특정 조건을 만족하는 동안 반복문 안의 코드를 계속 수행하게 할 수 있습니다. 또한 if 문과 break를 이용하여 반복문 중간에 언제든지 반복문을 종료할 수 있습니다.

```
while player.health > 0:
    player.attack(enemy)
    if enemy.health <= 0:
        # enemy의 체력이 0 이하가 되어 죽었으므로 반복문을 빠져나옵니다.
        break
    enemy.attack(player)
```

정리하면 반복문은 특정 조건을 만족하는 동안 특정 코드 또는 코드 블록을 반복적으로 수행하는 방법을 말합니다.

코딩게임에서 제공한 기본 코드를 다시 한번 살펴보도록 하겠습니다.

```
# 분석할 온도의 개수를 읽어와 n에 저장합니다.
n = int(input())

for i in input().split():
    # t는 온도를 의미하며 정수형으로 -273에서 5526의 범위를 가지고 있습니다.
    t = int(i)
```

반복문으로 for문을 사용하였지만 input( ).split( )은 조금 생소합니다.

split의 용도

input( ).split( )은 입력 받은 문자열을 split 함수를 이용하여 여러 요소로 나눈 후 별도의 리스트로 만드는 것을 의미합니다. split 함수의 매개변수는 문자열을 나누는 기준인 구분자delimiter가 됩니다. 매개변수가 없는 경우는 공백white space을 기준으로 문자열을 나눕니다. 예를 들어 "1 −2 −8 4 5"의 문자열은 split 함수에 의해 ["1", "−2", "−8", "4", "5"]의 리스트로 변경됩니다. 주의할 점은 표준 입력(input 함수)을 통해 숫자로 이루어진 문자열을 입력 받았지만, 이는 숫자로 변환하기 전까지는 문자라는 사실입니다. 따라서 리스트 안의 숫자도 여전히 문자입니다. 그러므로 리스트의 각 문자를 int형으로 변환하여 사용합니다.

앞의 코드를 조금 풀어 쓰면 다음과 같이 표현할 수 있습니다.

```python
n = int(input())

temperature_str = input()
# split 함수를 이용하여 입력 받은 문자열을 각 온도별로 나눕니다.
temperatures = temperature_str.split(' ')

for i in range(n):
    # 리스트의 요소를 정수형으로 변환합니다.
    t = int(temperatures[i])
```

남은 일은 조건문을 이용하여 절댓값이 가장 작은 숫자를 찾는 것입니다.

4-4 풀어 봅시다

앞에서 그렸던 순서도(48쪽)를 참고하여 한번 풀어 보겠습니다. 어려운 문제를 해결하는 방법 중 하나는 복잡하고 커다란 문제를 작은 문제 여러 개로 쪼개서 하나씩 해결하는 것입니다. 이를 분할 정복divide and conquer이라고 합니다. 사실 이 문제는 분할 정복을 적용해야 할 만큼 복잡한 문제는 아니지만 단계를 나눠서 코드를 작성해 보겠습니다.

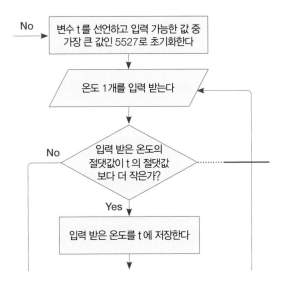

문제에 있는 여러 제약사항을 무시하고 여러 온도 중 절댓값이 가장 작은 값(min_t)을 찾아내는 부분부터 구해 보도록 합시다.

```python
# 절댓값이 가장 작은 값 찾기
# 5527로 초기화한 이유는 제약사항에서 온도의 범위가 -273에서 5526으로 주어졌기 때문입니다.
min_t = 5527
for i in input().split():
    t = int(i)
    if abs(t) < abs(min_t):
        min_t = t
print(min_t)
```

절댓값을 비교하는 abs 함수만 제외하면 앞 장에서 풀어본 최댓값을 찾는 로직과 비슷합니다. 코드 작성을 마쳤으면 결과를 확인해 볼까요? 먼저 첫 번째 테스트 케이스를 실행해 봅시다.

첫 번째 테스트를 통과했습니다. 시작이 좋군요. 다른 테스트도 계속해 볼까요?

세 번째 테스트 케이스는 실패했습니다. 콘솔 출력 창을 보니 정답은 5(Expected)입니다만, 우리의 답안은 -5(Found)였습니다. 테스트에 실패하였으니 무엇이 잘못되었는지 확인해야겠죠? 입력 받은 온도가 어떤 값이었는지 확인해 봅시다. [PLAY TESTCASE] 버튼 위에 있는 [Show testcases] 목록 아이콘을 클릭하면 이 문제의 샘플 데이터와 정답을 확인할 수 있습니다.

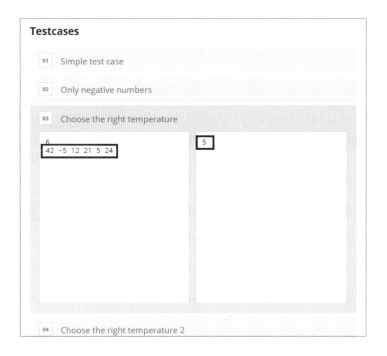

샘플을 확인해 보니 입력 받은 온도는 "42 −5 12 21 5 24"이고 정답은 5입니다. 입력 값에 −5와 5가 들어 있네요. 아직 두 수의 절댓값이 같을 경우에 대한 처리를 하지 않았습니다. 두 수의 절댓값이 같을 경우 양수를 정답으로 한다고 했으니 이제 새로운 조건을 추가할 차례입니다.

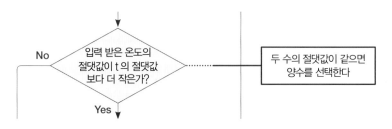

```
if abs(t) == abs(min_t):
    if t > 0:
        min_t = t
```

두 수의 절댓값이 같을 때는 새로 입력 받은 값이 양수인지 확인하면 됩니다. t가 음수인 경우는 min_t를 변경할 필요가 없으므로 확인하지 않아도 됩니다. 변경된 부분을 반영해서 다시 확인해 볼까요?

세 번째 테스트를 통과했습니다. 하지만 마지막 테스트가 실패했군요. 테스트 케이스 이름을 보니 No Temperature입니다. 아무래도 입력 값이 없나 봅니다. 입력 받은 샘플 데이터와 정답을 한번 확인해 볼까요?

역시나 온도가 하나도 없군요. 입력 받은 온도가 하나도 없을 때는 0을 출력하도록 하는 문장을 추가하겠습니다.

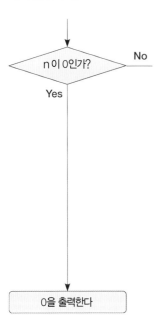

```python
if n == 0:
    print("0")
else:
    min_t = 5527
    for i in input().split():
        t = int(i)
# 이하 생략
```

코드를 추가하였으니 다시 한번 테스트해 볼까요?

드디어 모든 테스트 케이스를 통과하였습니다. 이제 코드를 제출하여 결과를 확인해 보도록 합시다.

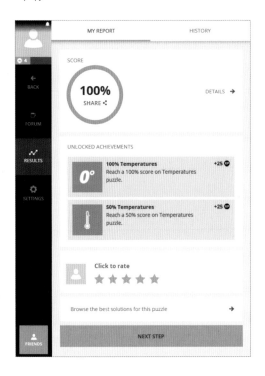

축하합니다. 이제 본격적으로 코딩게임의 세계에 발을 내디뎠습니다. 앞으로 코딩게임의 여러 문제를 저와 함께 풀어 가면서 프로그래밍 로직 및 코딩 알고리즘을 학습해 봅시다.

여기서 잠깐 [History] 탭은 여러분이 이 문제를 풀면서 제출했던 모든 코드를 확인할 수 있는 곳으로 버전 관리 기능이라고 생각하면 됩니다. 작업 중인 코드에 문제가 있을 경우 언제든 예전 버전으로 되돌릴 수 있습니다.

4-5 더 생각해 봅시다

본문에서는 매우 간단히 다루었지만 배열에 대해 간단히 정리해 보겠습니다.

배열

배열array은 여러 데이터를 하나의 변수에 보관하여 프로그램에서 사용하기 쉽게 만들기 위한 방법입니다.

그림과 같이 numbers 변수를 선언하고 5개의 숫자를 할당하였습니다. 배열의 각 요소는 인덱스 참조 연산자 [ ]를 이용하여 얻어올 수 있습니다. 앞 장에서 인덱스는 0부터 시작한다고 얘기했던 것 기억하나요? 5개의 숫자를 할당하였고 그 인덱스는 0번부터 4번까지입니다.

파이썬에서 배열은 다음과 같이 선언합니다.

```
numbers = [1, 3, 5, 7, 9]
num1 = numbers[0]       # num1 = 1
num2 = numbers[1]       # num2 = 3
num3 = numbers[2]       # num3 = 5
```

또한 인덱스 연산자를 이용하면 배열의 요소를 변경할 수 있습니다.

```
numbers = [1, 3, 5, 7, 9]
numbers[0] = 2          # [2, 3, 5, 7, 9]
numbers[1] = 4          # [2, 4, 5, 7, 9]
numbers[4] = 10         # [2, 4, 5, 7, 10]
```

배열의 값을 가져오거나 변경할 때 배열의 인덱스 범위를 초과하면 IndexError가 발생합니다.

```
numbers = [1, 3, 5, 7, 9]
print(numbers[6])       # IndexError; numbers[6]은 존재하지 않습니다.
numbers[5] = 11         # IndexError; numbers[5]는 존재하지 않습니다.
```

배열에 값을 추가하고 싶을 경우 append 함수나 insert 함수를 이용하여 데이터를 추가할 수 있습니다. append 함수는 배열의 맨 끝에, insert 함수는 배열의 특정 위치에 데이터를 추가합니다.

```python
numbers = [1, 3, 5, 7, 9]
numbers.append(11)     # 맨 뒤에 11을 추가합니다. [1, 3, 5, 7, 9, 11]
numbers.append(15)     # 맨 뒤에 15를 추가합니다. [1, 3, 5, 7, 9, 11, 15]
numbers.insert(6, 13)
# 6번 인덱스 위치에 13을 추가하고 나머지는 뒤로 밀립니다. [1, 3, 5, 7, 9, 11, 13, 15]
```

```
                          0  1  2  3  4  5    6
            numbers = [1, 3, 5, 7, 9, 11,  15]

            numbers.insert(6, 13) =      삽입할 위치의 인덱스를 지정합니다. 데이터는 해당 인덱스 위치에
                                         추가하고, 원래 있던 항목은 모두 한 칸 뒤로 밀립니다.

            numbers = [1, 3, 5, 7, 9, 11, 13, 15]
```

배열은 비슷한 성질의 데이터를 묶어서 처리할 경우에 매우 유용합니다. 예를 들어 학교 성적관리 프로그램을 만드는 경우를 생각해 보겠습니다. 이 프로그램은 초기 버전이라 매우 간단한 기능만을 가지고 있습니다. 바로 학생들의 총점과 평균을 계산하는 기능입니다. 너무 간단하니 코드를 바로 작성하도록 하겠습니다.

```python
# 배열을 쓰지 않은 버전
# 성적을 입력 받습니다.
number_of_students = 30                  # 학급의 학생 수입니다.
student1 = int(input())
student2 = int(input())
student3 = int(input())

...                                      # 총 30명의 성적을 받습니다.

total_sum = student1 + student2 + student3 + ...   # 총점을 더합니다.
average = total_sum / number_of_students           # 평균을 계산합니다.
print("sum = %d, average = %d" % (total_sum, average))
```

프로그래밍 언어에 배열이 없다면 아마도 이와 비슷하게 코드를 작성했을 겁니다. 모든 학생을 개별 변수로 선언하고 각각의 변수를 연산에 넣어야 합니다. 매우 귀찮은 일이죠. 또한 학생 수의 변동이 있을 때마다 고쳐야 하는 코드의 양도 어마어마합니다. 이를 배열을 사용하면 다음과 같이 작성할 수 있습니다.

```
# 배열을 사용한 버전
# 성적을 입력 받습니다.
number_of_students = 30                    # 학급의 학생 수입니다.
students = []                              # 학생들의 성적을 저장할 배열을 선언합니다.
total_sum = 0                              # 학생들 성적의 총합계를 저장할 변수를 선언합니다.

for i in range(number_of_students):
    students.append(int(input()))          # 성적을 입력 받아 배열에 삽입합니다.
    total_sum += students[i]               # 총점을 더합니다.
average = total_sum / number_of_students   # 평균을 계산합니다.
print("sum = %d, average = %d" % (total_sum, average))
```

코드가 깔끔해졌습니다. 무엇보다 중요한 것은 학생 수의 변동이 있을 때 고쳐야 하는 코드는 이제 단 한 줄이면 됩니다. 바로 학생 수(number_of_students)만 바꿔 주면 다른 코드는 수정하지 않아도 잘 작동합니다. 이와 같이 배열은 프로그램을 매우 간단하고 효율적으로 작성할 수 있게 만드는 좋은 기능입니다. 또한 코드에서 보듯이 배열은 반복문과 매우 궁합이 잘 맞습니다. 여러분도 코드를 작성할 때 같은 형태의 데이터를 여럿 처리해야 한다면 배열을 사용해 보기 바랍니다.

참고로 파이썬에서는 배열을 리스트로 표현합니다. 이 책에서 배열을 언급할 때는 주로 개념을 설명할 때이고, 리스트를 언급할 때는 실제 자료형을 말합니다. 두 용어는 같은 용어로 생각해도 됩니다.

05 CHUCK NORRIS

0만 가지고 2진수 표현하기

연습 문제를 2번 풀어 봤으니 이제 코딩게임에 적응이 된 듯 하군요. 마지막으로 초급 문제인 CHUCK NORRIS를 풀어 보겠습니다. 이번 문제까지 무리 없이 풀면 다른 초급 문제는 여러분 스스로 충분히 풀 수 있을 거라 생각합니다. 한번 가 볼까요?

🔗 https://www.codingame.com/training/easy/chuck-norris

이 게임에 등장하는 척 노리스는 개발자가 아닌 미국의 액션 배우입니다. 인터넷상에 척 노리스 유머가 유명하여 코딩게임에서도 이용했을 뿐입니다. 예를 들어 네 번째 테스트 케이스의 입력 메시지를 확인해 보면 다음과 같이 쓰여져 있습니다. "Chuck Norris' keyboard has 2 keys: 0 and white space." 척 노리스 유머를 조금 더 알고 싶으면 인터넷에서 Chuck Norris Facts를 검색해 보세요.

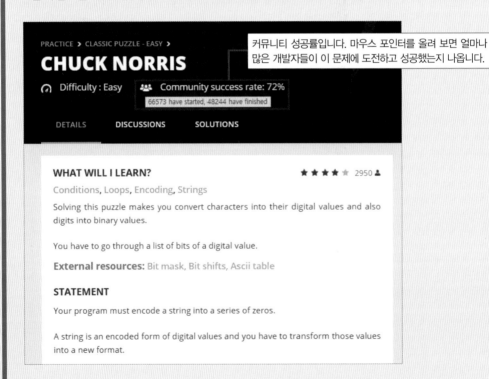

> 커뮤니티 성공률입니다. 마우스 포인터를 올려 보면 얼마나 많은 개발자들이 이 문제에 도전하고 성공했는지 나옵니다.

PRACTICE > CLASSIC PUZZLE - EASY >

CHUCK NORRIS

⏱ Difficulty : Easy   👥 Community success rate: 72%

66573 have started, 48244 have finished

DETAILS   DISCUSSIONS   SOLUTIONS

WHAT WILL I LEARN?   ★ ★ ★ ★ ☆ 2950 👤

Conditions, Loops, Encoding, Strings

Solving this puzzle makes you convert characters into their digital values and also digits into binary values.

You have to go through a list of bits of a digital value.

External resources: Bit mask, Bit shifts, Ascii table

STATEMENT

Your program must encode a string into a series of zeros.

A string is an encoded form of digital values and you have to transform those values into a new format.

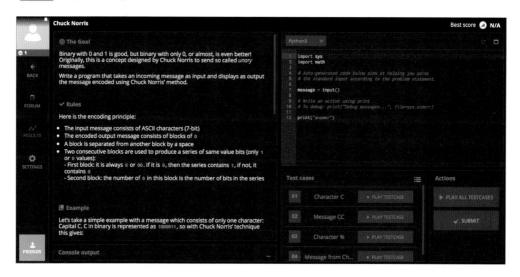

◎ The Goal_게임의 목표

2진법binary은 데이터를 0과 1로 표현하는 방식입니다. 단순하게 2개의 숫자만으로 데이터를 표시할 수 있어 좋은 방법이죠. 하지만 2진수를 0으로만 표현한다면 숫자를 1개만 사용하니 더 좋지 않을까요? 이 방법은 척 노리스Chuck Norris에 의해 고안되었습니다. 아래 규칙을 참고하여 표준 입력으로 받은 메시지를 척 노리스 방식으로 인코딩해서 출력하는 프로그램을 작성해 보세요.

✔ Rules_게임의 규칙

문자를 임의의 코드로 변환하는 것을 인코딩이라고 합니다. 이 게임의 인코딩 규칙은 다음과 같습니다.

- 입력 문자열은 7비트 아스키 코드로 구성되어 있습니다.

- 출력할 메시지는 0의 블록으로 구성됩니다.

- 각 블록은 공백white space으로 구분합니다.

- 출력할 메시지는 연속한 동일 비트를 묶어 2개의 블록을 한 쌍으로 표현합니다.

  - 첫 번째 블록은 항상 0 또는 00입니다. 비트가 1일 경우 0으로, 0일 경우 00으로 표현합니다.

  - 두 번째 블록은 연속한 동일 비트(1 또는 0)의 개수만큼 0을 출력합니다.

아스키 코드 아스키 코드는 프린터, 컴퓨터 등에서 사용하기 위해 알파벳, 숫자 및 각종 특수 기호 등에 고유번호를 지정하여 사용하기로 한 규약입니다. 0부터 127까지 총 128개의 코드가 지정되어 있습니다. 128개의 코드를 사용하기 때문에 이를 표현하기 위해서 7비트($2^7 = 128$)가 필요합니다.

📖 Example_예제

간단한 예를 들어 설명하겠습니다. 대문자 C 1개로 이루어진 입력 메시지를 생각해 봅시다. 대문자 C의 아스키 코드 값은 67이고 이를 2진수로 표현하면 1000011이 됩니다. 이를 척 노리스 방식으로 인코딩하겠습니다.

2진수로 표현된 문자열을 연속된 비트로 구분하여 나누면 다음과 같이 세 부분으로 나눌 수 있습니다.

```
1 0000 11
```

- 첫 번째 비트 열은 1입니다. 1비트가 단독으로 구성되어 있습니다. 이를 블록으로 표현하면 비트가 1이고 길이가 1이므로 **0 0**입니다.
- 두 번째 비트 열은 0000입니다. 비트가 0이고 길이가 4이므로 **00 0000**입니다.
- 세 번째 비트 열은 11입니다. 비트가 1이고 길이가 2이므로 **0 00**입니다.

각 블록을 모두 병합하면 대문자 C의 척 노리스 코드는 **0 0 00 0000 0 00**이 됩니다.

한 가지 예를 더 들어 볼까요? 대문자 C 2개로 이루어진 문자열을 살펴보겠습니다. 위 예제와 마찬가지로 C의 아스키 코드는 67이고 2진수는 1000011입니다. 그러므로 CC의 2진수 표현은 1000011 1000011이 되겠습니다. 여기서 주의할 점은 척 노리스 방식은 개별 문자를 2진수로 변환하고 이를 모두 합쳐서 하나의 문자열을 인코딩한다는 것입니다. CC의 2진수인 1000011 1000011를 연속된 비트로 구분하면 다음과 같습니다.

```
1 0000 111 0000 11
```

조금 빨리 계산해 볼까요?

- 1: **0 0** (1이 1개)
- 0000: **00 0000** (0이 4개)
- 111: **0 000** (1이 3개)
- 0000: **00 0000** (0이 4개)

– 11 : **0 00** (1이 2개)

이를 나란히 붙이면 CC의 척 노리스 코드는 **0 0 00 0000 0 000 00 0000 0 00**이 됩니다.

어떻게 풀까요?

이 문제를 크게 나누어 보면 입력 받은 데이터를 2진수로 변환하는 부분과 변환된 2진수를 척 노리스 방식으로 인코딩하는 부분으로 되어 있습니다. 이를 수도코드로 표현하면 다음과 같습니다.

```
# 파트1. 입력 받은 메시지를 2진수로 변환합니다.
표준 입력으로 인코딩할 문자열을 입력 받아 message에 저장한다.
최종 2진수 문자열을 저장할 변수 binary_string을 선언한다.
for char in message:
    ascii_value = to_ascii(char)        # 각 글자의 아스키 코드를 구합니다.
    binary = to_binary(ascii_value)     # 아스키 코드를 2진수로 변환합니다.
    binary_string += binary             # 변환된 2진수를 문자열로 병합합니다.

# 파트2. 2진수 문자열을 척 노리스 방식으로 인코딩하여 출력합니다.
encoded_message = chuck_norris_encoding(binary_string)
encoded_message를 최종 출력한다.
```

문자열을 입력 받고 문자열의 길이만큼 반복문을 수행합니다. 문자열의 각 글자를 아스키 코드로 변환하고 재차 2진수로 변환합니다. 2진수로 변환한 값을 문자열로 바꿔 모두 병합합니다. 병합한 2진수 문자열을 척 노리스 인코딩 방식으로 변환한 후 이를 출력합니다. 항상 그래 왔듯이 말은 참 쉽죠?

필요한 알고리즘은?

이 문제 풀이에서 필요한 핵심을 알아볼까요?

10진수를 2진수로 변환하기

10진수를 2진수로 변환하는 방법은 10진수 숫자를 0이 될 때까지 2로 계속 나눠 가면서 생기는 나머지를 역순으로 나열하면 됩니다. 설명이 조금 어렵나요? 예를 한번 들어 보겠습니다. 대문자 C의 아스키 코드인 67을 2진수로 변환해 보겠습니다.

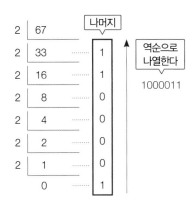

그림과 같이 10진수 67은 2진수 1000011과 같음을 알 수 있습니다. 맞게 변환했는지 확인해 볼까요? 1000011을 10진법으로 변환하면 $1\times2^6 + 0\times2^5 + 0\times2^4 + 0\times2^3 + 0\times2^2 + 1\times2^1 + 1\times2^0$ 과 같습니다. 즉, $1\times2^6 + 1\times2^1 + 1\times2^0 = 64 + 2 + 1 = 67$이 되므로 2진수로 정확히 변환했음을 알 수 있습니다.

10진수를 2진수로 변환하는 함수를 한번 만들어 볼까요? 함수 이름은 to_binary로 하겠습니다.

```python
# 10진수(decimal)를 2진수(binary)로 변환하여 반환하는 함수입니다.
def to_binary(decimal):
    binary = ""                    # 2진수 문자열을 담을 자료형을 준비합니다.

    # 2로 나눠 가면서 나머지를 더하기 때문에 남은 숫자가 0이 될 때까지 반복문을 수행합니다.
    while decimal > 0:
        remainder = decimal % 2    # 2로 나눈 나머지를 구합니다.
        binary += str(remainder)   # 숫자를 문자로 변환해서 병합합니다.
        decimal = decimal // 2     # decimal이 0이 될 때까지 계속 2로 나눕니다.
    return binary[::-1]            # binary를 역순으로 만들어 반환합니다.
```

앞에서 설명한 그대로 코드로 작성하였습니다. 이해하는 데 큰 무리가 없으리라 생각합니다. 다만 코드에서 보충 설명해야 할 부분이 몇 가지 있습니다.

첫째, // 연산자입니다. // 연산은 나누기 연산 후 나머지를 버리고 정수 부분만 취하는 연산자입니다.

```
7 / 2 = 3.5
7 // 2 = 3
```

둘째, 2진수를 문자열로 변환해야 하는 이유입니다. 2진수 표현을 일반 정수 자료형에 담아두면 이는 10진수 숫자이기 때문에 병합하는 과정이 번거롭습니다. 또한 정수형으로 저장하기 위해서는 매우 큰 자료형이 필요합니다. 앞에서 언급했듯이 한 글자는 7비트 아스키 코드로 이루어집니다. 10개의 글자만 2진수로 변환하더라도 70비트가 필요하고 이는 $2^{70}(≒10^{21})$ 크기의 자료형이 필요합니다. 실질적으로 불가능한 상황이기 때문에 문자열로 변환하여 처리합니다.

셋째, 문자열을 역순으로 뒤집는 방법입니다. 파이썬에서 문자열을 뒤집는 가장 쉬운 방법은 문자열 슬라이스slice 기능을 이용하는 것입니다. 슬라이스는 문자열을 임의로 잘라내어 새로운 문자열로 만드는 기능입니다. 사용법은 다음과 같습니다.

```
새로운 문자열 = 문자열[start:end:step]
```

- start는 잘라낼 문자열의 시작 인덱스를 나타냅니다. 생략 시 0으로 간주합니다.
- end는 잘라낼 문자열의 끝 인덱스를 나타냅니다. 생략 시 문자열의 끝으로 간주합니다.
- step은 문자열을 가져오는 구간을 나타냅니다. 생략 시 1로 간주합니다. 예를 들어 step이 2라면 매 두 번째 글자를 가져온다는 뜻입니다. 다음의 예를 확인하면 조금 더 이해가 잘될 거라 생각합니다.

인덱스 지정 시 주의할 점은 end 값은 잘라낼 문자열의 마지막 글자 다음 인덱스를 지정해야 한다는 것입니다. 앞서 얘기한 구간의 범위를 기억하나요? 시작은 닫힌 구간, 끝은 열린 구간처럼 시작 인덱스는 포함되고 끝 인덱스는 포함되지 않습니다. 인덱스는 문자열의 끝부터 음수로 지정할 수도 있습니다.

```
message = "Hello World"
print(message[0:5])         # "Hello"
print(message[-11:-6])      # "Hello"
print(message[6:])          # "World"
print(message[-5:])         # "World"
print(message[2:8])         # "llo Wo"
print(message[::2])         # "HloWrd"
print(message[::3])         # "HlWl"
print(message[::-1])        # "dlroW olleH"
print(message[::-2])        # "drWolH"
```

		H	e	l	l	o		W	o	r	l	d
인덱스	0	1	2	3	4	5	6	7	8	9	10	
인덱스	−11	−10	−9	−8	−7	−6	−5	−4	−3	−2	−1	

step 값이 음수일 경우 문자를 뒤에서부터 가져옵니다. 바로 이 기능을 이용하여 임의의 문자열을 쉽게 뒤집을 수 있습니다.

```
"1100001"[::-1] = "1000011"
```

인코딩하기

척 노리스 인코딩의 핵심은 연속된 동일 비트를 구분하여 그 개수만큼 0을 출력하는 것입니다. 비트가 연속된 비트인지 아닌지 확인하는 방법에는 어떤 것이 있을까요? 여러분 머릿속에 떠오르는 방법이 있나요? 제가 생각하는 방법은 2진수 문자열의 길이만큼 반복문을 수행하면서 현재 비트와 이전 비트를 비교하는 것입니다.

```
codes = "1000011"        # 대문자 C의 2진수 표현입니다.
previous_bit = ""        # 빈 문자로 초기화하여 첫 번째 비트부터 바로 비교를 할 수 있게 합니다.


for bit in codes:
    if bit != previous_bit:
        print("다름")
    else:
        print("같음")


    previous_bit = bit  # 반복문의 끝에서 현재 비트를 이전 비트에 대입해야 합니다.
```

2진수 코드에서 한 비트씩 가져와 이전 비트와 비교합니다. 두 비트가 같으면 연속된 비트를 확인하였으므로 연속된 비트의 횟수를 증가시킵니다. 그리고 반복문의 끝에서 현재 비트를 이전 비트에 대입하는 것을 잊지 않길 바랍니다. 이를 기본으로 하여 문제를 풀어 보겠습니다.

5-4 풀어 봅시다

문제 풀이에서 가장 먼저 해야 할 일은 문자를 아스키 코드로 변환하는 일입니다. 파이썬에는 문자를 아스키 코드로 변환하는 ord 함수가 있습니다. 이를 이용하겠습니다.

```python
binary_string = ""

for ch in message:
    binary_string += to_binary(ord(ch))

encoded_message = chuck_norris_encoding(binary_string)
print(encoded_message)
```

2진수 문자열로 변환하려면 앞에서 작성한 10진수를 2진수로 변환하는 함수를 그대로 사용하면 됩니다. 남은 것은 인코딩입니다. 인코딩 방법을 조금 더 나눠 보면 같은 비트가 반복되었는지 확인하는 것과 연속된 비트의 길이를 얻어오는 것으로 나눌 수 있습니다. 같은 비트가 반복되는지 확인하는 방법은 앞 절에서 이미 설명하였습니다.

```python
codes = "1000011"              # 대문자 C의 2진수 표현입니다.
previous_bit = ""
count = 0

for bit in codes:
    if bit != previous_bit:
        previous_bit가 1이면 '0'을 출력하고 0이면 '00'을 출력한다.
        count의 개수만큼 '0'을 출력하고 0으로 초기화한다.

    count += 1              # 0과 1에 상관없이 비트의 개수는 매번 증가합니다.
    previous_bit = bit # 반복문의 끝에는 항상 직전 비트를 갱신해야 합니다.
```

기본 흐름은 이와 같습니다. 하지만 이 코드대로 작성할 경우 몇 가지 오류가 발생할 것입니다. 첫 번째는 반복문을 시작할 때 아무 값도 할당되지 않은 빈 문자로 초기화한 previous_bit와 현재 비트가 다르기 때문에 count(0)만큼 '0'을 넣으려고 시도합니다. 하지만 이때는 비교할 값이 없으므로 출력하면 안 되는 상황이죠. 두 번째로 마지막 비트는 반복문에서 처리하지 못하기 때문에 마지막 블록이 출력되지 않는 문제가 발생합니다. 반복문이 종료된 후 처리해야 하는 부분이 필요합니다. 마지막으로 각 비트 블록 사이에 공백을 삽입해야 합니다. 언급한 부분을 고쳐서 보강해 볼까요?

```
codes = "1000011"
previous_bit = ""
count = 0
answer = ""
for bit in encoded:
    # 두 비트가 다르면서 count가 0 이상일 경우에만 처리합니다.
    if bit != previous_bit and count > 0:
        if previous_bit == "1":
            # 1이면 "0", 0이면 "00"입니다.
            answer += "0 "
        else:
            # "0"이나 "00" 뒤에는 공백이 들어가야 하므로 처음부터 이를 포함시킵니다.
            answer += "00 "

        # count 개수만큼 "0"을 추가하고 마찬가지로 공백을 추가합니다.
        answer += "0" * count + " "
        # count 개수만큼 "0"을 추가하였으므로 이를 초기화합니다.
        count = 0
    count += 1
    previous_bit = bit
if previous_bit == "1":                 # 반복문 종료 후 다시 한번 확인합니다.
    answer += "0 "
else:
    answer += "00 "
# 마지막 블록이므로 뒤에 공백을 추가하지 않습니다.
answer += "0" * count
print(answer)
```

코드가 점점 길어지는군요. 가독성도 그리 좋아 보이지는 않습니다. 하지만 정답에 거의 근접했습니다. 하지만 이 코드는 테스트 케이스를 모두 통과하지 못합니다. 첫 번째와 두 번째 테스트 케이스는 통과하지만 세 번째와 네 번째 테스트는 통과하지 못합니다. 그 이유가 뭘까요? 세 번째 테스트 케이스의 출력 창을 확인해 볼까요?

```
Failure
Found:      0 0 00 00 0 0 00 0 0 0
Expected:   00 0 0 00 00 0 0 00 0 0
```

출력(Found)과 정답(Expected)에 차이가 있습니다. 하지만 출력된 결과만으로는 원인을 알지 못하겠습니다. 원인을 확인하기 위해 몇 가지 디버깅용 출력을 추가하도록 하겠습니다.

❶ 입력 값을 출력합니다.

❷ 각 글자의 아스키 코드 값과 2진수를 출력합니다.

❸ 병합된 2진수 문자열을 출력합니다.

❹ 2진 값이 정상적으로 인코딩되었는지 출력합니다.

❹의 경우 이미 최종 결과에 출력되어 있으므로 **❶**~**❸**을 추가하겠습니다.

```python
message = input()
print("input message = " + message, file=sys.stderr)         # ❶
binary_string = ""

for ch in message:
    binary = to_binary(ord(ch))                               # 코드 생략
    print("binary value of %c(%d) is %s" % (ch, ord(ch), binary), file=sys.stderr)  # ❷
    binary_string += binary

print("final binary string = " + binary_string, file=sys.stderr)  # ❸
encoded_message = chuck_norris_encoding(binary_string)        # 코드 생략
print(encoded_message)                                         # ❹
```

```
Console output
Standard Output Stream:
> input message = %                     # ❶
> binary value of %(37) is 100101       # ❷
> final binary string = 100101          # ❸
> 0 0 00 00 0 0 00 0 0                  # ❹


Failure
Found:      "0 0 00 00 0 0 00 0 0"
Expected:   "00 0 0 0 00 00 0 0 00 0 0"
```

하나씩 검증해 볼까요? 먼저 %의 아스키 코드 값은 37입니다. 이건 틀림없습니다. ord 함수가 거짓말을 하지는 않을 테니까요. 다음으로 37의 이진수는 100101($= 2^5 + 2^2 + 2^0 = 32 + 4 + 1 = 37$)이 맞습니다. 마지막으로 인코딩이 제대로 되어 있는지 볼까요?

```
1 00 1 0 1
```

1은 0으로, 0은 00으로 표기하는 것을 아직 잊지 않았죠?

- 1 : **0 0** (1이 1개)

- 00 : **00 00** (0이 2개)

- 1 : **0 0** (1이 1개)

- 0 : **00 0** (0이 1개)

- 1 : **0 0** (1이 1개)

모두 합치면 우리의 출력과 일치합니다.

```
0 0 00 00 0 0 00 0 0
```

틀린 곳이 없는데 어디가 잘못된 걸까요? 우리의 출력 값과 정답을 다시 한번 비교해 보겠습니다.

```
Failure
Found:      "0 0 00 00 0 0 00 0 0"
Expected:   "00 0 0 0 00 00 0 0 00 0 0"
```

맨 앞에 00 0이 더 있는 것을 제외하고는 똑같습니다. 두 출력의 길이가 왜 차이가 날까요? 척 노리스 코드 "00 0"은 0이 1개 있다는 뜻이므로 2진수로 표현하면 0입니다. 정답에 0이 하나 더 있군요. 저런! %(37)의 2진수 값은 100101입니다. 잘 살펴보니 6비트로 표현되어 있었군요. 게임의 규칙을 보면 모든 글자는 7비트로 표현한다고 되어 있습니다. 다시 말해서 2진수 문자열이 6비트일 경우 맨 앞에 0을 하나 더 추가해야 합니다. 즉 0100101이 맞는 표현입니다. to_binary 함수를 수정해야 하겠군요. 전체 문자열의 길이가 6이라면 맨 앞에 '0'을 하나 붙이는 것이 가장 간단한 방법 중 하나입니다.

```
# 2진수 문자열의 길이가 6일 경우 0을 덧붙입니다.
if len(binary) == 6:
    binary += "0"
# binary를 역순으로 만들어 반환합니다.
return binary[::-1]
```

이 외에도 6자리 문자열을 7자리 문자열로 변환할 수 있는 많은 방법이 있지만 지금은 이것으로 충분합니다. 사실 to_binary 함수를 수정하는 것만큼 중요한 것이 있습니다. 바로 프로그램의 구조를 개선하는 것이죠. 코드가 지저분할 뿐만 아니라 코드 중복이 있어 좋은 코드라 말할 수 없습니다. 앞에서 작성한 코드의 주요 부분을 개선할 수 있는 곳이 있는지 확인해 봅시다.

```python
for bit in encoded:
    # 두 비트가 다르면서 count가 0 이상일 경우에만 처리합니다.
    if bit != previous_bit and count > 0:
        if previous_bit == "1":
            # 1이면 "0", 0이면 "00"입니다.
            answer += "0 "
        else:
            # "0"이나 "00" 뒤에는 공백이 들어가야 하므로 처음부터 이를 포함시킵니다.
            answer += "00 "
        # count 개수만큼 "0"을 추가하고 마찬가지로 공백을 추가합니다.
        answer += "0" * count + " "
        # count 개수만큼 "0"을 추가하였으므로 이를 초기화합니다.
        count = 0
    count += 1
    previous_bit = bit
if previous_bit == "1":                 # 반복문 종료 후 다시 한번 확인합니다.
    answer += "0 "
else:
    answer += "00 "
answer += "0" * count
# 마지막 블록이므로 뒤에 공백을 추가하지 않습니다.
```

가장 눈에 띄는 것은 코드 중복입니다. for문 종료 이후에도 비교문을 한 번 더 써야 했던 이유는 마지막 비트를 처리하지 못했기 때문입니다. 마지막 비트를 반복문 안에서 처리하지 못한 이유는 "0"을 추가하는 시점이 비트가 달라질 때였기 때문입니다. 마지막 비트는 비교할 대상이 없었기 때문에 비트가 달라지는지 확인할 방법이 없습니다. 만약 비트가 달라질 때 "0"을 추가하는 것이 아닌 매 비트마다 "0"을 추가할 수 있는 방법이 있다면 for문 바깥의 코드를 제거할 수 있을까요? 다음 조건을 충족한다면 방법을 찾을 수 있을 것 같습니다.

❶ 비트가 바뀔 때 바뀐 비트에 따라서 "0" 또는 "00"을 추가합니다.

❷ 매 비트마다 "0"을 하나씩 추가합니다. 0 또는 1에 상관없이 비트 1개당 항상 0을 추가하기 때문입니다.

❸ ❶에서 ❷로, 또는 ❷에서 ❶로 넘어갈 때 공백을 삽입합니다.

두 경우 모두 비트가 바뀔 때 발생하는 상황입니다. 어차피 비트가 바뀌면 바뀐 비트에 의해 "0" 또는 "00"을 삽입하는데 그 앞뒤로 공백을 추가하면 어떨까요? 바로 " 0 "과 " 00 "을 넣는 것입니다.

```
# 여러분의 코드에는 표준 입력을 받아 2진수로 변환한 문자열이 지정되어야 합니다.
codes = "1000011"
previous_bit = ""
answer = ""


for bit in codes:
    if bit != previous_bit:
        # 이제는 이전 비트를 확인하지 않고 현재 비트를 확인하여 "0" 또는 "00"을 추가합니다.
        if bit == "1":
            answer += " 0 "        # 앞뒤로 공백이 있음을 주의하기 바랍니다.
        else:
            answer += " 00 "       # 마찬가지로 앞뒤로 공백이 있습니다.

    answer += "0"
    previous_bit = bit

print(answer)
```

이제는 count 변수도 더 이상 필요 없습니다. 이전 풀이법에 비해 코드가 훨씬 간결해졌습니다. 이와 같이 프로그래밍은 끊임없이 더 나은 방법을 찾아내려 노력하는 과정에서 발전합니다. 참고로 말하자면 이 코드는 테스트 케이스를 통과하지 못합니다. 한 가지 사소한 버그가 있기 때문입니다. 한번 찾아보시죠. 정답은 다음 페이지에서 공개하도록 하겠습니다.

5-5 더 생각해 봅시다

2진수 변환
사실 10진수를 2진수로 변환하는 함수는 파이썬 및 여러 프로그래밍 언어에서 기본으로 제공합니다. 파이썬에서는 bin 함수가 그 역할을 합니다. 보통의 경우 기본 함수를 사용하는 것이 여러모로 편리하고 효율적입니다. 하지만 작동 원리를 이해하고 쓰는 것과 그냥 쓰는 것에는 큰 차이가 있습니다. 모든 코드를 직접 만들 필요는 없지만 어떻게 작동하는지 이해하는 것은 매우 중요합니다. 참고로 bin 함수를 사용할 경우 2진수 문자열의 맨 앞에 "0b"가 추가됩니다. 이를 제거해야 합니다. 하지만 bin 함수도 6비트 문자열을 7비트 문자열로 변환해 주지는 않습니다. 이를 위한 처리는 여전히 필요합니다.

문자열 슬라이스 기능
마지막 풀이에서 비트가 바뀔 때마다 " 0 " 또는 " 00 "을 추가했던 것을 기억하나요? 그럴 경우 맨 처음 비트는 어떻게 처리될까요? 그렇습니다. 최종 출력의 맨 앞에 공백이 불필요하게 추가되었습니다. 이것 때문에 테스트 케이스를 통과하지 못합니다. 최종 출력은 문자열 맨 앞의 공백을 제거하고 출력해야 합니다. 앞에서 설명한 문자열 슬라이스 기능을 이용하면 맨 앞 한 글자만 손쉽게 제거할 수 있습니다.

```
문자열 = 문자열[1:]      # 문자열에서 맨 앞 한 글자를 제거합니다.
```

비트 시프트 연산

10진수를 2진수로 만들기 위해 2로 나누었음을 기억하나요? 2로 나누기 위해 사용한 나누기(/) 연산은 시프트(≫) 연산으로도 구현할 수 있습니다. 시프트 연산은 모든 비트를 왼쪽 또는 오른쪽으로 정해진 비트만큼 이동하는 연산을 말합니다. 아래의 두 코드는 동일한 일을 수행합니다.

```
decimal = decimal // 2
decimal = decimal ≫ 1
```

이 게임에서 계속 등장한 대문자 C를 다시 한번 불러 보겠습니다. 대문자 C(10진수 67)는 2진수로 1000011입니다. 1000011 ≫ 1은 모든 비트를 오른쪽으로 1비트씩 이동한다는 뜻입니다. 이동한 후 빈 공간은 0으로 채워지고 가장 오른쪽 비트는 버려집니다.

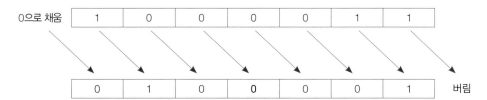

1000011 ≫ 1은 0100001이고 이를 10진수로 변환하면 $33(1 \times 2^5 + 1 \times 2^0)$입니다. 모든 비트를 오른쪽으로 1비트 옮긴다는 것은 각 비트의 지수에서 1을 빼는 것과 같습니다. 수식으로 표현하면 $(1 \times 2^6 + 1 \times 2^1 + 1 \times 2^0) \gg 1 = (1 \times 2^{6-1} + 1 \times 2^{1-1} + 1 \times 2^{0-1}) = (1 \times 2^5 + 1 \times 2^0 + 1 \times 2^{-1}) = 33.5$ 입니다. 소수점 이하를 버리면 33으로 67/2와 같음을 알 수 있습니다.

이를 이용하면 나누기 4는 ≫ 2로, 곱하기 2는 ≪ 1로 표현할 수 있습니다. 일반적으로 시프트 연산이 나누기 연산이나 곱하기 연산보다 빠릅니다. 그런 이유로 일부 개발자들은 나누기나 곱하기 대신 시프트 연산을 사용하는 경우가 있습니다. 여기에서 시프트 연산을 소개하는 이유는 다른 개발자가 작성한 코드를 읽을 수 있는 능력을 키우기 위합니다. 다른 사람의 코드에서 시프트 연산을 발견했다면 '나누기 또는 곱하기 연산을 하는구나'라고 이해하면 됩니다.

PART
02

문제 속에서
답을 찾는
실전 알고리즘

PART 02에서는 프로그래밍 언어의 기본 문법, 자료구조 및 알고리즘에 대해 학습합니다. 초반부에는 배열, 조건문, 반복문 등을 활용한 문제가 나오며, 중반부에는 큐, 스택, 해시맵 등의 자료구조에 대해 학습합니다. 후반부에는 이진 탐색, 탐욕 알고리즘, 그래프 탐색 등 몇 가지 코딩 알고리즘에 대해 학습합니다.

06 STOCK EXCHANGE LOSSES
발 끝에서 사서 머리에서 팔아라

MEDIUM

축하합니다. 지금까지 초급 문제를 정복했습니다. 앞의 문제를 무리 없이 풀었다면 나머지 초급 문제도 너끈히 풀 수 있을 테니 이제 중급 문제로 넘어가 봅시다. 지금까지는 몸풀기였다면 이제부터 본격적인 코딩게임을 시작하는 단계입니다. 갑자기 난이도가 높아지는 것은 아니니 겁먹지 말고 천천히 풀어 볼까요? 어떤 문제는 오히려 초급 문제보다 쉽습니다.

🔗 https://www.codingame.com/training/medium/stock-exchange-losses

이번 문제는 시간순으로 이루어진 여러 숫자들 중에서 가장 큰 낙폭을 계산해야 합니다. 낙폭은 한 순간이 아닌 여러 시점에 걸쳐 이뤄질 수도 있습니다. 명심하세요. 최저값을 구하는 것이 아닙니다. 이 게임을 통해 여러분은 반복문과 조건문을 능숙히 다루게 될 것입니다.

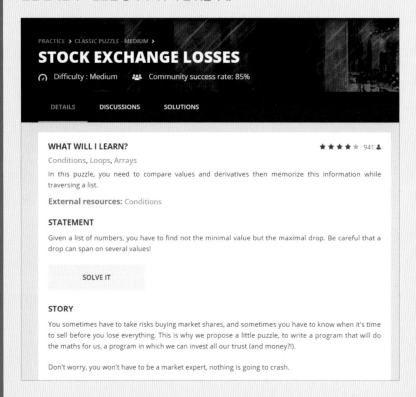

PRACTICE ▸ CLASSIC PUZZLE - MEDIUM ▸

STOCK EXCHANGE LOSSES

⌁ Difficulty : Medium　　👥 Community success rate: 85%

DETAILS　　DISCUSSIONS　　SOLUTIONS

WHAT WILL I LEARN?　　★ ★ ★ ★ ★　941 👤
Conditions, Loops, Arrays

In this puzzle, you need to compare values and derivatives then memorize this information while traversing a list.

External resources: Conditions

STATEMENT

Given a list of numbers, you have to find not the minimal value but the maximal drop. Be careful that a drop can span on several values!

SOLVE IT

STORY

You sometimes have to take risks buying market shares, and sometimes you have to know when it's time to sell before you lose everything. This is why we propose a little puzzle, to write a program that will do the maths for us, a program in which we can invest all our trust (and money?!).

Don't worry, you won't have to be a market expert, nothing is going to crash.

6-1 문제 설명

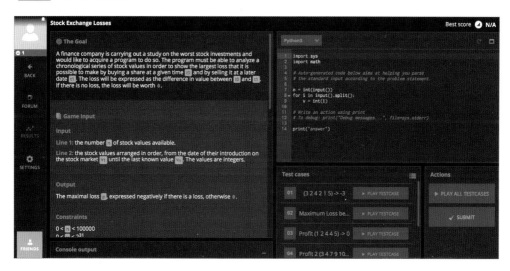

◎ The Goal_게임의 목표

금융 회사에서 '최악의 주식 투자'에 대한 연구를 진행 중입니다. 여러분은 이 연구에 참여하여 프로그램을 개발해야 합니다. 개발할 프로그램은 주식 가격의 변동을 시간 순서대로 분석하여 주식 투자의 최대 손실을 계산하는 것입니다. 한 시점(t0)에서 주식을 사고 다른 시점(t1)에서 주식을 팔았다면 손실 금액은 두 시점의 주식 가격 차(t1-t0)와 동일합니다. 손해를 보지 않았다면 손실은 0입니다.

▥ Game Input_게임의 입력 및 출력 값

▪ Input_입력 받는 값

2줄의 입력을 받습니다.

첫 번째 라인: 주식 가격의 변동 개수 n을 입력 받습니다.

두 번째 라인: 주식 가격을 순서에 따라 v1 시점부터 vn 시점까지 차례대로 입력 받습니다. 각각의 주식 가격은 공백으로 구분합니다.

▪ Output_출력해야 할 값

최대 손실을 출력합니다. 손실은 음수로 표현합니다. 손실이 없으면 0을 출력합니다.

▪ Constraints_제약사항

$0 < n < 100000$

$0 < v < 2^{31}$

6-2 어떻게 풀까요?

이 문제는 제가 전문가입니다. 보통 제가 주식을 사면 바로 가격이 떨어지기 때문이죠. 알다시피 손실이 발생하는 경우는 고점에서 주식을 사고 저점에서 파는 경우입니다. 최고점에서 주식을 사고 최저점에서 주식을 판다면 최대 손실이 발생하겠죠? 하지만 주식을 사는 시점이 최고가인지 최저가인지는 알 도리가 없습니다. 그걸 알면 모두 부자가 되겠죠. 미래는 알 수 없으니 특정 시점에서 주식을 구매한 후 주식 가격의 변동을 확인하면서 손실 금액을 살펴봐야 할 것 같습니다.

예제를 하나씩 보면서 어떤 경우에 손실이 더 커지는지 살펴보도록 합시다.

첫 번째 예제 차트의 v1~v6 구간 시뮬레이션

첫 번째 예제를 보면 3 2 4 2 1 5의 순서대로 입력 값이 들어왔네요. 그림에서 보면 v3 시점에서 주식을 구매(4)하고 v5에서 판매(1)하면 최대 손실액 −3이 발생합니다. 이를 코드로는 어떻게 표현할 수 있을까요? 아래를 읽기 전에 머릿속으로 잠시 생각해 보세요. 생각해 보셨나요? 이제 저와 함께 차트를 시간 순서대로 따라가면서 각 구간의 최대 손실을 한번 계산해 봅시다.

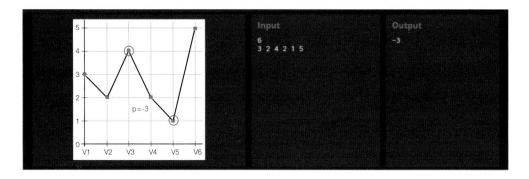

01_ v1에서는 주식 구매만 할 수 있습니다. 물론 판매도 할 수는 있겠으나 같은 가격에 주식을 사고 파는 것은 아무런 의미가 없습니다. 현재 주식 최고가와 최저가 모두 3(v1), 최대 손실은 0입니다.

02_ v1에서 주식을 구매해서 v2에서 판매하면 −1 손실이 발생합니다. 사례가 v2까지만 있다면 정답은 −1이 될 것입니다. 하지만 뒤의 사례가 더 있으니 계속 지켜 봅시다. 또한 v2에서 주식을 사면 v1에서 사는 것보다 기대 손실이 적기 때문에 v2에서 주식을 사는 것은 의미가 없습니다. 현재까지 최고가는 3(v1), 최저가는 2(v2), 최대 손실은 −1입니다.

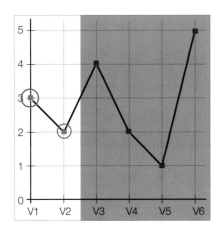

03_ v3에서는 주식 가격이 상승했습니다. 주식을 팔면 오히려 이득을 보는군요. 현실이라면 좋은 상황이겠지만 문제에서 원하는 결과는 아닙니다. 우리는 '최악의 주식 투자'를 연구하고 있으니까요. 그러면 손실 측면에서 생각해 볼까요? v2는 이전 단계에서 기대 손실이 적어 이미 제외되었으므로 v1과 v3만 비교하면 됩니다. v1 또는 v3에서 주식을 구매해서 나중에 가격이 떨어질 때를 생각해 보면 v1에서 주식을 사는 것보다는 v3에서 주식을 사는 것이 더 큰 손해를 보겠죠? 그러므로 주식을 사는 기준가는 v3으로 변경하는 것이 좋습니다. 여기에서 유의할 점은 v3에서 주식을 구매한 이후 주식 가격이 떨어지지 않거나 v1~v2 구간에서 발생한 손실보다 적은 손실이 발생할 수 있으니 기존의 최대 손실 값은 유지해야 한다는 것입니다. 또 하나 생각할 부분은 최저가입니다. 현재 최저가 시점은 v2입니다. 하지만 최고가 시점을 v3으로 변경하면 v2는 더 이상 최저가 시점이 될 수 없습니다. 최고가 시점보다 더 과거로 돌아가서 주식을 판매할 수는 없는 일이니까요. 그러므로 최저가 시점은 더 이상 v2가 아닙니다. 사실 이 문제에서 최저가는 그리 큰 의미가 없습니다. 최저가는 항상 최고가 이후 시점이 되어야 하는데 이를 구현하기도 쉽지 않고, 얻는 이점도 없습니다. 중요한 것은 최대 손실이니까요. 그러므로 앞으로는 최고가와 최대 손실만 얘기하도록 하겠습니다. 정리하면 최고가는 4(v3), 최대 손실은 −1입니다.

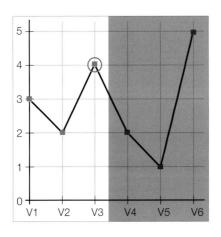

04_ v3에서 구매하여 v4에 판매하면 −2의 손실이 발생합니다. 기존의 최대 손실 −1보다 더 큰 손실이 발생하므로 최대 손실 값을 갱신합니다. 최고가는 4(v3), 최대 손실은 −2입니다.

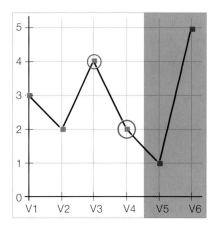

05_ v4보다 가격이 더 내렸습니다. v3에서 구매하여 v5에서 판매하면 손실이 너 크겠죠? 최고가는 4(v3), 최대 손실은 −3입니다.

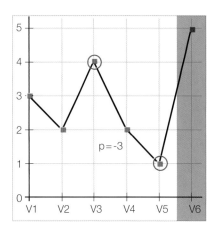

06_ 마지막 입력 값입니다. 최고가를 갱신했네요. 최고가를 v6로 갱신합니다. 하지만 더 이상 팔 기회가 없으니 최대 손실은 −3이 됩니다. 정리하면 최고가는 5(v6), 최대 손실은 −3입니다. 따라서 이 문제의 정답은 −3이 됩니다.

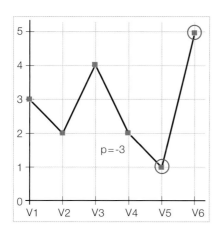

07_ 위의 차트에서 조금 더 들어가 보겠습니다. 만약에 또 하나의 입력 값 v7이 있다고 가정해 봅시다. v7의 입력 값에 따라 최대 손실이 더 늘어나느냐 마느냐가 결정되겠습니다. v6보다 더 큰 값이 들어올 수 있으나 이 경우는 손실이 발생하지 않으므로 제외합니다. ⓐ와 같이 v7이 3이라면 더 이상 최대 손실이 늘어나지 않습니다. ⓑ와 같이 v7이 1이라면 최대 손실은 −4가 됩니다. 기존의 최저가 v5와 같은 가격이지만 최고가가 증가했기에 손실은 더 커졌습니다. 즉, 중요한 점은 최저가가 얼마인지 아는 것이 아니라 최대 손실이 얼마나 커졌느냐 하는 것입니다.

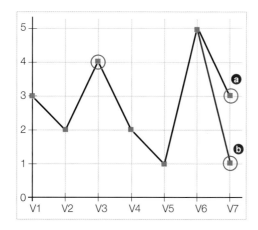

위에서 정리한 내용을 수도코드로 표현하면 다음과 같습니다.

```
최고가 = 최대 손실 = 0
for 현재가 in 주식 가격:
    if 현재가 > 최고가:
        현재가가 최고가보다 크면 최고가를 현재가로 갱신한다.
```

```
if 현재가 - 최고가 < 최대 손실:
    현재가에서 최고가를 뺀 금액이 기존의 손실보다 더 크다면 이를 갱신한다.
```

두 번째 예제 차트의 v1~v6 구간 시뮬레이션

슬슬 감이 오나요? 차트를 하나 더 보겠습니다. 한눈에도 최대 손실을 쉽게 계산할 수 있을 것 같습니다. v1에서 구매하고 v6에서 판매하면 최대 손실 −4가 발생하겠군요. 앞선 예제와 마찬가지로 각 시점별로 손실액의 추이를 분석하겠습니다.

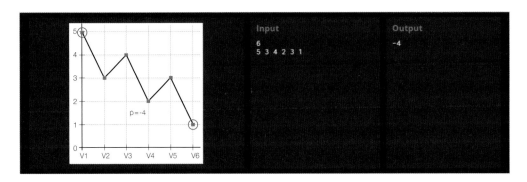

01_ v1에서 구매하여 v2에서 판매한다면 −2의 손실이 발생합니다. 최고가는 5(v1), 최대 손실은 −2입니다.

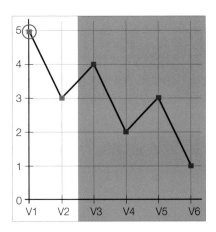

02_ v3에서는 주식 가격이 조금 올랐지만 v1에 미치지 못합니다. 여전히 최고가는 5(v1), 최대 손실은 −2입니다.

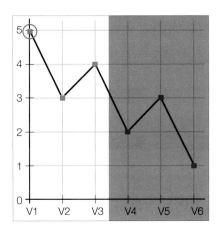

03_ 주식이 오르는가 싶더니 더 떨어졌네요. 제가 주식을 사면 자주 발생하는 일이죠. 최고가는
그대로 5(v1)이고, 최대 손실은 −3으로 더 커졌습니다.

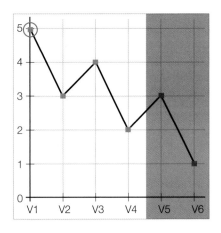

04_ v5에서 주식이 다시 소폭 올랐습니다. 하지만 바뀐 것은 없습니다. 최고가는 여전히 5(v1),
최대 손실은 −3입니다.

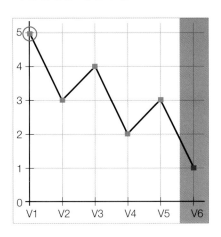

05_ v6에서 폭삭 망했습니다. 손실이 계속 커지는군요. 최고가는 5(v1), 최대 손실은 −4입니다. 앞에서 작성한 수도코드를 대입해 보면 v1 시점에서 'if 현재가 〉 최고가'가 참이 되어 최고가가 변경되었고, v2, v4, v6 시점에서는 'if 현재가 − 최고가 〈 최대 손실'이 참이 되어 최대 손실이 갱신되었습니다.

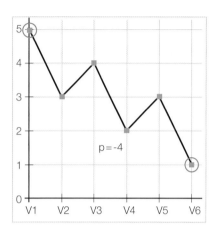

세 번째 예제 차트

이제 다음 예제를 살펴 봅시다. 이 경우는 주식을 산 이후 항상 오르기만 했기 때문에 손실이 없습니다. 최대 손실액은 당연히 0입니다.

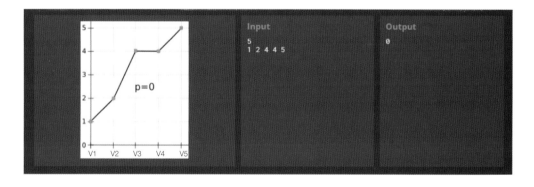

6-3 필요한 알고리즘은?

사실 이 문제를 풀기 위해서는 거창한 알고리즘이 필요하지 않습니다. 이 문제에 필요한 것은 문제를 읽고 요구하는 바를 정확히 파악하는 문제 분석 능력입니다. 제가 이 문제를 접하고 맨 처음 풀이했던 시도는 다음과 같았습니다.

문제 분석 능력

먼저 주식 가격을 하나씩 확인하면서 최고가, 최저가, 최대 손실, 최고가 후보와 같은 여러 변수를 가정했습니다. 여기서 최고가 후보란 기존의 최고가보다 더 큰 값이 들어왔지만 아직 최대 손실이 갱신되지 않아 최대 손실액은 여전히 기존의 최고가 대비 최저가에서 발생한 경우가 있을 때를 대비하여 만들어 두었습니다. 수도코드로는 다음과 같이 표현할 수 있겠군요.

```
최고가 = 최저가 = 최고가 후보 = 첫 번째 주식 가격
최대 손실 = 0
for 현재가 in 주식 가격들:
    if 현재가 > 최고가 후보:
        최고가 후보 = 현재가
    if 현재가 < 최저가:
        최저가 = 현재가
    if 현재가 - 최고가 후보 < 최대 손실:
        최고가 = 최고가 후보
        최저가 = 현재가
    if 최저가 - 최고가 < 최대 손실:
        최대 손실 = 최저가 - 최고가
```

앞에서 예제 차트를 분석하면서 최저가는 의미 없다고 했던 얘기 기억하나요? 그렇습니다. 사실 제가 그렇게 풀어 봤습니다. 해 봤는데 정말 의미가 없더군요. 앞에서 표현한 수도코드와 비교하면 어떤가요? 읽기 쉽지 않죠? 저 역시 다시 봐도 헷갈리네요. 하지만 이 코드 역시 정답을 제대로 찾아냅니다. 가독성은 떨어지지만 심각한 문제는 없습니다. 하지만 문제에서 요구하는 바를 정확히 파악하지 못하고 코드부터 작성한 결과, 이렇게 읽기 어려운 코드가 작성되었습니다.

정답을 찾았으면 된 것 아니냐고요? 반은 맞고 반은 틀립니다. 알고리즘이란 문제를 효율적으로 해결하는 방법을 말합니다. 문제를 해결하는 것만큼 효율적으로 작성하는 것도 중요합니다. '효율적'이라는 말은 알고리즘의 성능과 코드의 품질 모두 좋아야 한다는 뜻입니다. 모든 것을 한 번에 만족시키기는 매우 어렵습니다. 처음에는 문제를 해결하는 방법을 먼저 고민하고, 그다음에 성능을 높이려는 노력을 해 봅시다. "이것보다 더 좋은 방법이 있을까?" 하는 고민을 멈추지 말아야 합니다.

6-4 풀어 봅시다

이 문제를 풀기 위한 방법은 이미 예제를 설명하면서 충분히 알려드렸습니다. 주식 가격을 하나씩 받아오면서 설정된 최댓값보다 더 크면 최댓값을 새로운 값으로 갱신합니다. 그리고 나서 현재의 손실보다 더 큰 손실이 발생하면 이를 갱신하면 됩니다.

```python
highest_price = max_loss = 0

for p in prices:
    if p > highest_price:
        highest_price = p
    if p - highest_price < max_loss:
        max_loss = p - highest_price
print(max_loss)
```

문제를 접하면 곧바로 코드부터 작성하는 사람이 있고, 요구사항을 점검하면서 차분히 문제를 정리하는 사람이 있습니다. 사실 저는 전자에 조금 더 가깝습니다. 그래서 시행착오를 많이 겪기도 하지만 문제를 빠르게 파악하기도 합니다. 문제를 차분히 분석하는 사람이라면 시행착오는 덜 겪게 되고 깔끔한 코드가 완성될 것입니다. 하지만 시간이 얼마나 걸릴지 모르겠군요. 어느 방법이 더 낫다고 말하기 쉽지 않지만 두 방법 사이의 적당한 지점에서 절충해야 할 것 같습니다.

처음 풀이를 시도할 때는 최저가를 갱신해야 한다는 생각에 사로잡혀 코드를 복잡하게 만들었습니다. 하지만 최저가를 갱신하는 것은 불필요하고 최대 손실만 갱신하면 된다는 사실을 깨달았습니다. 문제에서 원하는 바를 정확히 파악하는 것과 그렇지 못한 것의 차이는 두 코드의 차이에서 명확히 볼 수 있습니다.

6-5 더 생각해 봅시다

코드에 대한 이해도 높이기

최대 이익은 얼마일까요? 최대 이익이 나는 구간은 당연하게 최저점에서 사서 최고점에서 팔 때입니다. 앞에서 작성한 코드에서 최고가를 최저가로 바꾸고, 최대 손실을 최대 이익으로 변경하면 될 것 같습니다. 그리고 부등호 방향만 반대로 바꾸면 되지 않을까요?

```python
# 최저가의 초깃값은 0으로 하면 안 됩니다. 다른 가격들보다 충분히 큰 값으로 정해야 합니다.
# 여기에서는 가격 리스트의 첫 번째 항목으로 정했습니다.
lowest_price = prices[0]          # 최저가
```

```
max_profit = 0                          # 최대 이익

for p in prices:
    if p < lowest_price:
        lowest_price = p
    if p - lowest_price > max_profit:
        max_profit = p - lowest_price
print(max_profit)
```

최고가를 최저가로, 최대 손실을 최대 이익으로 변경한 것을 제외하면 프로그램의 구조는 앞선 풀이와 동일합니다. 프로그램은 언제든지 요구사항이 바뀔 수 있음을 이해하고 요구사항이 바뀔 때마다 곧바로 대응할 수 있도록 코드에 대한 이해를 높이기 바랍니다.

다른 방식으로 접근하기

게임을 풀었다면 Result 페이지가 다음과 같이 나타납니다. [Browse the best solutions for this puzzle]을 클릭하면 다른 개발자가 작성한 솔루션을 확인할 수 있습니다. 제가 작성한 솔루션을 찾아보는 것도 이 책을 보는 소소한 재미가 될 것 같습니다. 닉네임 hard-coded를 찾아보기 바랍니다.

다른 개발자가 만든 코드를 읽고 이해하는 것은 코드를 작성하는 것만큼 중요합니다. 다른 개발자들은 어떤 방식으로 문제 풀이에 접근했는지를 알려주고 새로운 해결법을 배울 수 있는 기회이기 때문입니다. 또한 타인의 코드를 읽는 훈련을 꾸준히 하는 것은 팀 프로젝트에서 매우 중요합니다. 대부분의 프로젝트는 팀 단위로 진행되기 때문에 다른 사람의 코드를 읽고 이해하는 능력을 필연적으로 요구합니다. 코딩게임에서 타인의 코드를 확인해 보고 이해하려고 해 보세요. 그중에는 저도 이해하기 어려운 코드도 있으니 어렵다고 낙담하지 말고 이해하기 쉬운 코드부터 살펴보세요.

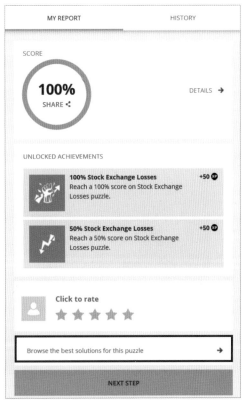

07 THERE IS NO SPOON

2차원 배열에서 좌표 찾기

이번 게임은 제목부터 설명, 연출까지 모두 영화 〈매트릭스〉에서 가져왔습니다. 'There is no spoon'은 영화에서 나온 대사로, 현실에서 일어나기 힘든 일이라고 믿는 것은 사실 우리 마음속의 관념에 지나지 않는다는 뜻입니다.

🔗 https://www.codingame.com/training/medium/there-is-no-spoon-episode-1

이 게임의 목적은 2차원 배열에서 이웃 노드를 찾는 것입니다. 이웃 노드를 찾기 위해서 문자열 안의 특수 문자를 판별해야 합니다. 또한 입력 값을 별도의 자료형에 저장하여 반복문에서 이용할 수 있도록 해야 합니다. 필요한 경우 반복문 안에 또 다른 반복문을 작성해야 할 수도 있습니다. 이 과정을 통해 여러분은 중첩 반복문을 학습합니다.

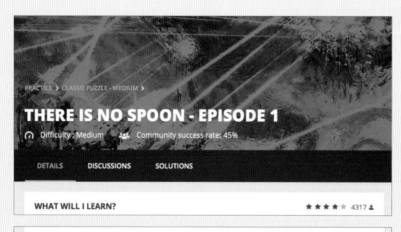

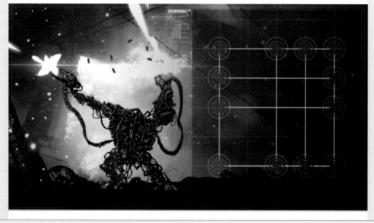

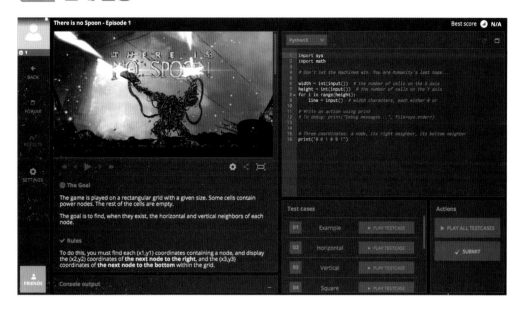

🎯 The Goal_게임의 목표

이 게임은 사각형 그리드에서 진행됩니다. 그리드의 가로 선과 세로 선이 만나는 지점을 셀이라고 합니다. 그리드에는 둥근 파워 노드가 있는 셀이 있고, 비어 있는 셀이 있습니다. 여러분은 그리드를 탐색하면서 파워 노드가 있는 셀과 그 이웃 노드를 찾아야 합니다.

✔️ Rules_게임의 규칙

가로 방향을 x축으로 하고 세로 방향을 y축으로 하는 사각형 그리드가 있습니다. 사각형 그리드에서 파워 노드가 있는 셀을 모두 찾아내야 합니다. 파워 노드의 좌표를 (x1, y1)이라고 합시다. 파워 노드가 있는 셀의 오른쪽 방향으로 가장 가까운 파워 노드를 찾습니다. 이를 (x2, y2)라고 합시다. 그리고 아래 방향으로 가장 가까운 다른 파워 노드를 찾습니다. 이를 (x3, y3)라고 합시다. 여러분은 x1, y1, x2, y2, x3, y3 좌표를 모두 출력해야 합니다. 오른쪽 방향 또는 아래쪽 방향으로 가까운 파워 노드가 없으면 −1, −1을 대신 출력합니다.

🏆 Victory Conditions_승리 조건

모든 파워 노드와 그 이웃 노드를 정상적으로 출력합니다.

💀 Lose Conditions_패배 조건

- 잘못된 이웃 노드의 좌표를 출력한 경우
- 파워 노드가 없는 셀의 좌표를 출력한 경우

- 같은 파워 노드를 2번 출력한 경우
- 모든 파워 노드를 출력하지 않는 경우

📖 Example_예제

그림과 같이 3개의 파워 노드가 있는 2×2 그리드가 있습니다. (1,1) 좌표는 비어 있는 셀입니다. 입력 값은 다음과 같습니다. 0은 파워 노드를 나타내고 점(.)은 비어 있는 셀을 나타냅니다.

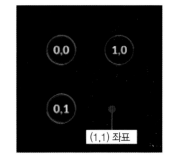

```
0 0
0 .
```

출력된 파워 노드는 녹색으로 표시됩니다. 첫 번째 노드 (0, 0)는 2개의 이웃 노드를 가지고 있습니다. 오른쪽 파워 노드 셀은 (1, 0)이고 아래쪽은 (0, 1)입니다. (0,0)과 (1,0) 그리고 (0,1)을 나타내기 위해 첫 번째로 다음과 같은 값을 출력해야 합니다.

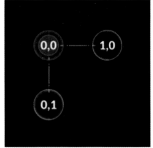

```
0 0 1 0 0 1
```

두 번째 노드 (1,0)은 오른쪽과 아래쪽에 모두 이웃 노드가 없습니다. 규칙상 왼쪽 셀은 확인하지 않습니다. 인접한 파워 노드가 없으면 (−1,−1)을 출력해야 하므로, 두 번째로 다음과 같은 값을 출력해야 합니다.

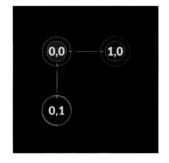

```
1 0 -1 -1 -1 -1
```

세 번째 노드인 (0,1) 역시 이웃 노드가 없습니다. 세 번째 출력 값은 다음과 같습니다.

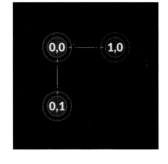

```
0 1 -1 -1 -1 -1
```

정리하면 이 문제의 정답은 다음과 같이 3줄을 출력해야 합니다. 참고로 각 줄의 출력은 어떤 순서로 해도 상관없습니다.

```
0 0 1 0 0 1
1 0 -1 -1 -1 -1
0 1 -1 -1 -1 -1
```

Note_주의사항

테스트 편의를 위해 코딩게임에서는 디버그 모드를 제공합니다. 디버그 모드는 개발 도중 문제가 발생했을 때 원인을 빠르게 찾기 위해 프로그램의 현재 상태를 제공해 주는 것을 말합니다. 게임 화면 하단에 있는 톱니 모양의 설정 버튼을 클릭해 디버그 모드(DEBUG MODE)를 켜 보세요. 좌표계가 한눈에 보여 유용합니다.

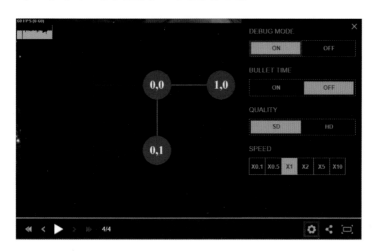

Game Input_게임의 입력 및 출력 값

■ **Initialization input_처음에 입력 받는 초깃값**

이 게임에서는 맨 처음에 파워 노드의 위치를 입력 값으로 읽어옵니다.

첫 번째 라인: 그리드의 너비(width)를 입력 받습니다.

두 번째 라인: 그리드의 높이(height)를 입력 받습니다.

height 값만큼 라인 추가: 각 라인은 width 길이의 문자열을 입력 받습니다. 문자열의 각 글자는 셀의 속성을 나타냅니다. 0은 파워 노드가 있는 셀을 의미하고, 점(.)은 비어 있는 셀을 의미합니다.

■ Output_출력해야 할 값

파워 노드의 개수만큼 라인을 출력해야 합니다. 각 라인별로 6개의 변수를 출력합니다. 각 변수는 공백으로 구분합니다. 6개의 변수를 x1 y1 x2 y2 x3 y3라 할 때 이는 다음과 같은 의미를 갖습니다.

- x1, y1: 파워 노드가 있는 셀의 x, y 좌표
- x2, y2: 파워 노드가 있는 셀의 오른쪽 방향으로 가장 가까운 파워 노드(이웃 노드)의 x, y 좌표
- x3, y3: 파워 노드가 있는 셀의 아래쪽 방향으로 가장 가까운 파워 노드(이웃 노드)의 x, y 좌표
- 가까운 파워 노드가 없을 경우는 −1 −1을 출력합니다.

■ Constraints_제약사항

$0 < width \le 30$

$0 < height \le 30$

$0 \le x1 < width$

$0 \le y1 < height$

$-1 \le x2, x3 < width$

$-1 \le y2, y3 < height$

7-2 어떻게 풀까요?

문제를 요약하면 다음과 같이 나눌 수 있습니다.

❶ 그리드에서 파워 노드가 있는 셀을 찾고,

❷ 찾은 파워 노드를 기준으로 오른쪽 이웃 노드를 찾아 출력하고

❸ 아래쪽 이웃 노드를 찾아 출력합니다.

❹ 모든 파워 노드를 확인할 때까지 이 과정을 반복합니다.

그림으로 정리하면 다음과 같습니다.

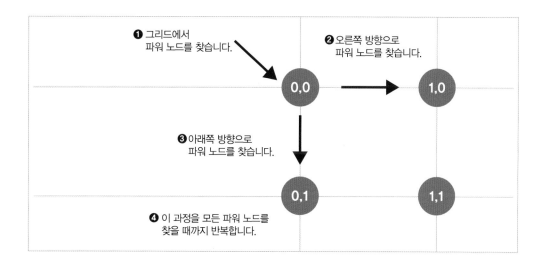

파워 노드를 찾는 방법은 그리드의 모든 셀을 하나씩 확인하면서 셀의 속성이 파워 노드인지 확인하는 것입니다. 이를 위해서는 반복문이 필요합니다.

```
for 첫 행부터 마지막 행(height - 1)까지 반복:
    for 첫 열부터 마지막 열(width - 1)까지 반복:
        if 현재 위치의 셀 속성이 '0'이라면: # 파워 노드의 셀 속성이 '0'입니다.
            파워 노드를 찾았다.
```

파워 노드를 찾았으면 이제 이웃 노드를 찾아야 합니다. 이웃 노드를 찾을 때 주의할 사항이 있습니다. 이웃 노드는 바로 옆 노드를 지칭하는 것이 아니라 오른쪽 또는 아래쪽으로 가장 가까운 파워 노드가 있는 셀을 의미합니다. 그렇다면 가장 가까운 파워 노드는 어떻게 찾을까요? 오른쪽 이웃 노드를 예를 들어 찾아보겠습니다. 현재 파워 노드의 다음 노드를 시작점으로 마지막 열까지 반복문을 수행하면서 셀의 속성을 하나씩 확인합니다.

```
x, y = 파워 노드의 위치
for (x + 1)열부터 마지막 열(width - 1)까지 반복:
    if 현재 위치의 셀 속성 값이 '0'이라면:
        # 이웃 파워 노드를 찾았습니다.
        return 현재 좌표
# 열의 끝까지 확인하고도 파워 노드를 찾지 못했으면 오른쪽 방향으로 파워 노드는 없습니다.
return (-1, -1)
```

이와 같은 방식으로 그리드의 모든 파워 노드와 그 이웃 노드를 찾습니다.

이제 그리드 정보를 자료구조에 저장하는 방식을 생각해 봅시다. 이웃 노드를 탐색하기 위해 그리드 정보를 어디에서든 참조할 수 있어야 합니다. 이 문제와 같이 사각형 그리드 정보를 저장하기 좋은 자료구조는 2차원 배열입니다.

7-3 필요한 알고리즘은?

배열

배열array에 대해 잠시 복습해 보겠습니다. 배열은 많은 데이터를 하나의 변수에 보관하는 용도의 자료구조입니다. 같은 자료형의 데이터를 하나의 변수에 지정하여 사용하면 여러모로 효율적인 코드를 작성할 수 있습니다. 예를 들어 다음과 같은 자료형을 살펴 봅시다.

```
numbers = [1, 3, 5, 7, 9]
```

5개의 숫자가 들어 있는 배열을 선언하여 numbers에 할당하였습니다. 각 숫자마다 순서대로 인덱스가 부여됩니다.

배열의 각 항목은 인덱스 연산자([])를 이용하여 해당하는 참조 값을 얻어올 수 있습니다.

```
numbers[0]  # 1
numbers[1]  # 3
numbers[2]  # 5
numbers[3]  # 7
numbers[4]  # 9
```

배열은 반복문과 궁합이 잘 맞습니다. 반복문을 이용하면 배열의 각 항목을 인덱스 순서대로 쉽게 참조할 수 있습니다.

```
numbers = [1, 3, 5, 7, 9]
for i in range(len(numbers)):
    print(numbers[i])
```

2차원 배열

다음의 경우를 생각해 봅시다. 3층으로 이루어진 건물이 있고 각 층에는 방이 4개씩 있습니다.

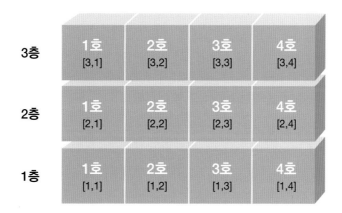

건물에 있는 각 방에는 주소가 필요합니다. 집의 주소를 [#층, #호]로 표기하겠습니다. [1, 2]는 1층 2호이고 [3, 4]는 3층 4호입니다. 이제 이 건물을 데이터로 표현해 보겠습니다. 먼저 건물 전체를 표현할 자료형이 하나 필요합니다. 건물은 3층으로 이루어져 있기 때문에 각 층을 표현하기 위해 배열이 필요합니다. 이를 building이라고 하겠습니다.

```
building = []
```

건물은 3층으로 이루어져 있기 때문에 각 층을 담당할 3개의 요소가 필요합니다. 각 층에 하나의 방만 있다면 방을 나타내는 객체를 바로 배열 안에 넣을 수 있습니다.

```
building = ["1층1호", "2층1호", "3층1호"]
```

하지만 각 층은 4개의 방으로 이루어져 있기 때문에 각 층을 표현할 또 다른 배열이 필요합니다. 바로 배열 안에 배열이 필요한 경우입니다.

```
building = [[], [], []]
```

배열의 각 요소는 인덱스 연산자([ ])를 이용하여 참조할 수 있습니다. building[0]은 1층을, building[1]은 2층을, building[2]는 3층을 나타냅니다.

건물의 각 층은 4개의 방으로 구성되어 있으므로 각 층마다 방을 할당해야 합니다.

```
building[0] = ["1층1호", "1층2호", "1층3호", "1층4호"]
building[1] = ["2층1호", "2층2호", "2층3호", "2층4호"]
building[2] = ["3층1호", "3층2호", "3층3호", "3층4호"]
```

이를 한 번에 표현하여 2차원 배열을 만들 수 있습니다.

```
building = [["1층1호", "1층2호", "1층3호", "1층4호"], ["2층1호", "2층2호", "2층3호",
 "2층4호"], ["3층1호", "3층2호", "3층3호", "3층4호"]]
```

이제 건물의 모든 방을 구성했습니다. 2차원 배열은 인덱스 연산자를 이중으로 사용하여 각 요소를 참조할 수 있습니다. 첫 번째 인덱스는 각 층을, 두 번째 인덱스는 해당 층의 각 호를 의미합니다. 예를 들어 building[0][0]은 1층 1호를, building[2][3]은 3층 4호를 나타냅니다.

building[0][0]과 같이 층과 호의 인덱스가 이중으로 써 있는 것이 헷갈린다면 다음과 같이 생각하기 바랍니다.

```
floor_1 = building[0]   # building[0]은 1층 전체를 가리킵니다. 이를 floor_1에 할당합니다.
room_1_1 = floor_1[0]   # floor_1[0]은 1층에서 첫 번째 방을 가리킵니다.
```

이와 같이 2차원 배열은 표, 행렬 또는 그리드 형태의 데이터를 저장하는 데 적합한 자료구조입니다. 2차원 배열은 반복문을 이용하여 쉽게 탐색할 수 있습니다.

```
building = [["1층1호", "1층2호", "1층3호", "1층4호"], ["2층1호", "2층2호", "2층3호",
 "2층4호"], ["3층1호", "3층2호", "3층3호", "3층4호"]]
for y in range(height):         # 건물의 층 수(0부터 2까지)만큼 반복문을 수행합니다.
    for x in range(width):      # 각 층의 방 호수(0부터 3까지)만큼 반복문을 수행합니다.
        print(building[y][x])
```

> **여기서 잠깐** **x축과 y축의 순서** 2차원 좌표를 배열에 담는 경우 첫 번째 항목을 x축으로 삼는 경우와 y축으로 삼는 경우가 있습니다. 다시 말해서 building[y][x]로 표현할 수 있고, building[x][y]로 표현할 수도 있습니다. 이는 전적으로 개인의 취향이기에 둘 중 편한 방식을 선택하면 됩니다.
>
> 보통 그래프에서는 x, y 좌표의 순서대로 말하고 행렬에서는 행을 먼저 말하기 때문에 2가지가 섞일 경우 헷갈릴 수 있습니다. 저는 행렬 방식이 익숙하여 첫 번째 요소에 y 좌표를 먼저 저장합니다.

건물의 각 방을 층과 호로 표시하듯 이번 게임에서도 각 파워 노드는 그리드의 너비(width)와 높이(height)로 표시됩니다. 한 가지 예를 더 들어 보겠습니다. 예제에서 주어진 케이스를 2차원 배열로 만들어 보겠습니다. 그림에서 (0,0), (1,0), (0,1)은 파워 노드고, (1,1)은 비어 있습니다.

배열을 만들 때 (x, y) 좌표 순서에 유의하기 바랍니다.

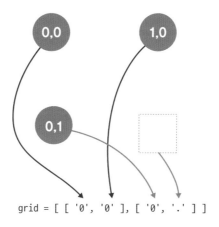

grid = [['0', '0'], ['0', '.']]

중첩 반복문

앞서 2차원 배열에 대해 알아보았습니다. 이제 2차원 배열에 저장된 정보에서 파워 노드가 있는지 확인해야 합니다. 배열에 있는 모든 요소를 하나씩 확인하는 코드는 중첩된 반복문을 이용하여 작성할 수 있습니다.

```python
grid = [['0', '0'], ['0', '.']]
for y in range(height):                # height 횟수만큼 반복문을 수행합니다.
    for x in range(width):             # width 횟수만큼 반복문을 수행합니다.
        if grid[y][x] == '0':          # 그리드 y행 x열의 값을 비교합니다.
            print('파워 노드입니다.')
```

파워 노드를 찾기 위해서 반복문을 2번 사용했습니다. 반복문 안에 또 다른 반복문을 사용하면 안쪽 반복문 전체가 반복됩니다.

```
                     for y in range(height):
                  ⌐→ for x in range(width):
height 횟수만큼 └        ⌐→ if grid[y][x] == '0':
다음 문장을 반복              print('파워 노드입니다.')
한다.
                  width 횟수만큼 다음 문장을 반복한다.
```

첫 번째 반복문은 height 횟수만큼 전체 문장을 반복하고 두 번째 반복문은 width 횟수만큼 if문 아래 문장을 반복합니다. 즉, height 행과 width 열로 이루어진 그리드에서 각 셀이 파워 노드인지 아닌지 확인하는 반복문은 총 (height 횟수×width 횟수)번 수행합니다. 예를 들어 2×3 그리드에서는 총 6번의 if문을 수행합니다. 이처럼 반복문 안에서 또 다른 반복문을 사용하는 것을 중첩 반복문nested loop이라 합니다.

7-4 풀어 봅시다

이제까지 설명한 내용을 바탕으로 코드를 하나씩 작성해 봅시다. 먼저 2차원 배열을 생성하고 그리드 좌표를 입력 받겠습니다.

```
cells = [''] * height
for y in range(height):
    cells[y] = [''] * width
    line = input()
    for x in range(width):
        cells[y][x] = line[x]
```

입력을 정상적으로 받았는지 확인하기 위해서 디버그용 출력을 해 보겠습니다.

```
for y in range(height):
    print(cells[y], file=sys.stderr)
```

첫 번째 테스트 케이스를 실행한 결과, 이와 같이 보였다면 제대로 입력을 받은 것입니다. 물론 전체 코드를 아직 작성하지 않았으니 테스트는 실패합니다.

```
['0', '0']
['0', '.']
```

이제 반복문을 이용해 하나하나 작성해 볼까요? 먼저 전체 코드의 윤곽을 작성하겠습니다.

```
for y in range(height):
    for x in range(width):
        if cells[y][x] == '0':              # 파워 노드를 찾습니다.
            right_x, right_y = 오른쪽 이웃 파워 노드를 찾는다.
            lower_x, lower_y = 아래쪽 이웃 파워 노드를 찾는다.
            x, y, right_x, right_y, lower_x, lower_y를 출력한다.
```

중첩 반복문을 이용하여 셀의 모든 좌표를 탐색합니다. 탐색 중 파워 노드를 발견하면 오른쪽과 아래쪽으로 가까운 파워 노드를 찾아 출력하도록 합니다.

이제 이웃 파워 노드를 찾아볼까요? 먼저 오른쪽 방향의 이웃 파워 노드를 찾아보겠습니다. 이는 별도의 함수로 구현하겠습니다. 함수 이름은 find_right_power_node이고 매개변수는 현재 파워 노드가 있는 셀의 위치와 전체 그리드 정보가 되겠습니다. 함수는 파워 노드가 있는 곳의 다음 위치부터 오른쪽으로 x값을 하나씩 늘려 가면서 또 다른 파워 노드가 있는지 확인합니다. 마지막 열까지 확인해도 파워 노드를 찾지 못한 경우 (−1, −1)을 반환합니다.

```
def find_right_power_node(power_x, power_y, cells, width, height):
    for x in range(power_x + 1, width):      # power_x + 1부터 탐색을 시작해야 합니다.
        if cells[power_y][x] == '0':         # 오른쪽 이웃 파워 노드를 찾았습니다.
            return (x, power_y)
    return (-1, -1)
```

아래 방향의 파워 노드 탐색은 오른쪽으로 진행했던 코드에서 방향만 아래쪽으로 바꿔 주면 됩니다. 물론 width가 아닌 height를 기준 삼아 구현해야 합니다.

```
def find_lower_power_node(power_x, power_y, cells, width, height):
    for y in range(power_y + 1, height):   # power_y + 1부터 탐색을 시작해야 합니다.
        if cells[y][power_x] == '0':        # 아래쪽 이웃 파워 노드를 찾았습니다.
            return (power_x, y)
    return (-1, -1)
```

마지막으로 파워 노드의 위치를 출력하도록 합니다. 총 6개의 좌표가 출력되어야 합니다. 파이썬에서 여러 개의 변수를 출력하는 방법은 여러 가지가 있습니다. 예를 들어 아래 방법 중 어떤 방법을 사용해도 무방합니다.

```python
# 1. 기존의 string format을 이용한 방법
print("%d %d %d %d %d %d" % (x, y, right_x, right_y, lower_x, lower_y))

# 2. 새로운 string format을 이용한 방법
print("{0} {1} {2} {3} {4} {5}".format(x, y, right_x, right_y, lower_x, lower_y))

# 3. string 결합을 이용한 방법
print(str(x) + " " + str(y) + " " + str(right_x) + " " + str(right_y) + " " + str(lower_x)
+ " " + str(lower_y))
```

모든 코드를 작성했으면 실행해 볼 차례입니다. 행운을 빕니다!

7-5 더 생각해 봅시다

2차원 배열

2차원 배열을 만들 때 x축을 먼저 선언하는 경우와 y축을 먼저 선언하는 경우가 있습니다.

```python
for y in range(height):
    for x in range(width):
        if grid[y][x] == '0':
            print("power node")
```

```python
for y in range(height):
    for x in range(width):
        if grid[x][y] == '0':
            print("power node")
```

이는 전적으로 개인의 선호도 문제이므로 어떤 방식을 사용하더라도 무리가 없습니다. 본인이 이해하기 쉬운 방향으로 작성하면 됩니다. 다만 배열의 첫 번째 요소가 행인지 열인지 헷갈리지 않아야 합니다.

시간 복잡도 O(n)

이 문제의 시간 복잡도는 어떻게 될까요? 앞에서 작성한 코드를 다시 확인해 보겠습니다.

```
for y in range(height):
    for x in range(width):
        if cells[y][x] == '0':
            # 파워 노드 셀을 찾았습니다.
            right_x, right_y = find_right_power_node(x, y, cells, width, height)
            lower_x, lower_y = find_lower_power_node(x, y, cells, width, height)
            x, y, right_x, right_y, lower_x, lower_y를 출력한다.
```

얼핏 보면 2개의 중첩된 for문을 사용하고 있으므로 O(n²) 같아 보입니다. 하지만 이웃 파워 노드를 찾는 함수 안에서 1개의 for문을 사용하고 있습니다. 전체적으로 봤을 때 이 프로그램은 3개의 중첩된 for문이 있는 것과 같습니다. 그러므로 시간 복잡도는 O(n³)이 됩니다. 반복문이 별도의 함수에 있다 하더라도 전체 호출 횟수에는 차이가 없음을 명심하기 바랍니다. 프로그램의 크기가 커질수록 이와 같이 숨겨진 반복문이 있을 수 있습니다. 내가 작성하는 코드에 숨겨진 중첩이 있는지 항상 확인하는 습관을 기르기 바랍니다.

중첩 반복문

반복문이 중첩될수록 시간 복잡도가 증가하고 이는 프로그램의 성능 저하로 이어집니다. 그렇다고 반복문을 쓰지 말라는 얘기는 아닙니다. 상황에 따라 중첩 반복문을 쓸 수밖에 없는 경우도 종종 있습니다. 중요한 것은 중첩된 반복문은 성능에 영향을 미칠 수 있음을 항상 인지하기 바랍니다. 무엇보다도 반복문이 중첩될수록 코드의 가독성과 이해도가 떨어진다는 점을 이해하고 가급적 쓰지 않거나 중첩의 횟수를 줄이도록 노력합시다.

08 WAR
큐와 스택으로 벌이는 한판 게임

MEDIUM

War는 2명이 즐기는 간단한 카드 게임입니다. 서로 카드의 숫자를 겨루어 높은 등급의 카드를 가진 사람이 이기는 게임입니다. 게임의 룰은 간단한 편입니다. 하지만 게임 플레이는 운에 의존합니다. 플레이어의 카드는 정해진 순서대로만 펼쳐지기 때문에 확률의 영향을 받지 않습니다. 이와 같이 확률의 영향을 받지 않고 입력이 같으면 결과도 항상 동일한 게임을 결정론적^{deterministic} 게임이라고 합니다. 대표적인 게임으로 바둑, 체스, 장기 등이 있습니다.

ᗌ https://www.codingame.com/training/medium/winamax-battle

여러분은 이 게임에서 War 카드 게임의 승자를 판별해야 합니다. 2명의 플레이어에게 주어진 카드 꾸러미를 확인하고, 시뮬레이션을 하여 어느 플레이어가 승리하는지 맞추는 프로그램을 작성해야 합니다. 이 게임을 통하여 여러분은 대표적인 자료구조의 하나인 큐를 학습합니다.

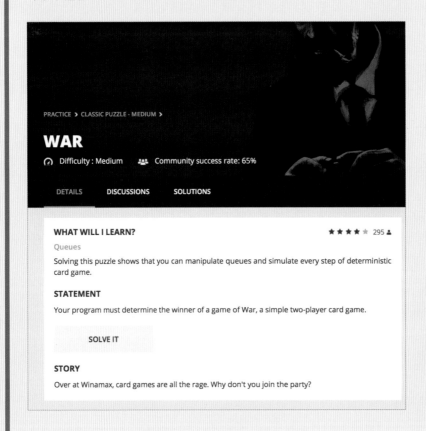

8-1 문제 설명

◎ The Goal_게임의 목표

간단한 카드 게임인 War를 해 봅시다. 여러분은 이 War 게임의 현재 카드 상황을 보고 승자가 누구인지 판별하는 프로그램을 작성해야 합니다.

✔ Rules_게임의 규칙

War 게임은 2인용 카드 게임입니다. 각 플레이어는 게임을 시작할 때 여러 장의 카드를 받습니다. 이것이 일명 카드 꾸러미^{deck}입니다. 카드는 숫자가 보이지 않도록 앞면을 아래로 향하게 놓습니다. 게임은 2단계로 진행됩니다.

▪ 1단계: 결투

턴마다 2명의 플레이어는 일제히 카드 꾸러미의 맨 위에서 카드 1장을 펼쳐 공개합니다. 공개한 카드 중 등급이 높은 카드를 낸 플레이어가 승리합니다. 승리한 플레이어는 펼쳐진 카드를 모두 가져와 본인 카드 꾸러미 맨 하단에 집어넣습니다. 카드의 등급은 다음 순서와 같습니다.

$$2 < 3 < 4 < 5 < 6 < 7 < 8 < 9 < 10 < J < Q < K < A$$

2 카드의 등급이 가장 낮고 A 카드의 등급이 가장 높습니다.

각 카드는 무늬를 나타내는 4가지 문자 D(Diamond), H(Heart), C(Club), S(Spade)를 숫자 뒤에 붙여 표기합니다. 예를 들어 4H, 8D, AS는 각각 하트 4, 다이아몬드 8, 스페이드 A 카드를 의미합니다. 카드 무늬는 카드의 등급과 무관합니다.

■ 2단계: 전쟁

두 플레이어가 같은 등급의 카드를 내면 전쟁을 시작합니다. 전쟁은 다음 2단계로 진행합니다. 먼저 두 플레이어 모두 카드 꾸러미에서 카드 3장을 꺼내 숫자가 보이지 않게 내려 놓습니다. 그후 카드 꾸러미에서 다시 카드 한 장을 펼쳐 결투를 합니다. 그 결투의 승자가 전쟁의 승자가 됩니다.

전쟁에서 이긴 플레이어는 바닥에 깔린 모든 카드를 가져와 본인의 카드 꾸러미 맨 하단에 넣습니다. 여전히 무승부가 발생하면 승부가 날 때까지 전쟁을 계속합니다.

■ Special cases_특수한 상황

- 만약 플레이어가 전쟁 단계에서 카드가 부족할 경우(3장을 버릴 수 없거나 1장을 뽑아 결투를 할 수 없을 경우) 게임은 종료되고, 무승부가 됩니다.
- 테스트 케이스에서 제공하는 예제는 항상 정상적으로 게임을 마칩니다(서로 이기고 지기를 반복하면서 무한 루프에 빠지는 경우는 없습니다).

플레이어가 결투 및 전쟁에서 이긴 후 카드를 집어넣을 때, 플레이어 1의 카드를 먼저 넣고 플레이어 2의 카드를 집어넣습니다. 누가 이기든지 플레이어 1의 카드를 항상 먼저 넣는다는 것을 명심하길 바랍니다.

Example_예제

다음과 같은 경우를 살펴보겠습니다. 이와 같이 두 플레이어에게 카드가 주어졌습니다.

1턴이 끝난 후의 두 플레이어의 카드는 다음과 같습니다.

플레이어 1 5H 6S 10D 9S 8D KH 7D 10H 7H 5C QC 2C

플레이어 2 4H 6D

어떤 과정을 거쳐서 이런 결과가 나왔는지 천천히 설명하겠습니다.

01_ 1단계로 결투를 벌입니다. 두 플레이어는 각각 10D와 10H 카드로 모두 10 카드를 꺼냈습니다. 두 카드의 등급이 같기 때문에 전쟁을 벌입니다.

결투 1

플레이어 1 10D 9S 8D KH 7D 5H 6S

플레이어 2 10H 7H 5C QC 2C 4H 6D

02_ 두 플레이어 모두 3장의 카드를 꺼내 내려놓습니다.

3장 버림

플레이어 1 10D 9S 8D KH 7D 5H 6S

플레이어 2 10H 7H 5C QC 2C 4H 6D

03_ 다음 카드를 공개하여 결투를 벌입니다. 플레이어 1은 7D 카드를, 플레이어 2는 2C 카드를 꺼냈습니다. 7D 카드의 등급이 더 높으므로 플레이어 1이 이 전쟁에서 승리합니다. 플레이어 1은 카드를 수거하여 본인 카드 꾸러미에 추가합니다.

결투 2

플레이어 1 10D 9S 8D KH 7D 5H 6S

플레이어 2 10H 7H 5C QC 2C 4H 6D

04_ 첫 번째 결투부터 지금까지 플레이어 1이 사용한 카드를 모두 가져와 카드 꾸러미 맨 뒤에 넣습니다.

05_ 그 후 플레이어 2가 사용한 카드를 모두 가져와 카드 꾸러미 맨 뒤에 넣습니다.

🏆 **Victory Conditions_승리 조건**

두 플레이어 중 한쪽이 카드를 모두 소진하면 게임은 종료되고, 카드가 남아 있는 플레이어가 승리합니다.

📖 **Game Input_게임의 입력 및 출력 값**

■ **Input_입력 받는 값**

첫 번째 라인: 플레이어 1의 카드 개수 N을 받아옵니다.

다음 N라인: 플레이어 1의 카드 정보를 받아옵니다.

다음 라인: 플레이어 2의 카드 개수 M을 받아옵니다.

다음 M라인: 플레이어 2의 카드 정보를 받아옵니다.

이때 두 플레이어의 카드 개수가 다를 수 있습니다. 플레이어 1의 카드 개수는 N이고 다음 N라인의 입력은 플레이어 1의 카드 정보를 입력 받습니다. 그다음 플레이어 2의 카드 개수 M 을 입력 받습니다. 다음 M라인의 입력은 플레이어 2의 카드 정보입니다. 1줄에 1장의 카드 정보를 입력 받습니다.

입력 예시는 다음과 같습니다. 입력 받은 값을 보면 플레이어 1과 2의 카드 개수는 각각 3장 이며, 각각 AD, KC, QC 카드와 KH, QS, JC 카드를 받아 왔습니다. 매 턴 플레이어 1의 카 드는 플레이어 2의 카드를 모두 이깁니다. 그 결과 플레이어 1이 3턴만에 승리한다는 출력 값 이 나와야 합니다.

플레이어 1

3 → 플레이어 1의 카드 개수
AD
KC } → 다음 3줄의 입력은 플레이어 1의 카드입니다.
QC

플레이어 2

3 → 플레이어 2의 카드 개수
KH
QS } → 다음 3줄의 입력은 플레이어 2의 카드입니다.
JC

■ **Output_출력해야 할 값**

– 승패가 결정된 경우, 승리한 플레이어(1 또는 2)와 게임 종료까지 진행된 턴의 수를 출력 해야 합니다(결투에서 무승부가 발생하여 전쟁을 치르면 전쟁을 포함하여 모두 1턴으로 간주합니다). 예를 들어 출력 값이 1과 3이라면 플레이어 1이 승리했고, 3턴이 걸렸다는 의미입니다.

– 경기가 무승부일 경우 PAT을 출력합니다. 보통 카드 게임에서 테이블을 가볍게 손가락 으로 두들기는 행위를 pat이라고 합니다. 이는 '더는 패를 받고 싶지 않겠다'는 표현인데, 여기서는 카드를 뽑지 못하는 상황을 의미합니다.

■ **Constraints_제약사항**

$0 < N, M < 1000$

8-2 어떻게 풀까요?

다음을 읽기 전에 머릿속으로 게임의 흐름을 생각해 보기 바랍니다.

> '카드를 1장 내고 결투를 해서 이기면 카드를 가져오고, 결투에서 지면 카드를 잃고, 비기
> 면 전쟁을 하고…… 이 과정을 카드가 떨어질 때까지 반복한다.'

그럼 풀어 볼까요? 이 게임은 둘 중 1명의 카드가 바닥날 때까지 진행됩니다. 서로 카드를 1장씩 펼쳐 보이면서 높은 등급의 카드를 낸 플레이어가 승리하고, 승리한 플레이어는 두 플레이어가 사용했던 모든 카드를 가져와 본인의 카드 꾸러미 맨 뒤에 집어넣습니다.

두 플레이어가 같은 등급의 카드를 내면 전쟁을 합니다. 전쟁에서는 각자 카드 꾸러미에서 카드 3장을 내려놓고 그 다음 카드로 결투를 벌입니다. 이 결투에서 승리한 플레이어는 전쟁에서 사용한 모든 카드를 가져와 본인 카드 꾸러미 맨 뒤에 집어넣습니다. 전쟁은 승자가 나올 때까지 반복합니다. 카드를 집어넣을 때에는 항상 플레이어 1의 카드를 먼저 넣고 플레이어 2의 카드를 나중에 넣습니다. 카드의 순서가 바뀌지 않도록 주의하기 바랍니다.

게임의 흐름을 파악하였으니 이제 골격을 만들어 봅시다.

```
플레이어 1과 플레이어 2의 카드 꾸러미를 받아온다.
while 플레이어 1과 플레이어 2 카드가 둘 다 남아 있는 동안:
    턴 횟수를 1 증가한다.
    플레이어 1과 플레이어 2의 카드 꾸러미에서 카드 1장을 각각 가져온다.
    결투를 벌인다.
    if 플레이어 1이 이길 경우:
        플레이어 1의 카드 꾸러미에 카드1, 카드2를 추가한다.
    elif 플레이어 2가 이길 경우:
        플레이어 2의 카드 꾸러미에 카드1, 카드2를 추가한다.
    else:
        전쟁을 진행한다.
if 무승부가 발생하면:
    "PAT"을 출력한다.
elif 플레이어 1이 승리하면:
    1과 턴 횟수를 출력한다.
else:
    2와 턴 횟수를 출력한다.
```

코드를 작성하는 좋은 습관 중 하나는 전체적인 윤곽을 먼저 작성하고 세부 항목을 채우는 것입니다. 전체적인 흐름을 먼저 작성해 두면 프로그램의 구조를 이해하는 데 많은 도움이 됩니다. 또한 전체 코드를 먼저 작성했기 때문에 중간 중간 언제든지 테스트해 볼 수 있습니다. 이 게임에서 제

일 먼저 작성할 코드는 게임이 끝나는 조건과 결과를 출력하는 것입니다. 게임은 두 플레이어의 카드가 남아 있는 동안 진행된다고 했으니 while문을 이용하여 두 플레이어의 남은 카드를 확인합니다. 둘 중 1명의 카드가 바닥날 경우 게임은 종료되고 카드가 남아 있는 플레이어가 승리합니다. 두 플레이어가 동시에 카드가 떨어지는 경우는 테스트 케이스에서는 발생하지 않으니 고려하지 않아도 됩니다.

while문 안쪽은 게임에서 턴마다 결투(1단계)를 벌이는 곳입니다. 결투를 담당하는 코드는 가독성을 위해 별도의 함수로 만들겠습니다. 결투 함수는 두 플레이어의 카드를 입력으로 받고, 결투의 결과를 출력으로 전달합니다.

```python
def fight(card1, card2):                        # 결투 함수
    card_rank1 = card1의 카드 등급을 얻어온다.
    card_rank2 = card2의 카드 등급을 얻어온다.
    if card_rank1이 card_rank2보다 크면:
        return 1                # 플레이어 1 승리
    elif card_rank1이 card_rank2보다 작으면:
        return 2                # 플레이어 2 승리
    else:
        return 0                # 무승부
```

함수 이름은 fight로 하겠습니다. card1, card2는 플레이어 1, 플레이어 2의 카드입니다. 결투 함수를 호출하는 곳에서 2장의 카드를 넘겨주고 결투의 결과를 확인하면 됩니다.

이제 전쟁 단계(2단계)를 확인하겠습니다. 결투에서 무승부가 발생하면 전쟁 단계로 들어갑니다. 전쟁 규칙이 조금 헷갈리기는 하지만, '3장 버리고 1장 결투'만 기억하면 됩니다. 결투와 마찬가지로 전쟁도 별도의 함수로 작성하도록 하겠습니다. 전쟁 함수(이후에는 war 함수로 지칭하겠습니다)를 작성할 때 고민할 부분은 매개변수와 반환 방식입니다. 결투와 다르게 전쟁은 승부가 나기 전까지 몇 장의 카드를 사용할지 알 수 없습니다. 그래서 전쟁에서 사용한 카드와 남아있는 카드를 구분해서 매개 변수로 전달하고 전쟁이 종료되면 최종 카드 꾸러미를 반환하여 이를 업데이트하겠습니다.

```python
def war(deck1, deck2, card1, card2):
    # 전쟁에서 사용한 카드를 저장할 변수를 선언합니다.
    used_deck1 = [card1]
    used_deck2 = [card2]
    result = 0
```

```
while deck1과 deck2가 모두 4장 이상 있는 동안:
    각 플레이어의 카드 꾸러미에서 3장의 카드를 각각 used_deck1, used_deck2로 옮긴다.
    각 플레이어의 카드 꾸러미에서 카드 1장을 추가로 꺼내 결투를 벌인다.
    결투를 벌인 카드 역시 각각 used_deck1, used_deck2에 넣는다.
    result = fight(card1, card2)

    if 플레이어 1이 승리한 경우:
        result = 1
        deck1에 used_deck1, used_deck2를 추가한다.
        break

    if 플레이어 2가 승리한 경우
        result = 2
        deck2에 used_deck1, used_deck2를 추가한다.
        break
    # 여전히 무승부가 발생한 경우는 while문을 계속 수행합니다.

    # 전쟁 결과와 전쟁이 종료된 후의 카드 꾸러미를 각각 반환합니다.
    return (result, deck1, deck2)
```

첫 번째로 살펴볼 곳은 카드가 4장인지 비교하는 while 루프입니다. 3장을 버리고 1장을 뽑아 결투를 벌이기 때문에 카드는 항상 4장 이상이 있어야 합니다. 다시 말해 이 단계에서 두 선수 모두 카드를 4장 이상 가지고 있지 않으면 게임은 바로 중지되고 무승부가 선언됩니다.

지금까지 전체적인 흐름, 결투 그리고 전쟁에 대해 정리해 봤습니다. 다음에는 이 문제를 위해 필요한 알고리즘을 설명하겠습니다.

8-3 필요한 알고리즘은?

이 게임에서 카드의 순서는 매우 중요합니다. 결투를 하기 위해 카드 1장을 뽑거나, 결투에서 승리하여 얻은 카드를 넣을 때 정해진 순서대로 카드를 꺼내고 집어넣어야 합니다.

그림과 같이 카드는 항상 들어온 순서대로 나갑니다. 이와 같은 방식의 카드 꾸러미를 표현하기에 적합한 자료구조에는 '큐'가 있습니다.

큐

큐^{queue}는 데이터를 저장하는 자료구조 중 하나로, 먼저 들어온 데이터가 먼저 빠져나갑니다. 일명 FIFO^{First In First Out} 방식이라고 합니다.

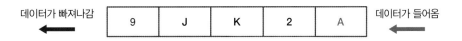

큐의 기능에는 대표적으로 2가지가 있습니다.

 - enqueue: 큐의 맨 뒤에 새로운 데이터를 추가합니다.
 - dequeue: 큐의 맨 앞 데이터를 반환(제거)합니다.

은행에서 업무를 보기 위해 번호표를 받고 줄을 서 봤던 경험이 있을 겁니다. 대기열의 맨 앞 고객을 제일 먼저 처리하고, 나중에 온 고객은 대기열의 맨 뒤에 섭니다. 큐를 적용한 대표적인 사례라고 할 수 있습니다.

파이썬에서 큐를 구현하는 방법은 여러 가지가 있습니다. 가장 쉬운 방법은 리스트를 큐처럼 사용하는 것입니다.

 - enqueue: append( ) : 리스트의 맨 뒤에 요소를 추가합니다.
 - dequeue: pop(0) : 리스트의 맨 앞 요소를 제거하고 이를 반환합니다. 괄호 안의 숫자는 리스트에서 가져올 인덱스를 의미합니다. 맨 앞의 요소를 반환하므로 0을 입력합니다. 리스트가 비어 있는 경우 IndexError가 발생합니다.

```
queue = []
queue.append('JD')      # queue = ['JD']
queue.append('3H')      # queue = ['JD', '3H']

card = queue.pop(0)     # card = 'JD', queue = ['3H']
card = queue.pop(0)     # card = '3H', queue = []
```

또 다른 방법으로 collections 모듈에 있는 데크^{deque}가 있습니다. deque는 double-ended queue의 줄임말로 양방향 큐입니다. 즉, 큐의 맨 앞과 맨 뒤에 데이터를 자유롭게 넣고 뺄 수 있습니다.

- append: 큐의 맨 뒤에 데이터를 추가합니다

- appendleft: 큐의 맨 앞에 데이터를 추가합니다.

- pop: 큐의 맨 뒤에서 데이터를 빼냅니다.

- popleft: 큐의 맨 앞에서 데이터를 빼냅니다.

이 중 append는 enqueue에 해당하고 popleft는 dequeue에 해당합니다. left가 붙어 있는 이유는 큐를 옆으로 그렸을 때 보통 왼쪽을 큐의 앞쪽으로, 오른쪽을 큐의 뒤쪽으로 생각하기 때문입니다.

```python
import collections

queue = collections.deque()
queue.append('AD')          # queue = ['AD']
queue.append('3H')          # queue = ['AD', '3H']
queue.append('JQ')          # queue = ['AD', '3H', 'JQ']


card = queue.popleft()      # card = 'AD', queue = ['3H', 'JQ']
card = queue.popleft()      # card = '3H', queue = ['JQ']
```

어떤 방식을 이용할지는 여러분께 달려 있습니다. 이 책에서는 리스트 방식을 이용하였습니다.

스택

큐와 반대로 스택stack 자료구조도 있습니다. 스택 역시 데이터를 저장하는 자료구조입니다. 다만 큐와는 다르게 나중에 들어온 데이터를 가장 먼저 처리하는 자료구조입니다. 일명 LIFO Last In First Out 방식이라고 합니다. 나중에 들어온 것을 가장 먼저 처리한다니 뭔가 불공평해 보입니다. 하지만 다음 경우를 생각해 보겠습니다.

철수가 집에서 게임을 하는 도중, 엄마가 마트 심부름을 시켰습니다. 철수는 어쩔 수 없이 하던 게임을 잠시 중단하고 마트로 향합니다. 심부름을 하지 않으면 게임은 잠시 멈춤이 아니라 완전 종료가 될지도 모르니까요. 심부름을 갔다가 돌아오던 중 엄마에게 전화를 받습니다. 돌아오는 길에 세탁소에 들러 아빠 양복을 찾아오라고 합니다. 집으로 향하던 철수는 세탁소로 방향을 바꿔 아빠의 양복을 찾아 집으로 귀환합니다. 그리고 무사히 원래 하던 게임을 마칠 수 있었습니다.

이제 철수가 한 일을 순서대로 정리해 봅시다.

게임을 한다(하던 일) ⇨ 마트에서 장을 본다(심부름1) ⇨ 집으로 돌아온다 ⇨ 세탁소로 방향을 바꾼다(심부름2) ⇨ 옷을 찾아 다시 집으로 돌아온다 ⇨ 게임을 마저 한다(하던 일로 복귀)

어떤 일(게임)을 수행하는 도중 새로운 업무(심부름)를 해야 할 경우 잠시 하던 일을 멈추고 새로운 일을 수행합니다. 새로운 일을 마치면 다시 원래 하던 일을 다시 수행합니다. 이를 위해서 기존에 하던 일을 어디까지 진행했는지 저장해야 합니다. 새로운 일을 마치고 돌아오면 저장했던 내용을 참조하여 원래 하던 일을 이어서 할 수 있습니다. 이와 같이 하던 일을 잠시 보류하고 나중에 돌아와서 처리하기 위한 자료구조에는 스택이 있습니다.

스택에는 2가지의 중요한 기능이 있습니다.

- push: 스택의 맨 위(뒤)에 요소를 집어넣습니다.
- pop: 스택의 맨 위(뒤)에서 요소를 꺼내어 반환합니다.

이를테면 위의 과정은 다음과 같이 쓸 수 있습니다.

게임을 한다 ⇨ 게임 상황을 저장한다(push) ⇨ 마트에서 장을 본다 ⇨ 집으로 향한다 ⇨ 현재 위치를 저장한다(push) ⇨ 세탁소에서 옷을 찾는다 ⇨ 저장한 위치로 돌아온다(pop) ⇨ 집으로 돌아온다 ⇨ 게임을 다시 로드해서 플레이한다(pop)

스택은 큐와 다르게 나중에 들어온 것을 가장 먼저 처리합니다. 실생활과 프로그래밍 세계에서 스택을 이용하는 곳은 은근히 많이 있습니다. 바로 여러분이 작성하는 프로그램의 함수 호출이 스택을 이용한 방식입니다.

다음과 같은 프로그램이 있습니다.

```python
def func2():
    print("calling func2")

def func1():
    print("calling func1")
    func2()

def main():
    print("calling main")
    func1()
```

main 함수는 func1 함수를 호출하고, func1 함수는 func2 함수를 호출합니다. func2 함수에서
출력문을 호출하고 func1으로 되돌아옵니다. func1은 실행을 마치고 다시 main 함수로 되돌아
옵니다. 아주 간단한 프로그램입니다. 프로그램은 함수를 실행할 때 함수 수행을 마치고 되돌아올
위치를 알아야 합니다. 그렇지 않으면 함수를 수행한 후 어떤 행동을 할지 예측할 수 없습니다. 이
때 프로그램이 되돌아올 함수의 위치를 저장하는 곳이 스택입니다. 이 스택은 함수 호출 흐름을 저
장한다 하여 콜스택으로 부릅니다. 이 과정을 상세하게 살펴볼까요?

01_ main 함수가 호출될 때 스택은 모두 비어 있습니다.

02_ main 함수에서 func1 함수를 호출하면 func1 함수가 끝나고 되돌아올 main 함수의 위치를
스택에 저장합니다.

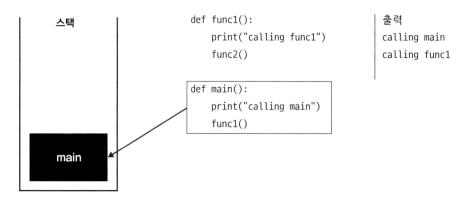

03_ func1 함수에서 func2 함수를 호출할 경우 func2 함수를 실행하고 나서 되돌아올 func1 함수의 위치를 스택에 저장합니다.

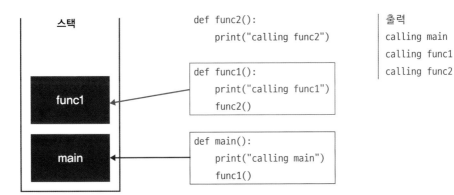

04_ func2 함수가 종료되면 스택의 맨 위에 저장되어 있는 func1 함수의 위치를 가져와 되돌아올 위치를 확인합니다. 같은 방식으로 func1 함수가 종료되면 마찬가지 방식으로 main 함수로 되돌아올 수 있습니다.

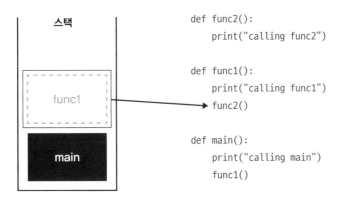

스택도 큐와 마찬가지로 파이썬의 리스트와 데크를 이용하여 스택으로 사용할 수 있습니다. 리스트와 데크 모두 사용법은 동일합니다.

- push: append( ): 스택의 맨 위(뒤)에 요소를 추가합니다.
- pop: pop( ): 스택의 맨 위(뒤) 요소를 반환합니다.

```
stack = []
stack.append('AD')          # stack = ['AD']
stack.append('3H')          # stack = ['AD','3H']
stack.append('JQ')          # stack = ['AD','3H','JQ']
card = stack.pop()          # card = 'JQ', stack = ['AD', '3H']
card = stack.pop()          # card = '3H', stack = ['AD']
```

8-4 풀어 봅시다

이제 문제를 풀어 볼까요? 먼저 카드를 입력으로 받아와서 deck1, deck2에 넣도록 하겠습니다.

```
n = int(input())            # 플레이어 1의 카드 개수
deck1 = [input() for i in range(n)]

m = int(input())            # 플레이어 2의 카드 개수
deck2 = [input() for j in range(m)]
```

파이썬 언어가 낯선 사람이라면 [input( ) for i in range(n)] 표현이 눈에 잘 들어오지 않을 수 있습니다. 이는 파이썬에서 리스트를 생성해 주는 기능으로 다음 코드와 동일합니다.

```
deck = []                   # 리스트를 만들어 deck(카드 꾸러미)라는 변수에 할당합니다.
for i in range(n):          # n번 동안 for문을 수행합니다.
    deck.append(input())    # 입력(input) 받은 카드 정보를 하나씩 deck에 추가합니다.
```

입력을 받았으니 이제 전체 프로그램의 윤곽을 잡아 보겠습니다. 플레이어 1과 2의 카드 꾸러미에서 둘 다 카드가 남아 있으면 턴 횟수(num_turns)를 1 증가시키고 게임을 진행합니다.

```
num_turns = 0               # 전체 턴 횟수를 저장하기 위한 변수입니다.

# 두 플레이어 모두 카드 꾸러미에 카드가 남아 있어야만 게임을 계속할 수 있습니다.
while len(deck1) > 0 and len(deck2) > 0:
    num_turns += 1
    # 프로그램 로직을 이곳에 작성합니다(결투 & 전쟁).

# 게임 종료: 카드 꾸러미가 남아 있는 플레이어가 승리합니다.
if len(deck1) > 0:
```

```
    1과 num_turns를 출력한다.         # 플레이어 1 승리
else:
    2와 num_turns를 출력한다.         # 플레이어 2 승리
```

이 게임은 둘 중 1명의 카드 꾸러미가 바닥날 때까지 진행되기 때문에 두 플레이어 모두 카드가 남아 있어야 합니다. while문을 빠져나왔다는 것은 게임이 종료되었음을 의미하므로 남아 있는 카드 꾸러미를 확인하여 승자를 판별합니다.

이제 결투 함수의 코드를 작성해 볼까요? 입력 값은 두 플레이어의 카드(card1, card2)이고, 출력 값은 결투의 결과(1, 2 또는 0)입니다.

```
def fight(card1, card2):
    rank1 = get_rank(card1)
    rank2 = get_rank(card2)
    if rank1 > rank2:
        return 1                 # 플레이어 1 승리
    elif rank1 < rank2:
        return 2                 # 플레이어 2 승리
    else:
        return 0                 # 무승부
```

구현은 비교적 간단합니다. 카드의 등급을 서로 비교하여 높은 등급의 카드를 가진 플레이어의 숫자를 반환하면 됩니다. get_rank는 카드의 등급을 얻어오는 함수입니다. 물론 여러분이 작성할 함수입니다.

카드의 등급은 카드의 무늬 정보를 나타내는 마지막 글자(D, H, C, S)를 제외한 숫자 또는 문자의 등급을 말합니다. 카드의 등급 순서는 앞서 살펴봤듯이 다음과 같습니다.

$$2 < 3 < 4 < 5 < 6 < 7 < 8 < 9 < 10 < J < Q < K < A$$

A 카드가 등급이 가장 높고 2 카드가 등급이 가장 낮습니다. 카드에 숫자만 있다면 카드 숫자를 그대로 정수형으로 변환하여 비교하면 될 텐데 아쉽게도 카드에는 문자가 섞여 있습니다. 문자와 숫자를 비교하기 위해 문자로 되어 있는 카드를 적절하게 숫자로 변환하는 게 좋겠습니다. 2부터 10까지는 그대로 정수형으로 변환하고 J부터 A까지는 서열에 맞게 각각 11에서 14로 변환하는 것은 어떨까요? 이렇게 하면 카드의 등급 비교가 쉬워질 것 같습니다.

```python
def get_rank(card):
    number = card[:-1]            # 카드에서 맨 마지막 글자를 제외한 부분을 가져옵니다.
    if number == 'J':
        return 11
    elif number == 'Q':
        return 12
    elif number == 'K':
        return 13
    elif number == 'A':
        return 14
    else:
        return int(number)       # 문자가 아닌 경우 정수형으로 변환해서 반환합니다.
```

card[:-1]은 문자열에서 맨 마지막 글자(여기에서는 D, H, C, S)를 제외한 문자열을 반환합니다. 카드의 무늬 정보는 카드의 등급과 무관하기 때문입니다. 여기에서 card[0]을 쓰지 않는 이유는 카드 숫자에 두 글자인 10이 있기 때문입니다.

```python
card1 ='3H'
print(card1[:-1])   # '3'
card2 ='10D'
print(card2[:-1])   # '10'
card3 ='AS'
print(card3[:-1])   # 'A'
```

결투 함수와 카드의 등급을 얻어오는 함수를 작성했습니다. 전체 코드에서 결투 부분을 추가해 보겠습니다.

```python
num_turns = 0
while len(deck1) > 0 and len(deck2) > 0:
    num_turns += 1

    # 게임 진행(결투 & 전쟁)
    # 카드 꾸러미에서 카드를 각각 1장씩 가져옵니다.
    card1 = deck1.pop(0)                 # dequeue
    card2 = deck2.pop(0)                 # dequeue

    # 결투를 진행합니다.
    result = fight(card1, card2)
    if result == 1:
```

```
        # 플레이어 1 승리
        deck1.extend([card1, card2])        # enqueue
    elif result == 2:
        # 플레이어 2 승리
        deck2.extend([card1, card2])        # enqueue

# 게임 종료
if len(deck1) > 0:
    print("1 %d" % num_turns)
else:
    print("2 %d" % num_turns)
```

결투를 하기 위해서 카드 꾸러미의 맨 앞에서 카드 1장을 가져옵니다. pop(0)은 앞에서 설명했듯이 리스트 맨 앞의 요소를 반환하고 리스트에서 삭제합니다. 결투가 끝나면 승자는 card1, card2를 카드 꾸러미 맨 뒤에 추가합니다. 게임의 규칙에서 정해진 대로 항상 card1, card2의 순서대로 추가해야 한다는 걸 명심하길 바랍니다. deck.extend([card1, card2])는 deck의 맨 뒤에 card1, card2의 순서대로 추가합니다. extend 대신 append를 사용할 수도 있습니다.

```
# deck.extend([card1, card2])와 동일한 코드
deck.append(card1)
deck.append(card2)
```

여기까지 작성했으면 한번 테스트해 볼까요? 여러분도 잠시 책을 멈추고 결과를 확인해 보기 바랍니다. 모든 코드를 작성한 후에 테스트를 하는 것도 좋지만, 코드 작성 중간에 올바른 흐름으로 가고 있는지 확인하기 위하여 테스트를 하는 것도 좋은 습관입니다. 이 코드로 모든 테스트를 성공하지는 못하겠지만, 최소한 결투가 정상적으로 이루어지는지 확인해볼 수 있습니다.

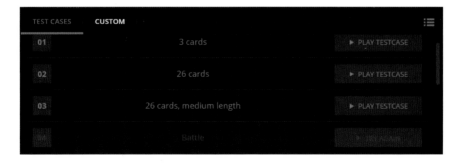

테스트 케이스를 3개 통과하였습니다. 하지만 네 번째 테스트 케이스에서 실패하는군요. 네 번째

테스트 케이스를 살펴볼까요?

  – player1 = ['8C', 'KD', 'AH', 'QH', '2S']

   player2 = ['8D', '2D', '3H', '4D', '3S']

플레이어 1은 8C 카드를, 플레이어 2는 8D 카드를 냈습니다. 두 카드의 등급이 같아 전쟁에 들어갑니다. 그다음 3장의 카드를 버리고 플레이어 1은 2S 카드를, 플레이어 2는 3S 카드를 다시 꺼냅니다. 플레이어 2가 승리하겠군요.

이제 war 함수를 구현할 차례입니다. war 함수는 결투 함수와 조금 다르게 만들어야 합니다. 전쟁에서 카드를 몇 장 소모할지는 전쟁이 끝날 때까지 알 수 없습니다. 전쟁의 결판이 나기 전까지 카드 꾸러미가 어떤 상황인지 알 수 없으니 차라리 war 함수 안에서 카드 꾸러미까지 변경한 후 최종 상태를 반환하도록 하겠습니다. 다만 두 플레이어 모두 카드가 동날 수 있으니 무승부 상황은 따로 확인해야 합니다.

```
num_turns = 0
result = 0                      # 결투 및 전쟁의 결과를 저장합니다.

while len(deck1) > 0 and len(deck2) > 0:
    num_turns += 1
    card1 = deck1.pop(0)
    card2 = deck2.pop(0)
    result = fight(card1, card2)

    if result == 1:
        deck1.extend([card1, card2])
    elif result == 2:
        deck2.extend([card1, card2])
    else:
        # card1과 card2도 전쟁이 끝난 이후에는 deck에 다시 들어가야 하므로 매개변수로 같이 넣어 줍니다.
        result, deck1, deck2 = war(deck1, deck2, card1, card2)
        # war 함수가 끝난 이후의 deck1과 deck2에는 전쟁의 결과까지 반영되어 있습니다.
        if result == 0:      # result == 0: 무승부, 1: 플레이어1 승리, 2: 플레이어2 승리
            break

#게임 종료
if result == 0:
    "PAT"을 출력한다.
elif len(deck1) > 0:
    print("1 %d" % num_turns)
else:
    print("2 %d" % num_turns)
```

war 함수를 호출할 때 card1, card2까지 같이 넘겨주는 이유는 전쟁의 승패가 결정될 때 card1, card2도 같이 이동해야 하기 때문입니다.

이제 war 함수를 작성하도록 하겠습니다. 전쟁에서 중요한 점은 크게 2가지가 있습니다. 하나는 3장을 버리고 네 번째 되는 카드로 결투를 한다는 것과 3장 + 1장을 뽑는 과정에서 더 이상 카드를 뽑을 수 없으면 게임은 그대로 종료되고 무승부가 된다는 점입니다. 게임이 완전히 기울어서 2~3장이 남아 있다 하더라도 전쟁 상황에서 더 이상 뽑을 카드가 없으면 그 게임은 무승부가 됩니다.

```python
def war(deck1, deck2, card1, card2):
    result = 0

    # 전쟁에서 소모한 카드를 담을 배열을 선언합니다.
    used_deck1 = [card1]
    used_deck2 = [card2]
    while len(deck1) > 3 and len(deck2) > 3:

        # 플레이어 1의 카드 꾸러미에서 3장을 옮깁니다.
        used_deck1.append(deck1.pop(0))
        used_deck1.append(deck1.pop(0))
        used_deck1.append(deck1.pop(0))

        # 마찬가지로 플레이어 2의 카드 꾸러미에서 3장을 옮깁니다.
        used_deck2.append(deck2.pop(0))
        used_deck2.append(deck2.pop(0))
        used_deck2.append(deck2.pop(0))

        # 결투를 위해 각자 카드 1장을 더 뽑습니다.
        card1 = deck1.pop(0)
        card2 = deck2.pop(0)
        used_deck1.append(card1)
        used_deck2.append(card2)

        # 결투를 벌입니다. 결과가 나오면 승자에게 사용한 카드를 몰아 줍니다.
        result = fight(card1, card2)
        if result == 1:                # 플레이어 1 승리
            deck1.extend(used_deck1)
            deck1.extend(used_deck2)
            break
        if result == 2:                # 플레이어 2 승리
            deck2.extend(used_deck1)
            deck2.extend(used_deck2)
            break
```

```
        # 승부가 나지 않으면 이 과정을 반복합니다.

    # 전쟁 결과와 전쟁이 종료된 후의 카드 꾸러미를 반환합니다
    return (result, deck1, deck2)
```

전쟁의 결과 및 승패가 반영된 카드 꾸러미는 튜플^{tuple}을 이용하여 반환합니다. 이제 게임에 필요한 모든 부분을 구현하였습니다. 결과는 직접 작성해 확인해 보기 바랍니다. 그럼 건투를 빕니다!

8-5 더 생각해 봅시다

앞에서 구현한 코드의 핵심 부분을 다시 살펴보겠습니다.

```
num_turns = 0
result = 0

while len(deck1) > 0 and len(deck2) > 0:
    num_turns += 1
    # 게임 진행(결투 & 전쟁)
    card1 = deck1.pop(0)
    card2 = deck2.pop(0)
    result = fight(card1, card2)

    if result == 1:
        deck1.extend([card1, card2])
    elif result == 2:
        deck2.extend([card1, card2])
    else:
        # 전쟁이닷!
        result, deck1, deck2 = war(deck1, deck2, card1, card2)
        if result == 0:
            break
```

코드가 복잡하거나 어렵지 않습니다. 이와 같이 작성해도 큰 문제는 없습니다. 하지만 조금 다른 관점에서 문제를 생각해 보겠습니다. 게임에서 전쟁이 벌어지는 상황을 다시 살펴볼까요? 전쟁이 벌어지면 카드 3장을 버리고 네 번째 카드를 가지고 결투를 벌입니다. 여기에서 또 무승부가 발생하면 다시 3장을 버리고 다음 네 번째 카드를 가져와 결투를 벌입니다. 이 결투가 결판이 나거나 카드가 바닥이 날 때까지 전쟁은 계속됩니다. 정리하면 war 함수는 턴마다 카드 4장을 used_deck으로 옮깁니다. 그리고 전쟁이 종료되면 used_deck을 다시 원래의 카드 꾸러미에 집어넣습니다.

만약 전쟁에서 승부가 쉽게 나지 않으면 어떻게 될까요? 턴마다 카드를 옮기느라 enqueue, dequeue를 반복 호출합니다. 어디선가 비효율의 냄새가 나지 않나요? 혹시 턴마다 카드를 옮기지 않고 최종 승부가 결정된 이후에 한 번에 카드를 정리할 수 있을까요? 다음의 코드를 살펴 봅시다.

```python
num_turns = 0
result = 0

while len(deck1) > 0 and len(deck2) > 0:
    num_turns += 1
    index = 0
    result = fight(deck1[index], deck2[index])

    while result == 0:
        # 두 카드의 등급이 같으면 결판이 날 때까지 전쟁을 계속합니다.
        # 전쟁에서는 네 번째(3장 버림 + 1장 결투) 카드로 결투하므로 index를 4씩 증가합니다.
        index += 4
        # 두 플레이어 중 1명이라도 남은 카드가 4장 미만이면 무승부를 발생하고 while문을 종료합니다.
        if index >= len(deck1) or index >= len(deck2):
            break
        # 다시 결투를 벌입니다.
        result = fight(deck1[index], deck2[index])

    # 마지막 결투의 결과로 승자를 확인합니다.
    # 카드 꾸러미의 0번 인덱스부터 마지막 인덱스까지 전쟁 또는 결투에서 사용한 카드이므로
    # 마지막 인덱스를 기준으로 카드 꾸러미를 재배치합니다.
    # deck[0:index+1] - 카드 꾸러미에서 사용한 카드
    # deck[index+1:] - 카드 꾸러미에서 사용하지 않은 카드
    if result == 1:             # 플레이어 1 승리
        deck1 = deck1[index+1:] + deck1[0:index+1] + deck2[0:index+1]
        deck2 = deck2[index+1:]
    elif result == 2:           # 플레이어 2 승리
        deck2 = deck2[index+1:] + deck1[0:index+1] + deck2[0:index+1]
        deck1 = deck1[index+1:]
    else:                       # 무승부

        # 전쟁의 결과가 무승부이므로 반복문을 빠져나옵니다.
        break
```

```
# 마지막 결투의 결과가 게임의 최종 승자입니다.
if result == 0:
    print("PAT")
else:
    print("%d %d" % (result, num_turns))
```

코드를 하나씩 다시 살펴보도록 하겠습니다.

```
index = 0
result = fight(deck1[index], deck2[index])

while result == 0:
    index += 4
```

결투를 벌이는 부분은 기존과 동일합니다. 그 이후 while문을 사용한 이유는 뭘까요? result가 0이 아니면 결투의 승부가 결정났다는 뜻입니다. 승부가 결정되었으니 while문을 수행하지 않고 빠져나갑니다.

result가 0이 되면 어떻게 될까요? 결투의 승부가 날 때까지 index를 4씩 이동시키면서 다시 결투를 벌입니다. 즉 전쟁을 한다는 뜻입니다.

전쟁에서 3장 버리고 1장 결투를 하던 코드를 이와 같이 단순화했습니다. 또한 결투와 전쟁을 분리하지 않고 하나의 조건문으로 처리했습니다. 물론 index를 4씩 증가시키는 동안 카드가 떨어지면 무승부가 발생하기 때문에 이를 위한 처리(break)도 필요합니다.

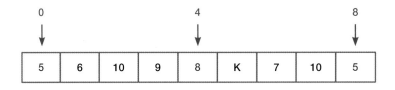

```
result = fight(deck1[index], deck2[index])

while result == 0:
    index += 4
    # 두 플레이어 중 1명이라도 남은 카드가 4장 미만이면 무승부를 발생하고 while문을 종료합니다.

    if index >= len(deck1) or index >= len(deck2):
```

```
    break
# 다시 결투를 벌입니다.
result = fight(deck1[index], deck2[index])
```

결투 또는 전쟁의 승부가 났다면 그동안 사용한 카드를 모두 순서에 맞게 승자의 카드 꾸러미에 추가해야 합니다. 마지막 결투에서 승리한 플레이어가 전쟁의 승자이기 때문에 result 값으로 승자를 확인하면 됩니다. 전쟁이 끝난 후에도 result가 0이면 최종적으로 무승부가 발생했으므로 게임을 종료합니다.

```
# 카드 꾸러미의 0번 인덱스부터 마지막 인덱스까지 전쟁 또는 결투에서 사용한 카드이므로
# 마지막 인덱스를 기준으로 카드 꾸러미를 재배치합니다.
# deck[0:index+1] - 카드 꾸러미에서 사용한 카드
# deck[index+1:] - 카드 꾸러미에서 사용하지 않은 카드
deck1 = deck1[index+1:] + deck1[0:index+1] + deck2[0:index+1]
deck2 = deck2[index+1:]
```

위 코드는 현재 카드 꾸러미에서 index 뒤쪽의 카드들만 남기고 전쟁 또는 결투에서 사용한 카드는 카드 꾸러미의 뒤로 옮기는 코드입니다. 예를 들어 첫 번째 결투에서 승부가 바로 날 경우 코드는 다음과 같습니다.

```
# index에 0을 대입
deck1 = deck1[1:] + deck1[0:1] + deck2[0:1]
deck2 = deck2[1:]
```

사용하지 않은 카드만을 카드 꾸러미에 남기고 승자의 카드 꾸러미 맨 뒤로 사용한 카드를 추가합니다. 항상 플레이어 1의 카드를 먼저 추가하는 것을 잊지 마세요.

첫 번째 결투에서 무승부가 발생하고 두 번째 결투에서 승패가 났다면 이 코드는 다음과 같습니다.

```
deck1 = deck1[5:] + deck1[0:5] + deck2[0:5]
deck2 = deck2[5:]
```

이해하기 쉽게 그림으로 표현하면 이런 과정을 거칩니다.

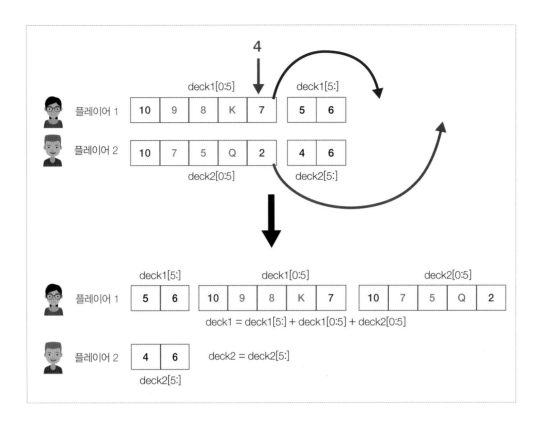

여기에서도 유의할 점이 하나 있습니다. 플레이어 2가 승리하였다면 이 코드는 어떻게 작성되어야 할까요?

```
deck1 = deck1[index+1:]
deck2 = deck2[index+1:] + deck1[0:index+1] + deck2[0:index+1]
```

앞의 예제와 비슷하게 작성하면 될까요? 아쉽지만 이는 잘 동작하지 않습니다. deck1의 내용을 먼저 변경하면 deck2의 내용을 변경하는 코드에서 deck1[0:index+1]은 잘못된 값을 참조하기 때문입니다. 이를 바로 잡기 위해서는 deck2를 먼저 변경하고 deck1은 나중에 변경해야 합니다.

```
deck2 = deck2[index+1:] + deck1[0:index+1] + deck2[0:index+1]
deck1 = deck1[index+1:]
```

누가 이겼는지에 따라 순서를 신경써야 하는 것은 번거로운 일입니다. 사실 이 부분은 파이썬의 다중 할당 기능을 이용하면 간단히 처리할 수 있습니다.

```
deck1, deck2 = deck1[index+1:], deck2[index+1:] + deck1[0:index+1] + deck2[0:index+1]
```

처음 보는 표현인가요? 파이썬에서는 여러 변수를 한번에 할당할 수 있는 기능이 있습니다.

```
a, b, c = 1, 2, 3
```

a, b, c에 1, 2, 3이 차례대로 할당됩니다. 또한 이를 이용하면 변수를 교환하는 일도 쉽게 처리할 수 있죠.

```
a, b = b, a
```

a와 b가 서로 뒤바뀌어 저장됩니다. 바로 이 다중 할당 기능을 이용하면 승자가 누군지에 따라 코드 순서를 바꿔 작성해야 하는 번거로움 없이 한 번에 처리할 수 있습니다. 이제 배열의 변경은 전쟁 또는 결투당 한 번만 이루어지기 때문에 훨씬 효율적인 코드가 되었습니다.

프로그램에서 한 가지 더 검토해 볼 부분이 있습니다. 바로 카드의 등급을 얻어오는 get_rank 함수입니다.

```
def get_rank(card):
    number = card[:-1]      # 카드에서 맨 마지막 글자를 제외한 부분을 가져옵니다.
    if number == "J":
        return 11
    elif number == "Q":
        return 12
    elif number == "K":
        return 13
    elif number == "A":
        return 14
    else:
        return int(number)
```

다음의 경우를 생각해 봅시다. 만약 새로운 카드를 추가하거나 A 카드를 1로 취급한다면 어떻게 될까요? 아마도 if-else문 이하에 적절한 수정을 가해야 할 것 같습니다. 이 경우 요구사항이 발생할 때마다 if-else 코드를 계속 변경해야 하는 번거로움이 따라옵니다. 프로그램을 작성함에 있어 코드의 변경은 필수 불가결한 요소입니다. 언제든지 새로운 요구사항이 나타나기 마련이기 때문에 유연하게 대응할 수 있어야 합니다. 프로그램에 변경사항이 있을 때 그로 인해 영향 받는 범위를 최소화할수록 좋은 코드라 할 수 있습니다. 아무래도 수정되는 코드의 양이 적을수록 버그가 발생할 가능성도 적기 때문이죠. get_rank 함수에서도 변경해야 하는 코드의 범위를 최소화할 수 있을까요?

이 함수에서 우리가 원하는 것은 각 카드의 등급을 비교할 수 있는 값이지 카드의 절대적인 값이 아닙니다. 카드 등급 순서를 미리 정해 놓고 그에 따른 순서만 단순히 반환할 수 있다면 어떨까요? 다음 코드를 확인해 보겠습니다.

```python
def get_rank(card):
    card_ranks = ['2','3','4','5','6','7','8','9','10','J','Q','K','A']
    return card_ranks.index(card[:-1])
```

변수(card_ranks)를 하나 만들어 모든 카드의 값을 등급 순서대로 저장합니다. index 함수는 리스트에서 요소를 찾아 그 요소의 인덱스를 반환하는 함수입니다. 예를 들어 get_rank('2Q')는 0을 반환하고, get_rank('AD')는 12를 반환합니다. 반환된 인덱스를 비교하여 두 카드의 등급을 비교하도록 하였습니다. 이제는 카드 등급이 변경되거나 새로운 카드가 추가되더라도 card_ranks에서 배열만 적절하게 수정하면 다른 부분은 수정할 필요가 없습니다.

프로그래밍 알고리즘이란 문제를 해결하는 효율적인 방법을 말합니다. 문제를 처음 접할 때에는 문제를 해결할 수 있는 방법을 먼저 생각하지만, 문제를 해결하고 나면 이를 더 효율적으로 만들 수 있는지 여부도 함께 생각해야 합니다.

첫 번째 풀이는 문제를 해결하는 방법에 초점을 맞췄다면, 두 번째 풀이는 문제를 효율적으로 해결하는 방법에 대해 얘기하고 있습니다. 프로그래밍 알고리즘에는 정답이 없습니다. '모로 가도 서울만 가면 된다.'라는 말처럼 정답만 찾으면 된다고 생각할 수 있지만, 효율적으로 작성하는 것은 문제를 해결하는 것만큼 중요합니다. 프로그램을 작성함에 있어 최선의 코드를 작성하고자 하는 노력을 결코 멈추지 말아야 할 것입니다.

09 SCRABBLE
해시맵으로 단어 만들기

이 문제는 스크래블^{scrabble}이라는 유명한 단어 조합 게임에서 가져왔습니다. 스크래블은 15×15 정사각형 보드에서 주어진 알파벳을 조합하여 사전에 있는 단어를 만드는 게임입니다. 한때 폭발적인 인기를 얻어 미국의 한 방송국에서 스크래블 쇼를 방영하기도 했습니다.

🔗 https://www.codingame.com/training/medium/scrabble

주어진 글자를 이용하여 사전에 있는 단어 중 가장 높은 점수의 단어를 찾는 것이 이 게임의 목적입니다. 이 문제를 풀기 위해 연관 배열 같은 자료구조와 단어의 점수를 계산하는 특별한 방법이 필요합니다. 여기서 연관 배열이란 키와 값이 연관되어 있어 키를 이용해 값을 얻어올 수 있는 자료구조를 말합니다. 맵, 딕셔너리 등이 이에 속합니다. 적절한 자료형을 찾는 것이야말로 이 문제의 핵심입니다.

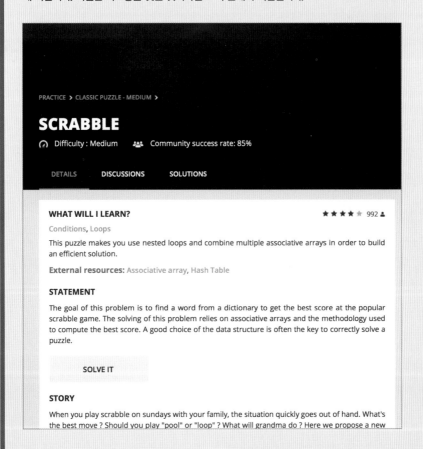

PRACTICE > CLASSIC PUZZLE - MEDIUM >

SCRABBLE

⏷ Difficulty : Medium 👥 Community success rate: 85%

DETAILS DISCUSSIONS SOLUTIONS

WHAT WILL I LEARN? ★★★★☆ 992 👤
Conditions, Loops

This puzzle makes you use nested loops and combine multiple associative arrays in order to build an efficient solution.

External resources: Associative array, Hash Table

STATEMENT

The goal of this problem is to find a word from a dictionary to get the best score at the popular scrabble game. The solving of this problem relies on associative arrays and the methodology used to compute the best score. A good choice of the data structure is often the key to correctly solve a puzzle.

SOLVE IT

STORY

When you play scrabble on sundays with your family, the situation quickly goes out of hand. What's the best move ? Should you play "pool" or "loop" ? What will grandma do ? Here we propose a new

◎ The Goal_게임의 목표

스크래블은 7개의 알파벳을 뽑아 가장 높은 점수의 단어를 만드는 게임입니다. 단어를 만들기 위한 알파벳은 문제에서 입력 값으로 주어집니다. 단어 조합 시 7개의 알파벳을 모두 사용할 필요는 없습니다. 하지만 반드시 뽑은 알파벳만으로 단어를 만들어야 합니다. 단어에 따라 점수가 매겨지며 가장 높은 점수를 딴 사람이 승자입니다.

예를 들어 e, t, a, e, n, h, s를 뽑았을 때, 이 알파벳으로 만들 수 있는 단어는 ethane, hates, sane, ant 등이 있겠지요. 이렇게 7개의 알파벳으로 만들 수 있는 1글자부터 7글자까지의 단어 중에서 가장 높은 점수의 단어를 찾으면 됩니다.

✓ Rules_게임의 규칙

스크래블에서 단어의 점수를 매기는 방법은 간단합니다. 알파벳마다 점수가 할당되어 있습니다. 점수의 기준은 알파벳으로 단어를 조합하기 얼마나 어려운지에 따라 정해져 있습니다. 다음 표에서 각 알파벳에 해당하는 점수를 확인할 수 있습니다.

글자	a	b	c	d	e	f	g	h	i	j	k	l	m
점수	1	3	3	2	1	4	2	4	1	8	5	1	3
글자	n	o	p	q	r	s	t	u	v	w	x	y	z
점수	1	1	3	10	1	1	1	1	4	4	8	4	10

예를 들어, banjo는 14점입니다.

$$b(3) + a(1) + n(1) + j(8) + o(1) = 14$$

이 게임에서는 조합할 수 있는 단어가 제한되어 있습니다. 입력을 통해 조합 가능한 단어 목록이 제공됩니다. 이를 사전이라 칭하겠습니다. 사전의 단어 중 입력받은 알파벳으로 만들 수 있는 가장 높은 점수의 단어를 찾아야 합니다. 입력 받은 알파벳은 단 한 번만 사용할 수 있습니다. 사전에 있는 단어가 같은 알파벳을 여러 번 사용한 경우 주어진 알파벳에도 같은 수의 알파벳이 있어야 합니다. 만약 두 단어의 점수가 같을 경우 사전에 먼저 나타난 단어를 정답으로 간주합니다.

모든 단어는 알파벳 소문자로 제공됩니다. 또한 각 테스트 케이스에서는 조합 가능한 단어가 반드시 1개 이상 있습니다.

📗 Game Input_게임의 입력 및 출력 값

▪ Input_입력 받는 값

첫 번째 라인: 조합 가능한 단어 목록(사전)의 개수 N을 입력 받습니다.

다음 N라인: 조합 가능한 단어 한 줄에 한 단어를 입력 받습니다.

마지막 라인: 단어를 만들 7개의 알파벳입니다.

▪ Output_출력해야 할 값

사전에 있는 단어 중 주어진 알파벳으로 조합 가능한 최고 점수의 단어를 출력합니다. 조합한 단어는 반드시 사전에 있어야 합니다. 각 알파벳은 한 번만 사용할 수 있습니다. 테스트 케이스에는 항상 정답이 존재합니다.

▪ Constraints_제약사항

$0 \langle N \langle 100000$

사전에서 가장 길이가 긴 단어의 알파벳 개수는 30개입니다.

📗 Example_예제

사전에 5개의 단어가 있습니다. because, first, these, could, which가 사전에 있는 단어입니다. 입력 받은 알파벳 hicquwh를 이용하여 조합 가능한 단어는 which 하나뿐이므로 정답은

which입니다.

입력	출력
5	which
because	
first	
these	사전에 있는 단어
could	
which	
hicquwh	

9-2 어떻게 풀까요?

7개의 알파벳이 주어지고, 주어진 알파벳을 이용하여 사전에 있는 단어를 만드는 것이 스크래블 게임의 핵심입니다. 만들기 어려운 단어일수록 점수가 높게 배정되고 여러분은 가장 높은 점수의 단어를 찾아야 합니다. 문제 풀이를 생각의 흐름대로 정리하면 다음과 같습니다.

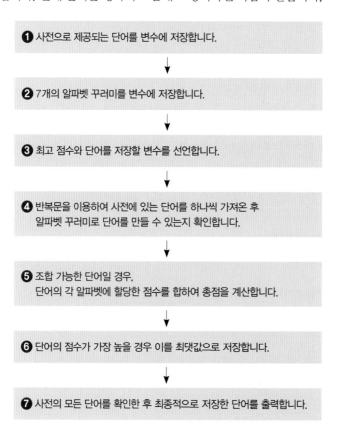

❶ 사전으로 제공되는 단어를 변수에 저장합니다.

❷ 7개의 알파벳 꾸러미를 변수에 저장합니다.

❸ 최고 점수와 단어를 저장할 변수를 선언합니다.

❹ 반복문을 이용하여 사전에 있는 단어를 하나씩 가져온 후 알파벳 꾸러미로 단어를 만들 수 있는지 확인합니다.

❺ 조합 가능한 단어일 경우, 단어의 각 알파벳에 할당한 점수를 합하여 총점을 계산합니다.

❻ 단어의 점수가 가장 높을 경우 이를 최댓값으로 저장합니다.

❼ 사전의 모든 단어를 확인한 후 최종적으로 저장한 단어를 출력합니다.

감이 잡히나요? 각 단계를 더 자세히 살펴보도록 하겠습니다.

❶ 규칙을 보면 점수가 같은 경우 사전에 먼저 나온 단어가 정답이므로 사전의 단어 순서는 매우 중요합니다. 그러므로 단어를 입력 받은 순서대로 저장합니다. 배열을 이용하면 되겠군요.

❷ 7개의 알파벳 꾸러미는 문자열로 입력 받습니다. 입력 받은 문자열을 그대로 사용해도 되고 배열로 변환해도 좋습니다.

❸ 최고 점수와 그 단어를 저장할 변수가 필요합니다. 최고 점수는 max_score로, 최고 점수에 해당하는 단어는 max_scored_word라고 이름 짓겠습니다.

❹ 반복문을 이용하여 사전의 모든 단어를 확인하고, 각 단어가 주어진 알파벳 꾸러미로 조합 가능한지 확인하는 함수가 필요합니다. 이를 is_word_feasible이라 하겠습니다. 함수의 반환 값은 True/False이며, 매개변수는 사전의 각 단어와 알파벳 꾸러미가 되겠습니다.

❺ 주어진 알파벳으로 글자로 조합 가능한 경우, 단어의 점수를 계산하는 함수가 필요합니다. 이를 get_word_score로 이름 짓겠습니다. 함수의 반환 값은 정수형이고, 매개변수는 단어가 되겠습니다.

❻ get_word_score 함수로 얻은 점수와 기존에 구한 max_score를 비교하여 더 큰 점수를 찾을 경우 max_score 및 max_scored_word를 새로운 점수와 단어로 교체합니다.

❼ 반복문이 종료되면 max_scored_word를 출력합니다.

위 흐름을 바탕으로 뼈대가 되는 코드를 만들어 보겠습니다. 각 라인에는 앞에서 살펴본 순서도의 항목과 일치하는 숫자를 적어 놓았습니다.

```
dictionary = [입력 받은 단어 사전]                      # ❶
letters = [7개의 알파벳 꾸러미]                          # ❷
max_score = 0                                          # ❸
max_scored_word = ""                                   # ❸
for word in dictionary:                                # ❹
    if is_word_feasible(word, letters):                # ❹
        score = get_word_score(word)                   # ❺
        if score > max_score:                          # ❻
            max_score와 max_scored_word를 갱신한다.      # ❻
max_scored_word를 출력한다.                             # ❼
```

코드가 벌써 완성되었네요! 이번 장은 일찍 끝날 조짐이 보이는군요. 초기화 부분과 구현되지 않은 함수만 채우면 되겠네요. 다음 단계로 넘어가기 전에 is_word_feasible 함수와 get_word_score 함수를 어떻게 구현할지 머릿속으로 잠시 생각해 보기 바랍니다.

먼저 is_word_feasible 함수를 살펴보겠습니다. 주어진 알파벳으로 단어가 조합 가능한지 확인하려면 단어에 쓰인 모든 글자가 알파벳 꾸러미에 있는지 확인해야 합니다. 여기서 주의할 점은 단어에 쓰인 글자의 개수 또한 확인해야 한다는 점입니다.

get_word_score 함수는 각 글자에 할당된 점수를 모두 더하여 반환하면 되겠습니다. 각 글자별 점수를 얻어오는 방법은 여러 가지가 있습니다. 여러분의 머리에서 지금 막 떠오를 법한 if-else 문을 이용해서도 풀 수 있습니다. 그럼 한번 풀어 볼까요?

9-3 풀어 봅시다-1

앞에서 살펴본 과정에서 ❶~❷ 단계인 사전과 알파벳 꾸러미를 저장할 변수를 선언하고 입력 받은 값을 할당하겠습니다.

```python
dictionary = []
for i in range(n):
    word = input()
    dictionary.append(word)       ❶
letters = input()    ─── ❷
```

이 코드는 다음과 같이 간단히 표현할 수도 있습니다.

```python
dictionary = [input() for i in range(n)]
letters = input()
```

그다음 ❸ 과정인 최고 점수를 저장할 변수 2개를 선언하겠습니다.

```python
max_score = 0
max_scored_word = ""
```

이제 핵심 로직인 ❹~❼ 과정을 작성해 볼까요?

```python
for word in dictionary:
    if is_word_feasible(word, letters):
        score = get_word_score(word)
        if score > max_score:
            max_score = score
            max_scored_word = word
print(max_scored_word)
```

사전의 각 단어를 반복문을 이용하여 가져오고, 단어의 조합 가능 여부를 is_word_feasible 함수에서 판별합니다. 조합 가능한 경우 단어의 점수를 get_word_score 함수에서 계산합니다. 단어의 점수가 기존의 최고 점수보다 큰 경우 최댓값을 갱신합니다.

만약 두 단어의 점수가 같은 경우 사전에서 뒤에 나온 단어를 정답으로 간주한다면 어떻게 해야 할까요? 바로 if score 〉 max_score에서 〉를 ≥로만 변경하면 됩니다. 초반 입력 부분에서 사전을 배열에 차례대로 저장했던 것을 기억하나요? 부등호를 ≥로 변경하면 두 단어의 점수가 같을 때에도 max_scored_word를 변경하기 때문에 배열의 뒤에 있는 단어를 찾을 수 있는 것입니다. 반대로 말하면 〉를 이용했기 때문에 문제에서 원하는 대로 사전에서 먼저 나온 단어를 찾을 수 있습니다. 반복문이 종료되면 max_scored_word를 출력합니다. 이처럼 프로그램의 흐름은 비교적 간단한 편입니다. 남은 것은 아직 구현하지 않은 함수를 구현하는 것뿐입니다. 먼저 is_word_feasible 함수를 구현할까요?

```
def is_word_feasible(word, letters):
    feasible = word를 letters로 조합할 수 있으면 True, 아니면 False를 대입한다.
    return feasible
```

함수 내용을 작성하기에 앞서 한 가지 질문을 드리겠습니다. 알파벳 꾸러미의 글자(letters)로 조합한 말이 사전에 나오는 단어(word)가 될 수 있는지 여부는 어떻게 알 수 있을까요? 생각나는 대로 말해 볼까요?

  "단어에 쓰인 모든 글자가 알파벳 꾸러미에 있는지 하나씩 비교해 본다."

예를 들어 내가 가지고 있는 알파벳 꾸러미는 abfirtu이고 fruit이란 단어를 확인하는 경우를 생각해 봅시다. 이 경우 fruit의 모든 글자가 abfirtu 중에 있는지 확인해야 합니다. 비교를 하는 주체는 알파벳 꾸러미(letters)가 아닌 사전에 있는 단어(word)임을 명심하기 바랍니다.

```
feasible = True
for char in "fruit":
    if char not in "abfirtu":
        feasible = False
        break
return feasible
```

예제 코드는 이해를 돕고자 변수 대신 단어를 직접 사용하였습니다. 실제 코드에서는 "fruit"를 word로, "abfirtu"를 letters로 변경해야 합니다. 파이썬의 in 키워드는 특정 글자 또는 요소가 문자열 또는 배열에 있는지 확인하는 내장 기능입니다. in 키워드를 사용하지 않는다면 반복문을 하나 더 사용하여 단어의 각 글자와 알파벳 꾸러미를 비교해야 합니다.

if char not in "abfirtu":는 fruit의 각 글자가 abfirtu에 존재하지 않는지 물어보는 조건문입니다. 예제 코드에서 True를 초깃값으로 쓰고 False 조건을 확인하는 이유는 그 반대의 경우보다 구현하기 쉽기 때문입니다. 생각해 보세요. 모든 경우가 참인 조건을 찾는 것과 하나라도 거짓인 경우를 찾는 것 중 어느 쪽이 간편한지. fruit의 모든 글자가 abfirtu에 포함되어 있다면 결과는 True이고, 하나라도 없으면 False가 됩니다. 이 예제 코드의 결과는 True가 되겠군요. 얼핏 보면 이 코드는 잘 동작하는 것처럼 보입니다만, 사실 한 가지 놓친 부분이 있습니다.

다음의 예를 살펴보겠습니다. 알파벳 꾸러미는 aehilop이고 단어는 apple인 경우를 생각해 봅시다. 알파벳 꾸러미 aehilop는 apple에 쓰인 모든 글자를 가지고 있습니다. 하지만 글자 p가 apple에서 2번 사용된 데 반해 aehilop에는 1개 밖에 없습니다. 그러므로 이 단어는 조합할 수 없습니다.

정리하면 단어가 조합 가능한지 확인하기 위해서는 다음 2가지 조건이 필요합니다.

 - 단어에 쓰인 모든 글자가 알파벳 꾸러미에 있는지 확인합니다.

 - 단어에 쓰인 글자의 개수만큼 알파벳 꾸러미에 있는지 확인합니다.

```python
def is_word_feasible(word, letters):
    feasible = True
    for char in word:                    # word = "apple"
        if char not in letters:          # letters = "aehilop"
            feasible = False
            break
        if word.count(char) > letters.count(char):
            feasible = False
            break
    return feasible
```

count 함수는 문자열 또는 배열에서 해당 글자 또는 요소의 개수를 반환합니다. apple에 쓰인 각 글자의 개수가 aehilop의 각 글자 개수보다 더 많으면 조합할 수 없으므로 False를 반환합니다.

여기서 잠깐 count 함수의 반환 값에 대해 생각해 봅시다. word.count(char)는 항상 1 이상의 값을 반환합니다. 왜냐하면 char가 바로 word의 각 글자이기 때문입니다. 하지만 letters.count(char)는 0일 수도 있고 0이 아닐 수도 있습니다. 이 점을 이용하면 단어의 각 글자가 알파벳 꾸러미에 있는지 여부를 글자 비교 없이 알아낼 수 있습니다. 코드에서 불필요한 부분을 제거하면 다음과 같습니다.

```python
def is_word_feasible(word, letters):
    for char in word:
        if word.count(char) > letters.count(char):
            # 단어에 쓰인 각 글자의 개수가 알파벳 꾸러미의 글자 개수보다 많은 경우
            # 단어를 조합할 수 없습니다.
            return False
    return True
```

다음은 점수 계산입니다. 앞에서 쓰인 점수표를 다시 보도록 하겠습니다.

글자	a	b	c	d	e	f	g	h	i	j	k	l	m
점수	1	3	3	2	1	4	2	4	1	8	5	1	3
글자	n	o	p	q	r	s	t	u	v	w	x	y	z
점수	1	1	3	10	1	1	1	1	4	4	8	4	10

이를 바탕으로 함수를 작성해 보겠습니다.

```python
def get_word_score(word):
    score = 0
    word의 각 글자별 점수를 score에 합산한다.
    return score
```

예를 들어 apple의 점수를 확인해볼까요? 글자별로 점수를 계산하면 apple은 a(1) + p(3) + p(3) + l(1) + e(1) = 9점임을 알 수 있습니다. 이를 코드로 표현하면 다음과 같습니다.

```python
score = 0
for char in "apple":
    score += get_char_score(char)
print(score)
```

위 점수표에 따라 각 글자별 점수를 반환하는 get_char_score 함수를 만들었습니다. 예를 들면 다음과 같이 말이죠. 한번 살펴볼까요?

```
def get_char_score(ch):
    if ch is 'a':
        return 1
    elif ch is 'b':
        return 3
    elif ch is 'c':
        return 3
    elif ch is 'd':
        return 2
        ......
    'z'까지 모든 글자별 점수를 반환한다.
```

if-else문이 조금 길기 하지만 문제없이 동작합니다. 이를 이용하여 get_word_score 함수를 완성하겠습니다.

```
def get_word_score(word):
    score = 0
    for char in word:
        score += get_char_score(char)
    return score
```

단어의 점수를 계산하는 함수도 그리 어렵지 않게 만들었습니다. 이제 필요한 모든 기능을 구현하였습니다. 결과를 확인해 볼까요?

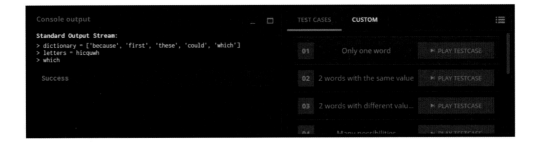

축하합니다. 모든 테스트를 통과했습니다! 여러분도 직접 확인해 보기 바랍니다. 이제 다음 장으로 넘어갈까요? 그런데 뭔가 허전하지 않나요? 그렇습니다. 알고리즘을 아직 알아보지 않았습니다. 알고리즘을 얘기하기 이전에 우리가 작성했던 코드를 다시 한번 살펴보도록 하겠습니다.

앞서 작성한 코드는 잘 작동합니다. 그런데 a부터 z까지 26글자이니 if-else문도 26개나 됩니다. 예를 들어 z 글자의 점수를 확인하기 위해 글자 비교만 26번을 해야 합니다. 또 다시 비효율의 냄새가 납니다. 혹시 더 좋은 방법은 없을까요?

문제의 조건을 다시 확인해 보면 a부터 z까지 각 글자마다 점수가 이미 할당되어 있습니다. a는 1점, p는 3점 등으로 말이죠. 이처럼 특정 글자와 그에 상응하는 점수가 일대일로 대응되어 있는 경우 if-else문보다 효율적으로 사용할 수 있는 자료구조가 있습니다. 바로 해시맵입니다. 해시맵은 해시테이블 또는 딕셔너리로 부르기도 합니다.

9-4 필요한 알고리즘은?

해시맵

해시맵$^{hash\ map}$은 키와 값으로 이루어진 쌍을 메모리에 저장하고 키에 대응하는 값을 빠르게 찾을 수 있는 자료구조입니다. 참고로 프로그래밍 언어마다 해시맵을 지칭하는 이름이 다릅니다. 해시테이블$^{hash\ table}$, 해시맵, 딕셔너리, 연관 배열 등의 용어로 부르기도 합니다.

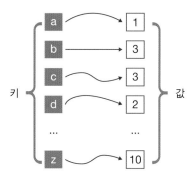

파이썬에서는 해시맵을 딕셔너리라고 부릅니다. 파이썬에서 해시맵을 생성하는 방법은 다음과 같습니다.

변수 이름 = {key1 : value1, key2 : value2, key3 : value3, …}

해시맵은 항상 키와 값이 쌍으로 이루어지며 해시맵의 값을 얻어올 때는 [ ] 연산자를 이용합니다. 이 문제에서는 알파벳이 키가 되고, 각 알파벳에 상응하는 점수가 값이 됩니다.

```
scores = {'a': 1, 'b': 3, 'c': 3, 'd': 1, 'z': 10}
a_score = scores['a']  # a_score = 1
z_score = scores['z']  # z_score = 10
```

새로운 키를 추가하거나 기존의 값을 변경하는 경우에도 [ ] 연산자를 이용합니다.

```
scores = {'a': 1, 'b': 3}
scores['c'] = 3                # scores에 새로운 항목 추가 {'a': 1, 'b': 3, 'c': 3}
scores['a'] = 4                # 기존의 항목 변경 {'a': 4, 'b': 3, 'c': 3}
```

해시맵에 존재하지 않는 키를 참조할 경우 오류가 발생합니다.

```
scores = {'a': 1, 'b': 3 }
a_score = scores['a']          # a_score = 1
c_score = scores['c']          # KeyError!!
```

오류가 발생하면 프로그램이 멈추기 때문에 해시맵에 키가 존재하는지 미리 확인하는 습관을 들이도록 합시다. in 키워드를 사용하면 해시맵에 키가 존재하는지 여부를 확인할 수 있습니다.

```
if 'z' in scores:
    z_score = scores['z']      # z값이 존재할 경우에만 z_score값을 얻어올 수 있습니다.
```

키가 해시맵에 항상 존재하는 경우에는 굳이 조건문을 사용하지 않아도 됩니다. 그렇지만 해시맵이 실행 중 변경되는 경우 반드시 미리 확인해야 합니다. 하지만 매번 if문을 이용하여 확인하기란 귀찮은 일입니다. 이 경우 get( ) 함수를 이용하면 해시맵에 없는 키를 참조할 경우 초깃값을 가져오도록 설정할 수 있습니다.

dict.get(key, default = None)

default로 되어 있는 부분은 생략 가능하며, 생략하면 키가 존재하지 않을 경우 None을 반환합니다.

```
scores = {'a': 1, 'b': 3}
a_score = scores.get('a')      # a_score = 1, scores['a']와 동일합니다.
b_score = scores.get('b', 4)   # b_score = 3, 'b'가 존재하므로 해시맵에 있는 값을 가져옵니다.
c_score = scores.get('c', 3)   # c_socre = 3, 'c'가 존재하지 않으므로 초깃값인 3을 대입합니다.
```

또한 해시맵에 저장되어 있는 키와 값을 지울 때는 del 키워드를 이용하여 지울 수 있습니다.

```
scores = {'a': 1, 'b': 3}
del scores['a']                      # scores에서 'a' 키가 지워져 이제 {'b': 3}만 남아 있습니다.
```

지금까지 해시맵의 기본적인 사항에 대해 설명했습니다. 이제 앞에서 작성한 점수 계산 함수를 해시맵을 이용하여 다시 작성해 보겠습니다.

```
def get_char_score(char):
    letter_scores = {'a' : 1, 'b' : 3, 'c' : 3, 'd' : 2, … , 'x' : 8, 'y' : 4, 'z' : 10}
    return letter_scores[char]
```

코드가 훨씬 간결해졌죠? 간결해졌을 뿐만 아니라 성능 또한 향상되었습니다. 기존의 if-else문은 찾는 글자가 나올 때까지 조건문을 계속 진행하기 때문에 비교적 시간을 많이 소요합니다. 반면 해시맵의 참조 속도는 매우 빠릅니다.

해시맵에 대한 다른 예로 여러분의 스마트폰에 저장되어 있는 주소록을 생각해 봅시다. 친구에게 전화할 때 전화번호를 기억해서 직접 누르나요? 보통은 주소록에 있는 친구 이름을 터치하면 그 친구에게 바로 전화가 걸리도록 되어 있습니다. 이렇게 주소록을 이용해 전화를 거는 기능을 만든다고 가정해 봅시다.

주소록 기능을 구현하려면 친구 이름을 통해 전화번호를 얻어오는 방법이 필요합니다. if-else문을 통해서도 할 수 있겠지만 전화번호부에 있는 수십 명 또는 수백 명의 친구를 전부 if-else문으로 검색하는 것은 효율적이지 않습니다. 이 경우 해시맵을 이용해 친구의 이름과 전화번호를 대응하면 한결 편하게 구현할 수 있습니다.

주소록에 '편집장님', '중국집', '김밥집'이라는 3명의 이름과 전화번호가 있다고 합시다.

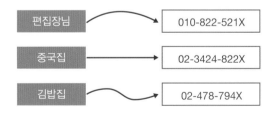

이제 이름을 통해 전화번호를 얻어오는 함수를 작성하겠습니다. 다음 코드는 if-else문을 이용해서 각각의 이름을 확인하는 함수입니다.

```python
def get_phone_number(name):
    if name == "편집장님":
        return "010-822-521X"
    elif name == "중국집":
        return "02-3424-822X"
    elif name == "김밥집":
        return "02-478-794X"
```

이번 코드는 서로 대응되는 3개의 이름과 번호를 해시맵으로 지정한 함수입니다.

```python
phones = {"편집장님":"010-822-521X", "중국집":"02-3424-822X", "김밥집": "02-478-794X"}
def get_phone_number(name):
    return phones[name]
```

이제 두 코드의 차이를 확실히 알겠죠? 이와 같이 특정 키(이름)를 통해 값(전화번호)을 찾고 싶은 경우 해시맵은 매우 좋은 성능을 발휘합니다. 때에 맞는 적절한 자료구조만 선택해도 프로그램의 성능을 향상시킬 수 있습니다.

해시맵도 배열과 비슷한 하나의 컨테이너^{container}인 만큼 반복문을 이용하여 각 요소를 참조할 수 있습니다.

```python
phones = {"편집장님":"010-822-521X", "중국집":"02-3424-822X", "김밥집": "02-478-794X"}
for name in phones:
    print(name + " = " + phones[name])
```

위 코드를 실행하면 아래와 같이 해시맵의 모든 요소를 출력합니다.

```
편집장님 = 010-822-521X
중국집 = 02-3424-822X
김밥집 = 02-478-794X
```

이제 해시맵을 배웠으니 이를 적용하여 코드를 다시 작성하도록 하겠습니다.

해시맵 풀이

문제로 돌아와서 앞에서 풀이한 방법을 조금 수정해 보겠습니다. if-else문을 사용한 부분을 해시맵을 이용하도록 수정하겠습니다. 기존의 코드를 다시 확인해 볼까요?

```
def get_word_score(word):
    score = 0
    for char in word:
        score += get_char_score(char)  # 각 글자별 점수를 if-else를 이용해 가져왔습니다.
    return score
```

기존의 풀이는 각 글자의 점수를 얻어오는 함수를 별도로 만들었지만 해시맵을 이용하면 코드의 길이도 짧아 별도의 함수 없이 바로 작성할 수 있습니다.

```
def get_word_score(word):
    letter_score = {'a': 1, 'b': 3, 'c': 3, 'd': 2, … , 'y': 4, 'z': 10}
    score = 0
    for char in word:
        score += letter_score[char]
    return score
```

코드가 눈에 띄게 깔끔해졌죠? 성능 또한 좋아졌습니다. 해시맵이 어떻게 동작하고 왜 빠른지는 바로 뒤의 '더 생각해 봅시다' 코너에서 설명하겠습니다. 해시맵을 적용한 코드는 이 정도면 충분할 것 같습니다.

이와 별도로 하고 싶은 이야기가 한 가지 더 있습니다. 사실 이 이야기는 할까 말까 망설였습니다. 역설적이게도 지금 소개하는 방법은 프로그램의 성능을 저하시키는 방법이기 때문입니다. 이 방법을 쓸지는 전적으로 여러분의 판단에 맡기도록 하겠습니다. 먼저 코드를 살펴보겠습니다.

```
def get_word_score(word):
    score = 0
    for char in word:
        if char in "aeilnorstu": score += 1
        elif char in "dg" : score += 2
        elif char in "bcmp" : score += 3
        elif char in "fhvwy" : score += 4
```

```
        elif char in "k" : score += 5
        elif char in "jx" : score += 8
        elif char in "qz" : score += 10
    return score
```

처음에 살펴본 기본 풀이에서는 if-else문을 이용해 26개의 각 글자마다 비교문을 작성했는데요. 이번에는 파이썬의 in 키워드와 if-else문을 적절히 섞어서, 점수가 동일한 글자들은 하나의 비교문으로 점수를 할당했습니다. 그래도 해시맵을 사용할 때와 비교하면 성능이 좋지는 않습니다. 비교문이 여러 번 쓰였기 때문입니다. 눈에 보이는 if문 뿐만 아니라 in 키워드 내부에서도 조건문을 사용하여 비교하고 있음을 기억하기 바랍니다. 그럼에도 이 코드를 소개하는 이유는 해시맵을 사용할 때보다 코드를 읽기 편하다는 장점이 있기 때문입니다. 각 글자별 점수가 한눈에 들어오니까요. 물론 해시맵도 글자를 점수별로 정렬해서 가독성을 향상시킬 수 있습니다.

```
letter_score = {
'a': 1, 'e':1, 'i':1, 'l':1, 'n':1, ...
'd': 2, 'g':2, 'b': 3, 'c': 3, 'm':3, 'p':3, ...
...
'q': 10, 'z': 10}
```

어떤 방식을 선호할지는 전적으로 개인의 취향입니다.

우리가 코드를 작성할 때 고민해야 하는 지점이 바로 여기에 있습니다. 가독성을 중요시할 것인가? 아니면 성능을 중요시할 것인가? 하는 것입니다. 둘 다 만족하면 금상첨화겠죠? 이 문제에 대한 정답은 없습니다. 답은 그때그때 다르기 때문입니다. 작성하는 코드가 성능과 가독성 중 어느쪽이 더 중요한지는 본인이 가장 잘 알고 있을 것입니다. 최적화가 매우 중요한 경우라면 단 1초라도 빠른 코드를 작성해야 할 것이고, 끊임없이 유지보수가 되어야 하는 프로그램이라면 아무래도 가독성을 더 우선시해야 할 것입니다.

사실 이 문제에서는 어떠한 방식을 택하더라도 큰 차이가 없습니다. 이런 차이로 성능을 좌우할 만큼 그렇게 복잡한 프로그램이 아니기 때문입니다. 제가 말하고 싶은 바는 프로그램을 작성할 때 가독성과 성능이라는 두 마리 토끼를 항상 염두에 두고 코드를 작성해야 한다는 점입니다.

이제 남은 것은 최대 점수 값을 가진 단어를 출력하는 것입니다. 이는 앞의 기본 풀이에서 이미 작성했으니 굳이 다시 설명하지 않아도 문제없으리라 생각합니다. 한 가지 주의할 점은 두 단어의 점수가 같을 경우 사전에 먼저 나와 있는 단어를 정답으로 간주한다는 점입니다. 다시 말하지만 알파벳 순서가 아닌 입력 받은 사전의 순서입니다. 그러므로 사전의 순서를 뒤섞지 않아야 합니다.

참고로 이후의 문제에서 딕셔너리를 언급한다면 그것은 해시맵을 사용하는 것임을 이해하기 바랍니다.

9-6 더 생각해 봅시다

해시의 의미

해시맵에서 키를 통해 값을 가져오는 시간은 매우 짧다고 얘기했습니다. 이를 시간 복잡도로 표현하면 보통 O(1)이고 최악의 경우일 때 O(n)이 됩니다. 보통의 경우 배열에서 [ ] 연산자를 이용해서 특정 위치의 요소를 가져오는 것과 비슷한 속도로 처리됩니다. 상당히 빠르죠?

해시맵은 배열과 비슷하게 여러 자료를 담을 수 있는 메모리 공간을 할당합니다. 메모리 공간의 크기는 언어별, 라이브러리별로 다릅니다. 해시맵이 배열과 다른 점은 인덱스가 아닌 키를 사용하여 메모리 위치에 접근한다는 점입니다. 키는 숫자가 될 수도 있고 문자열이 될 수도 있습니다. 하지만 변하지 않는 사실은 그 키를 바탕으로 메모리의 특정 위치를 참조하는 방법을 구해야 한다는 점입니다. 해시 키를 메모리의 인덱스로 변환하는 알고리즘을 해시 알고리즘 또는 해시 함수라 하며 해시맵의 각 키는 해시 함수를 통해 메모리의 인덱스로 변환됩니다.

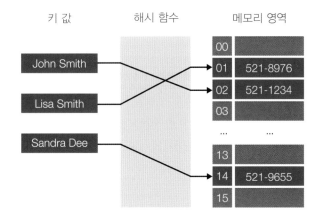

```
address_book = {"John Smith" : "521-1234", "Lisa Smith" : "521-8976", "Sandra Dee" : "521-9655"}
john = address_book["John Smith"]
```

그림과 같이 John Smith는 해시 함수에 의해 2번 인덱스에 저장했습니다. 즉, address_book["John Smith"]는 address_book[2]와 같은 의미입니다.

해시 함수에서는 서로 다른 키가 같은 인덱스를 참조하는 경우도 발생할 수 있습니다. 아래 그림에서 John Smith와 Sandra Dee가 같은 인덱스를 만들어 냈습니다. 그렇다고 문제를 일으키지는 않습니다. 앞에서 시간 복잡도가 최악의 상황일 때 O(n)이라고 얘기한 것 기억하나요? O(n)이 되는 경우 모든 키가 같은 인덱스를 가지는 상황을 얘기합니다. 여러 키가 같은 주소를 참조하는 경우 각 키에 연결된 값들은 차례대로 탐색하면서 찾고자 하는 키를 다시 한번 확인합니다. 해시 값이 많이 겹쳐질수록 탐색 시간은 오래 걸립니다. 해시 함수의 성능은 이 해시 값이 얼마나 겹치지 않게 만들어 내는지에 따라 좌우됩니다. 모든 키가 다른 해시 값을 갖는 경우 시간 복잡도는 O(1)이 되고, 모든 키가 같은 해시 값을 가지는 경우 시간 복잡도는 O(n)이 됩니다. 이 해시 함수를 잘 만들기 위한 연구는 지금도 계속 진행되고 있습니다.

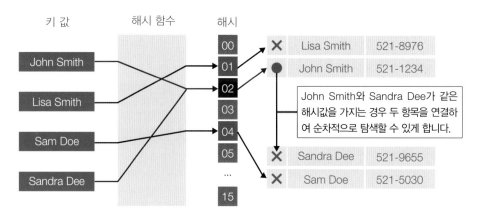

사실 해시는 여러분의 생활과도 많이 밀접해 있습니다. SNS에서 해시태그^{hashtag}를 달아보거나 검색해 본 적 있나요? 여기서 말하는 해시태그는 우리가 이번 장에서 설명한 해시와 비슷한 개념입니다. 해시태그가 같으면 해시함수에 의해 같은 인덱스를 반환합니다. 그 결과, 같은 해시태그를 사용하는 항목은 같은 메모리 공간에 저장되어 있기 때문에 SNS에서 쉽고 빠르게 확인할 수 있는 이유가 됩니다.

해시맵의 제약
앞에서 이야기한대로 전화번호부 등 키와 값이 쌍으로 존재하여 키를 통해 값을 빠르게 얻어올 필요가 있을 경우에 많이 사용합니다. 이와 반대로, 해시맵은 정렬이 보장되지 않기 때문에 정렬 순서에 의존하는 경우 사용에 제약이 있습니다.

10 SHADOWS OF THE KNIGHT

폭탄의 위치를 찾는 가장 빠른 방법

MEDIUM

이 게임은 2개의 에피소드로 이루어져 있습니다. 이번 단계의 퍼즐을 풀면 다음 에피소드에 도전해 볼 수 있습니다. 하지만 두 번째 에피소드는 고급 문제로 상당히 어렵습니다. 조금 더 특별한 알고리즘이 필요합니다.

🔗 https://www.codingame.com/training/medium/shadows-of-the-knight-episode-1

이 게임의 목표는 건물에 설치된 폭탄의 위치를 찾는 것입니다. 하지만 폭탄이 언제 터질지 모르니 최대한 빠르게 폭탄을 찾아야 합니다. 이 게임을 통해 여러분은 이진 탐색을 학습합니다.

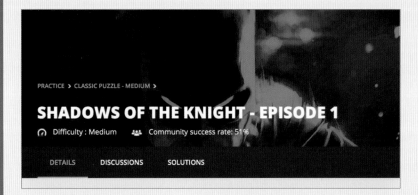

◎ The Goal_게임의 목표

건물 어딘가 인질이 있는 방에 폭탄이 설치되어 있습니다. 배트맨의 임무는 창문을 넘나들면서 폭탄이 설치된 방을 찾아 폭탄을 제거하고 인질을 구출하는 것입니다. 배트맨은 창문 이곳 저곳을 자유롭게 점프하며 다닐 수 있습니다. 하지만 폭탄이 터지기 전에 움직일 수 있는 횟수는 제한되어 있으니 서둘러야 합니다.

✔ Rules_게임의 규칙

점프를 하기 전, 턴마다 열 감지 장치가 폭탄이 어디에 있는지 배트맨에게 알려줍니다. 폭탄의 위치는 배트맨의 현재 위치를 기준으로 8개의 방향 중 하나로 알려줍니다.

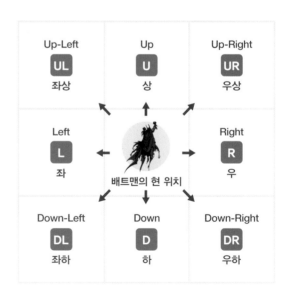

여러분의 임무는 열 감지 장치 프로그램을 작성하여 배트맨에게 어느 방을 확인할지 지정하는 것입니다. 폭탄이 터지기 전에 가능한 빨리 폭탄이 있는 방에 도착해야 합니다. 건물은 사각형 배열의 창문으로 구성되어 있습니다.

📖 Game Input_게임의 입력 및 출력 값

프로그램의 입력은 2가지 방식으로 들어옵니다. 먼저 게임 시작 시 게임의 기본 데이터가 한 번 들어옵니다. 그 이후 턴마다 폭탄의 위치 정보를 입력 받습니다. 배트맨이 이동할 위치를 출력한 좌표는 다음 턴의 입력을 위해 사용됩니다.

■ Initialization input_처음에 입력 받는 초깃값

첫 번째 라인: 2개의 정수 W, H를 입력 받습니다. 여기서 (W, H)는 건물의 너비(width)와 높이(height)입니다. 이 값을 기반으로 창문의 위치를 파악합니다.

두 번째 라인: 1개의 정수 N을 입력 받습니다. 폭탄이 터지기 전까지 배트맨이 이동할 수 있는 최대 횟수입니다.

세 번째 라인: 2개의 정수 X0, Y0을 입력 받습니다. 배트맨의 현재 위치를 표현합니다.

■ Input for one game turn_턴마다 입력 받는 값

폭탄의 방향을 알려주는 문자열인 UL, U, UR, L, R, DL, D, DR 중 하나가 입력됩니다.

■ Output for one game turn_턴마다 출력해야 할 값

2개의 정수 X, Y를 출력해야 합니다. X, Y는 공백으로 구분합니다. (X, Y)는 배트맨이 이동할 다음 창문의 위치를 나타냅니다. X는 창문의 가로 방향의 좌표이고, Y는 창문의 세로 방향의 좌표입니다. 좌표의 원점(0, 0)은 좌상단입니다.

■ Constraints_제약사항

$1 \leq W \leq 10000$

$1 \leq H \leq 10000$

$2 \leq N \leq 100$

$1 \leq X, X0 \leq W$

$1 \leq Y, Y0 \leq H$

매 턴 응답 시간 $\leq 150\text{ms}$

📖 Example_예제

다음의 경우를 살펴보겠습니다.

초기 입력	출력 없음
10 10 # 전체 창의 개수는 100개입니다(10x10). 6 # 배트맨은 최대 6번의 점프를 할 수 있습니다. 2 5 # 배트맨의 현재 위치는 (2, 5)입니다. 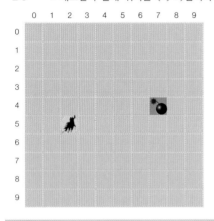	# 그림과 같이 배트맨의 위치는 (2, 5)이고 폭탄의 위치는 (7, 4)입니다. 물론 현재 상태에서 배트맨은 폭탄의 위치를 알 수 없습니다.

1턴 입력	1턴 출력
UR # 폭탄은 배트맨의 위치에서 우상 방향에 있습니다. 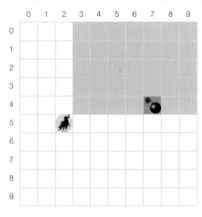	5 4 # 폭탄은 배트맨 기준 우상 방향의 범위 안에 있습니다. 나머지 영역은 찾지 않아도 됩니다. 배트맨을 오른쪽 위(5, 4)로 조금 이동하겠습니다.

2턴 입력	2턴 출력
R # 폭탄은 배트맨의 오른쪽 방향에 있습니다. 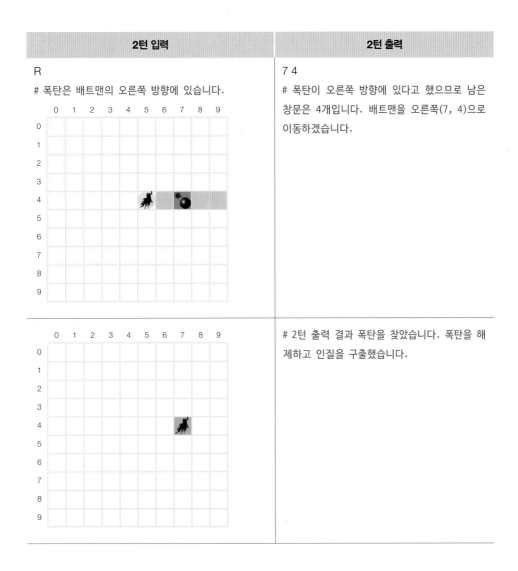	7 4 # 폭탄이 오른쪽 방향에 있다고 했으므로 남은 창문은 4개입니다. 배트맨을 오른쪽(7, 4)으로 이동하겠습니다.
	# 2턴 출력 결과 폭탄을 찾았습니다. 폭탄을 해제하고 인질을 구출했습니다.

10-2 어떻게 풀까요?

폭탄을 찾는 가장 쉬운 방법은 맨 위쪽 첫 번째 방부터 하나씩 모두 뒤져 보는 것입니다. 이 방법을 쓰면 폭탄을 확실히 찾을 수 있습니다. 다만 시간이 오래 걸릴 뿐이죠. 물론 운이 좋으면 빨리 찾을 수 있겠지만 매번 운이 좋다고 장담할 수는 없습니다. 예를 들면 다음과 같이 반복문을 이용해 코드를 작성하면 되겠죠.

```
for y in range(height):
    for x in range(width):
        print("%d %d" % (x, y))
```

또 다른 방법으로는 그냥 찾을 때까지 무작위로 찍는 방법이 있습니다. 다음과 같이 코드를 작성할 수 있겠군요.

```
x = random.randint(0, width - 1)
y = random.randint(0, height - 1)
print("%d %d" % (x, y))
```

장난하냐고요? 장난이 아닙니다. 조금 고급스럽게 찍는 방법을 이제 얘기하려고 합니다. 입력 값을 통해 폭탄의 방향을 알고 나면 더 이상 찾을 필요 없는 창문과 찾아야 하는 창문을 구분할 수 있습니다. 게임 시작 시 창문의 탐색 범위를 설정한 후 폭탄의 방향을 알려줄 때마다 더 이상 찾을 필요가 없는 구간을 제거하면서 범위를 좁혀 나가면 최종적으로 남아 있는 곳에 폭탄이 있음을 알 수 있습니다.

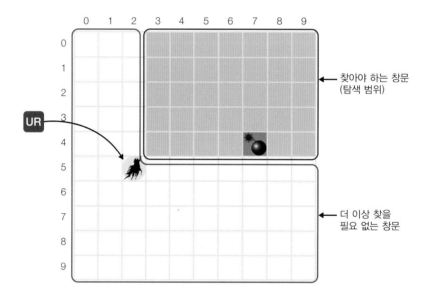

설명을 쉽게 하기 위하여 건물 1층으로 범위를 한정해서 폭탄을 찾는 경우를 가정해 보겠습니다. 그림과 같이 10개의 창문이 있는 건물이 있습니다. 배트맨의 현재 위치는 5번에 있으며 열 감지 장치는 폭탄의 방향을 R(오른쪽)이라고 했습니다. 그러므로 배트맨의 위치를 포함하여 왼쪽에 있는 창문은 더 이상 확인해 보지 않아도 됩니다. 매 턴 폭탄의 방향을 입력 받을 때마다 자연스럽게 탐색해야 할 창문의 범위를 좁히게 됩니다.

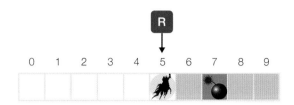

폭탄이 있는 범위의 최솟값을 min_x로 두고, 최댓값을 max_x라고 했을 때 처음에 min_x는 0이고 max_x는 9가 됩니다. 배트맨의 현재 위치가 5번이고 폭탄의 방향이 오른쪽이라 했으므로 min_x를 0에서 6으로 변경합니다. 이와 같은 방식으로 코드를 작성해 보겠습니다. 남아 있는 창문 중 하나를 고르는 방법은 찍도록(무작위) 하겠습니다.

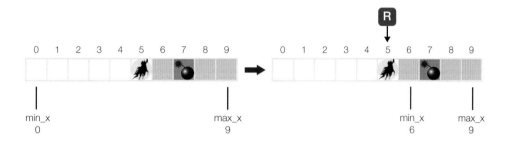

```
# 폭탄은 min_x와 max_x 사이에 있습니다(inclusive).
min_x = 0
max_x = width - 1    # 마지막 방의 인덱스, 그림에서는 9가 됩니다.
x = input()          # 배트맨의 현재 위치, 그림에서는 5가 입력됩니다.

while True:
    bomb_dir = input()
    if 'R' in bomb_dir:
        # 폭탄이 배트맨의 오른쪽에 있으므로 왼쪽에 있는 창문은 더 이상 찾을 필요가 없습니다.
        # min_x를 배트맨의 위치 +1로 옮깁니다.
        min_x = x + 1
    elif 'L' in bomb_dir:
        # 폭탄이 배트맨의 왼쪽에 있으므로 오른쪽에 있는 창문은 더 이상 찾을 필요가 없습니다.
        # max_x를 배트맨의 위치 -1로 옮깁니다.
        max_x = x - 1
    min_x와 max_x 사이에서 임의의 값을 출력한다.
```

while문을 수행할수록 min_x와 max_x의 범위(탐색 범위)가 점점 좁혀지는 것을 알 수 있습니다. 반복문을 계속 수행하다 보면 결국에는 min_x와 max_x가 일치하게 됩니다. 그 위치가 바로 폭탄이 설치되어 있는 방입니다. min_x와 max_x 구간 중 무작위로 출력하는 부분을 제외하면 꽤 그럴싸한 방식의 문제 풀이 방식입니다. 하지만 방을 선택하는 것을 무작위에 의존하기 때문에 문제 풀이에 걸리는 시간은 매번 들쭉날쭉합니다. 배트맨이 다음 턴에 점프할 방 위치를 더 좋은 방법으로 지정할 수 없을까요?

조금 다르게 생각해 볼까요? 턴마다 더 이상 찾을 필요 없는 창문의 범위를 최대한 크게 할 수 있다면 탐색 구간을 빠르게 좁힐 수 있습니다.

그림과 같이 배트맨의 위치가 3이라고 할 때, 폭탄이 왼쪽에 있다면 남은 탐색 범위는 3이지만, 폭탄이 오른쪽에 있다면 남은 탐색 범위는 6입니다. 그렇다면 배트맨을 어디로 이동시킬 때 탐색 구간이 가장 많이 줄어들까요? 바로 남은 탐색 범위의 중간에 두는 것입니다. 그럴 경우 폭탄이 왼쪽에 있건 오른쪽에 있건 항상 탐색 구간은 반으로 줄어듭니다. 이와 같이 남은 탐색 구간을 반으로 줄이면서 원하는 값을 찾는 탐색을 이진 탐색binary search이라고 합니다. 남은 탐색 구간을 반(2)으로 줄이기 때문에 숫자 2를 의미하는 바이너리binary라고 부릅니다.

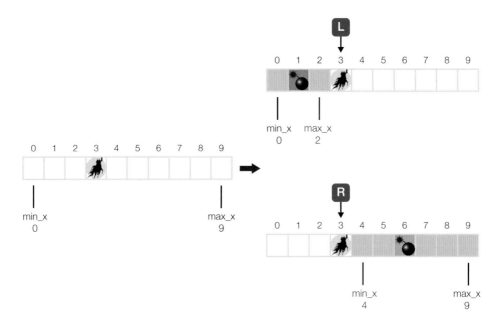

10-3 필요한 알고리즘은?

어릴 때 친구들과 하던 놀이를 하나 떠올려 보겠습니다. 제가 어릴 때 친구와 했던 놀이 중에 1에서부터 100까지의 숫자를 머릿속에 떠올린 후 최대한 빠르게 그 숫자를 맞추는 놀이가 있었습니다.

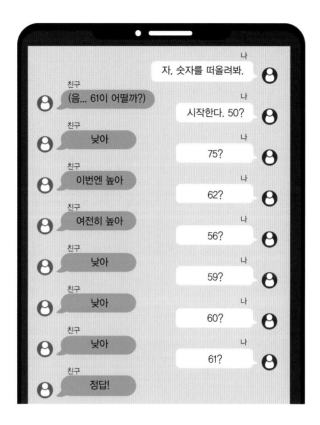

저는 어떻게 정답을 찾았을까요? 앞에서 남은 탐색 구간을 가장 많이 줄이는 방법은 남은 탐색 범위의 중간 값을 선택하는 것이라고 했습니다. 바로 그 점을 이용했습니다. 1에서 100 사이의 중간 값은 50입니다. 사실 (1+100) / 2 = 50.5입니다만, 정답은 정수이므로 소수점을 제거했습니다. 친구가 50은 정답보다 낮은 수라고 했으니 [1~50] 구간은 정답에서 제거되었습니다. 남은 구간은 [51~100]입니다. [51~100]의 중간 값을 다시 확인해 볼까요? (51+100) / 2 = 75.5입니다. 소수점을 역시 버리고 75를 불러봅니다. 이번엔 정답보다 높은 수라고 했습니다. 그러므로 [75~100] 구간이 다시 제외됩니다. 남은 구간은 [51~74]입니다. 중간 값을 계속 찾아볼까요? (51+74) / 2 = 62.5입니다. 62를 답했으나 62는 여전히 높다고 했으니 [62~74]는 걸러졌습니다. 남은 범위는 [51~61]입니다. 이러한 방식으로 범위를 점점 좁혀 보면 [57~61] → [60~61] → [61]로 탐색 구간이 줄어들었습니다. 탐색 구간이 하나 남았을 때 바로 그 값이 정답입니다. 이해했나요? 축하합니다. 여러분은 이제 이진 탐색을 배웠습니다.

이진 탐색

이진 탐색은 정렬되어 있는 데이터에서 탐색 구간을 반으로 줄여 나가면서 특정 값을 찾아내는 알고리즘입니다.

숫자 놀이에서 탐색 구간이 줄어드는 상황을 그림으로 그려 다시 설명하겠습니다.

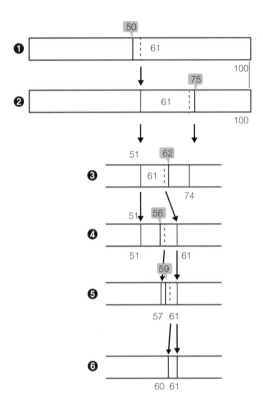

❶ 처음 추정 값은 [1~100] 구간의 중간 값인 50입니다. 하지만 정답은 50보다 크네요. [1~50]은 탐색 구간에서 제외됩니다.

❷ 다음 구간인 [51~100]의 중간 값은 75입니다. 이번엔 정답이 75보다 작은 관계로 75보다 큰 구간을 제거합니다. 남은 구간은 [51~74]입니다.

❸ [51~74] 구간의 중간 값은 62입니다. 정답에 매우 근접했습니다. 아쉽지만 정답은 아닙니다. 남은 구간은 [51~61]입니다.

❹ [51~61] 구간의 중간 값은 56입니다. 정답이 바로 코앞이었는데 멀어졌네요. 하지만 정답을 모르는 상황이니 탐색 구간을 계속 반으로 줄여 나갑니다. 남은 구간은 [57~61]입니다.

❺ [57~61]의 중간 값은 59입니다. 고지가 멀지 않았습니다. 남은 구간은 [60~61]입니다.

❻ [60~61]의 중간 값은 60입니다. (60 + 61) / 2 = 60.5입니다. 프로그래밍 언어에서 정수형 표현은 보통 소수점 이하를 버리기 때문에 중간 값이 60이 됩니다. 남은 구간은 [61]뿐이니 다음 턴에는 정답을 찾을 수 있습니다.

이와 같이 탐색 구간의 크기를 반으로 줄여 나가면서 탐색 범위를 좁혀 나가는 것이 이진 탐색의 핵심입니다.

실생활에서 이진 탐색을 하는 비슷한 경우는 사전에서 단어를 찾는 경우를 생각해 볼 수 있습니다. 특정 단어를 사전에서 찾는 경우 보통 해당 글자가 있음직한 페이지를 먼저 펼쳐보고 그 페이지에 있는 단어와 여러분이 찾는 단어를 비교합니다. 펼쳐진 페이지에 있는 단어가 여러분이 찾는 단어보다 앞선 글자라면 페이지를 조금 뒤로 넘기고 반대의 경우라면 앞으로 넘깁니다. 그러한 방식으로 몇 페이지를 넘기다 보면 찾는 단어가 있는 페이지를 펼치게 됩니다. 사실 우리가 사전을 찾을 때는 정확히 절반씩 탐색 구간을 줄이지는 않습니다. 우리의 뇌는 생각보다 더 똑똑해서 찾으려는 단어가 남은 구간의 어느 지점에 있을지 더욱 잘 예측하기 때문에 이진 탐색보다 더 빠르게 탐색 구간을 줄이곤 합니다. 하지만 남은 구간을 최대한 많이 줄여 나간다는 점에서 이진 탐색과 비슷하다 할 수 있습니다.

이진 탐색의 시간 복잡도

100개의 요소에서 내가 찾고자 하는 요소를 이진 탐색으로 찾는 경우 최대 몇 번 안에 찾을 수 있을까요? 이진 탐색은 탐색 구간이 매번 반으로 줄어든다 했으므로 매 턴 탐색 구간을 반으로 줄이면 탐색 구간은 $100 \rightarrow 50 \rightarrow 25 \rightarrow 12.5 \rightarrow 6.25 \rightarrow 3.125 \rightarrow 1.5625 \rightarrow 0.78125$로 줄어듦을 알 수 있습니다. 탐색 구간이 1 이하가 되었을 때 원하는 값을 100% 찾을 수 있습니다. 100개의 요소라면 최대 7번의 탐색이면 어떠한 경우에도 원하는 값을 찾을 수 있습니다.

이를 조금만 더 일반화하여 설명하겠습니다. N개의 요소 중에서 원하는 값을 찾는 경우 탐색 구간은 $N/2 \rightarrow N/2^2 \rightarrow N/2^3 \rightarrow \cdots \rightarrow N/2^k$으로 구간이 줄어듭니다. k번 탐색을 수행한 이후 탐색 구간이 1 이하로 줄어들었을 때의 k가 최대 탐색 횟수가 됩니다. 이를 수식으로 표현하면 다음과 같습니다.

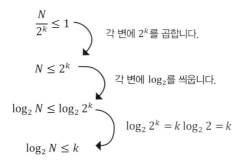

$$\frac{N}{2^k} \leq 1$$

각 변에 2^k를 곱합니다.

$$N \leq 2^k$$

각 변에 $\log_2$를 씌웁니다.

$$\log_2 N \leq \log_2 2^k$$

$$\log_2 2^k = k \log_2 2 = k$$

$$\log_2 N \leq k$$

즉, N개의 요소 중 원하는 값을 찾기 위한 최대 탐색 횟수는 $\log_2 N$이고 이를 시간 복잡도로 표현하면 $O(\log N)$으로 표기합니다. 앞의 예제의 경우 $\log_2 100 \cong 6.64$이고 6.64보다 큰 정수 중 최솟값은 7이므로 최대 탐색 횟수는 7번이 됩니다.

코드를 확인합시다. 임의의 배열에서 이진 탐색을 이용해 특정 값의 인덱스를 찾는 함수를 작성하면 다음과 같습니다.

```python
def binary_search(array, value):
    # low, high, mid는 모두 인덱스입니다.
    low = 0
    high = len(array) - 1

    while low <= high:
        # 최솟값과 최댓값의 중간 값을 확인하고 이를 찾으려는 값과 비교합니다.
        mid = (low + high) // 2
        if array[mid] > value:
            # 중간 값이 찾는 값보다 더 크면 중간 값보다 큰 값을 탐색 구간에서 제외합니다.
            high = mid - 1
        elif array[mid] < value:
            # 중간 값이 탐색 값보다 작으면 중간 값보다 작은 값을 탐색 구간에서 제외합니다.
            low = mid + 1
        else:
            # 값을 찾았습니다!
            return mid
    # while문이 종료되는 경우는 low가 high보다 커지는 경우입니다. 이는 모든 탐색을 마쳤음에도
    # 값을 찾지 못할 때 발생하는 상황입니다. 이때는 -1 또는 오류를 반환합니다.
    return -1
```

코드를 보면 중간 값의 비교 결과에 따라 high와 low의 범위가 좁혀지는 것을 알 수 있습니다. 이를 응용하여 이 문제를 풀어보겠습니다.

파이썬에서 // 연산은 나누기 연산의 결과를 정수형으로 반환하는 것입니다.

```python
mid = (1 + 100) // 2    # mid = 50
mid = (1 + 100) / 2     # mid = 50.5
```

10-4 풀어 봅시다

앞에서 풀어 본 숫자 맞추기 놀이와 배트맨 문제의 차이점은 맞춰야 하는 정답의 범위입니다. 숫자 맞추기 놀이에서는 1에서 100 사이의 숫자 하나를 맞춰야 하지만, 배트맨 문제의 경우 X와 Y값 즉, 층과 방 번호 두 숫자를 맞춰야 합니다. 숫자 맞추기에서는 내가 숫자를 말하면 상대방은 높다 또는 낮다 둘 중의 하나의 결과를 알려주지만, 배트맨 게임의 경우 현재 위치를 기준으로 8가지 방향 중 하나를 알려줍니다. 이진 탐색은 배웠지만 어떻게 적용해야 할지 잘 모르겠습니다.

X와 Y를 동시에 생각하기 힘들다면 둘을 나눠 볼까요? 생각해 보면 위/아래 방향과 좌/우 방향은 사실 독립적입니다. 무슨 말이냐면 폭탄이 위쪽에 있건 아래쪽에 있건 좌우 방향에는 영향을 미치지 않는다는 뜻입니다. 다시 말하면 위/아래 탐색과 좌/우 탐색을 분리해서 생각할 수 있다는 뜻입니다. 이 점에 착안해서 x축과 y축을 분리하여 각각 이진 탐색을 수행하면 어떨까요? 이를테면 결과가 우상(UR, Upper Right)이라고 하면 y축은 위쪽에 있다는 얘기이고 x축은 오른쪽에 있다는 얘기입니다. y축은 위쪽에 있으니 아래쪽을 제거하면 되고, x축은 오른쪽에 있으니 왼쪽을 제거하면 됩니다. 이러한 방식으로 x축과 y축의 탐색 구간을 각각 줄여 나가고, 두 구간의 남은 범위가 모두 1이 되면 바로 그 지점이 폭탄이 설치되어 있는 장소입니다.

앞 절에서 배트맨을 무작위로 이동시킨 코드를 다시 가져오도록 하겠습니다.

```
# 폭탄은 min_x와 max_x 사이에 있습니다.
min_x = 0
max_x = width - 1
x = input()
while True:
    bomb_dir = input()
    if 'R' in bomb_dir:
        # 폭탄은 배트맨의 오른쪽에 있으므로 왼쪽에 있는 창문들은 더 이상 찾을 필요가 없습니다.
        min_x = x + 1
    elif 'L' in bomb_dir:
        # 폭탄은 배트맨의 왼쪽에 있으므로 오른쪽에 있는 창문들은 더 이상 찾을 필요가 없습니다.
        max_x = x - 1
    min_x와 max_x 사이 값 중 임의의 값을 출력한다.
```

기존의 코드에서 아래 부분의 무작위 출력만 이진 탐색을 이용하도록 수정하겠습니다.

```
min_x = 0
max_x = width - 1
x = input()
```

```
while True:
    bomb_dir = input()
    if 'R' in bomb_dir:
        min_x = x + 1
    elif 'L' in bomb_dir:
        max_x = x - 1
    x = (min_x + max_x) // 2
```

x축으로 이동하는 경우에 대한 이진 탐색 코드를 완료했습니다. 이 게임에서는 x축과 y축을 모두 찾아야 하므로 이 코드를 기본으로 하여 확장하겠습니다. 다만 이 게임에서 주의할 점이 한 가지 있습니다. 이 게임의 원점(0, 0)은 좌상단입니다. 원점이 상단일 경우 보통 위쪽 좌표를 min 값으로 아래쪽 좌표를 max 값으로 설정합니다. 하지만 폭탄의 방향 표현은 좌표와 상관없이 말하기 때문에 위쪽과 아래쪽이 혼동될 수 있습니다. 상하 좌표에 혼동되지 않기 바랍니다.

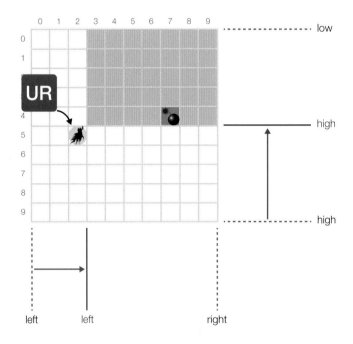

폭탄의 방향이 Up이지만 low가 아닌 high가 변경된다는 점에 유의하기 바랍니다.

```
low_y = 0
high_y = height - 1
left_x = 0
right_x = width - 1
```

```
while True:
    bomb_dir = input()
    if 'U' in bomb_dir:          # Up: 폭탄이 위에 있으므로 아래쪽은 더 이상 찾지 않습니다.
        high_y = y - 1           # 상하가 뒤집혀 있으므로 low가 아닌 high를 변경합니다.
    elif 'D' in bomb_dir:        # Down: 폭탄이 아래에 있으므로 위쪽은 더 이상 찾지 않습니다.
        low_y = y + 1            # 상하가 뒤집혀 있으므로 high가 아닌 low를 변경합니다.
    else:
        low_y = high_y = y       # 이곳이 폭탄이 설치되어 있는 방의 y 좌표입니다.

    if 'R' in bomb_dir:          # Right: 폭탄이 오른쪽에 있으므로 왼쪽은 더 이상 찾지 않습니다.
        left_x = x + 1
    elif 'L' in bomb_dir:        # Left: 폭탄이 왼쪽에 있으므로 오른쪽은 더 이상 찾지 않습니다.
        right_x = x - 1
    else:
        left_x = right_x = x     # 이곳이 폭탄이 설치되어 있는 방의 x 좌표입니다.

    x = (left_x + right_x) // 2
    y = (low_y + high_y) // 2
    x와 y 좌표를 출력한다.
```

중간 값을 계산한 후 출력하는 코드는 여러분께 맡기도록 하겠습니다.

10-5 더 생각해 봅시다

M×N 배열에서 시간 복잡도

우리가 정답을 찾기 위한 코드를 작성할 때 x축과 y축을 나눠서 계산했던 것을 기억하나요? M×N 배열에서 각 축의 시간 복잡도는 $\log_2(M)$과 $\log_2(N)$이 됩니다. 두 값 중 큰 값이 최대 횟수가 됩니다. 그러므로 M×N 배열에서 폭탄의 위치를 가장 빠르게 찾을 수 있는 횟수는 max($\log_2(M)$, $\log_2(N)$)입니다.

이진 탐색의 전제 조건

탐색할 데이터가 사전에 정렬되어 있어야 합니다. 정렬되어 있지 않다면 다음 단계에서 위로 가야 할지 아래로 가야 할지 알 수 없습니다. 이 문제의 경우 층과 방번호가 순서대로 매겨져 있기 때문에 이미 정렬된 것과 같습니다.

11 THE GIFT
돈을 나누는 가장 공평한 방식

MEDIUM

이 게임의 등장 인물은 영국 BBC 드라마 <닥터 후>에 나오는 외계종족 우드(Ood)와 해결사 역할을 하는 닥터입니다. 닥터는 타임머신 우주선을 타고 우드 행성에 착륙했습니다. 성년에 이른 한 우드를 위해 여러 우드들이 멋진 선물을 사주고 싶어 하지만, 각자 예산이 달라서 문제입니다.

🔗 https://www.codingame.com/training/medium/the-gift

여러 사람들이 돈을 모아 선물을 사려 합니다. 제한된 예산 안에서 모두가 최대한 공평하게 지출하는 방법을 찾아야 합니다. 여기서 '공평'하다는 말은 각자 동일한 금액을 낸다는 뜻이 아닙니다. 저마다 가진 금액이 다르기 때문입니다. 이 게임을 통해서 여러분은 탐욕 알고리즘을 학습합니다.

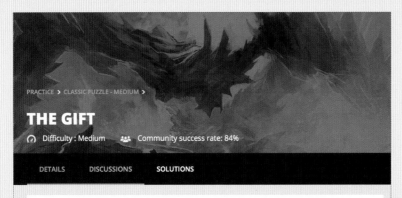

PRACTICE > CLASSIC PUZZLE - MEDIUM >

THE GIFT

🕐 Difficulty : Medium　　👥 Community success rate: 84%

DETAILS　　DISCUSSIONS　　**SOLUTIONS**

WHAT WILL I LEARN?　　★★★★☆ 781 👤

Greedy Algorithms

In this puzzle, you have to manipulate large lists and use simple math concepts (e.g. min, max, average) to optimize the value of a variable.

External resources: Greedy algorithm

STATEMENT

Given a list of persons and their budgets, and the price of the present they wish to buy, you have to find the amount each person gives. You have to find this optimal distribution that minimize the highest contribution.

> **SOLVE IT**

STORY

The TARDIS time-and-space-ship lands on a strange planet. The local aliens, the Oods, want to make a present for a fellow Ood, but they can't seem a way to figure out how to manage everyone's budget. Help the Doctor find a system to decide the contribution of each Ood.

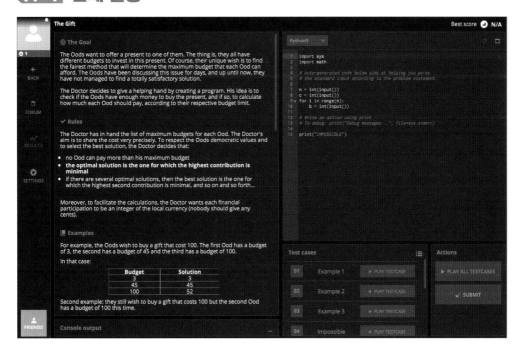

The Goal_게임의 목표

몇 명의 우드가 돈을 모아 선물을 사려고 합니다. 문제는 그들이 가진 돈이 저마다 다르다는 겁니다. 최대한 공평하게 비용을 지출하고 싶어 며칠을 고민했지만 만족할 만한 방법을 찾지 못했습니다. 닥터는 프로그램을 만들어 우드를 돕기로 합니다. 프로그램은 우드가 선물을 살 충분한 돈이 있는지 확인하고, 각자 지출해야 할 금액을 계산해야 합니다. 여러분은 닥터를 도와 프로그램을 완성해야 합니다.

Rules_게임의 규칙

닥터는 우드의 개별 예산 리스트를 가지고 있고, 최대한 개인의 지출 비용을 비슷하게 책정하려 합니다. 최적의 해결책을 찾기 위해 닥터는 다음과 같이 기준을 정했습니다.

- 모두 자신의 예산 내에서만 지출할 수 있으며, 각자의 지출 비용은 다를 수 있습니다. 우드 중 어느 누구도 본인의 가진 금액을 초과해서 지출할 수 없습니다.

- 가장 많은 비용을 내는 우드의 지출액을 최소한으로 합니다.

- 위 조건을 만족하는 최적의 방법이 여러 가지일 경우 두 번째로 많은 비용을 내는 우드의 지출액을 최소화하는 방법을 택하고, 그래도 같은 방법이 여러 가지라면 다음 순서로 많은 비용을 내는 우드의 지출액을 최소화합니다. 다시 말해 모든 우드가 최대한 서로 비슷한 액수의 비용을 지출하는 방법을 찾아야 합니다.

- 계산의 편의를 위해 모든 금액은 정수형으로만 지출합니다(100.5원 같은 금액은 낼 수 없습니다).

📖 Example_예제

예를 들어 우드 3명이 100원짜리 선물을 사려 합니다. 각각의 예산이 첫 번째 우드는 3원, 두 번째는 45원, 세 번째는 100원일 때 최적의 해결책은 다음과 같습니다.

예를 하나 더 들어 볼까요? 자, 3명이 다시 100원짜리 선물을 사려 합니다. 이번에는 예산이 각각 3원, 100원, 100원이라고 합시다. 이때 최적의 해결책은 다음과 같습니다.

📖 Game Input_게임의 입력 및 출력 값

■ **Input_입력 받는 값**

첫 번째 라인: 선물 구매에 동참하는 사람 수 N을 입력 받습니다.

두 번째 라인: 선물 가격 C를 입력 받습니다.

다음 N라인: 각각의 예산 B를 입력 받습니다.

Output_출력해야 할 값

– 돈을 모아 선물을 살 수 있다면 N라인을 출력하고, 각 라인에는 각각이 지출해야 할 금액을 출력합니다. 금액은 오름차순으로 출력합니다.

– 선물을 살 수 없다면 IMPOSSIBLE을 출력합니다.

■**Constraints_제약사항**

$0 \leq N \leq 2000$

$0 \leq C \leq 1000000000$

$0 \leq B \leq 1000000000$

예를 들어 3명의 우드가 다음과 같이 돈을 가지고 있을 경우 100원짜리 선물을 사기 위해 분배한 결과는 다음과 같습니다.

입력	출력
3	IMPOSSIBLE
100	
20	
20	
40	

입력	출력
3	33
100	33
40	34
40	
40	

입력	출력
3	1
100	49
100	50
1	
60	

11-2 어떻게 풀까요?

문제를 푸는 것보다 문제 파악이 더 어려울 때가 있습니다. 바로 이런 경우이죠. 문제 파악을 먼저 해 보겠습니다. 여럿이 돈을 모아 선물을 구매하려 합니다. 저마다 예산이 다르고 최대한 비슷하게 금액을 지출하여 선물을 구매하는 방법을 찾아야 합니다. 보통 여럿이 돈을 모아 물건을 살 때는 n분의 1로 나눠 내죠? 모두가 충분한 돈을 가지고 있는 경우는 아무런 문제가 되지 않습니다. 문제는 평균보다 적은 금액을 가지고 있는 사람이 있는 경우입니다. 예제를 몇 개 확인하면서 힌트를 얻어볼까요?

첫 번째 예제는 비교적 간단합니다. 선물 가격은 100원이고 3명이 가지고 있는 돈을 모두 합치면 80원으로 100원보다 적습니다. 3명이 가진 돈을 모두 모아도 선물 가격보다 적으므로 선물을 구매할 수 없습니다. 정답은 IMPOSSIBLE입니다.

입력		출력
3	# 인원 수(N)	IMPOSSIBLE
100	# 선물 가격(C)	
20	# 예산1(B)	
20	# 예산2(B)	
40	# 예산3(B)	

두 번째 예제를 볼까요? 3명이 모두 동일한 예산을 가지고 있고, 금액의 합계는 선물의 가격보다 많습니다. 이 경우라면 n분의 1로 나누면 됩니다. 선물 가격은 100원이고, 인원은 3명이니 평균을 내면 100/3≒33.33원입니다. 규칙에서 모든 금액은 정수형으로 처리한다고 했으므로 평균은 33원입니다. 1인당 33원씩 걷을 경우 33×3 = 99원이 되어 선물 비용이 1원 모자랍니다. 그러므로 1명이 1원을 더 내야합니다. 2명은 33원, 1명은 34원을 내므로 33, 33, 34를 출력합니다.

입력	출력
3 # 인원 수(N)	33
100 # 선물 가격(C)	33
40 # 예산1(B)	34
40 # 예산2(B)	
40 # 예산3(B)	

세 번째 예제를 보겠습니다. 선물의 가격은 100원, 인원수는 3명입니다. 평균 33원씩 내면 좋겠지만 1명이 가진 금액은 1원밖에 없습니다. 이 친구에게는 1원을 넘는 금액을 받을 수 없습니다. 일단 이 친구가 낼 수 있는 최댓값을 받아내고, 다른 친구들이 조금 더 내야겠습니다. 1원을 지출하고 남은 금액 99원의 평균 49를 다른 2명이 내도록 합니다. 두 번째 예제와 마찬가지로 49원씩 내면 비용이 1원 부족하므로 1명은 50원을 내야 합니다. 출력할 지출액은 1, 49, 50이 됩니다.

입력	출력
3 # 인원 수(N)	1
100 # 선물 가격(C)	49
100 # 예산1(B)	50
1 # 예산2(B)	
60 # 예산3(B)	

세 번째 예제에서 우리는 중요한 힌트를 얻을 수 있습니다. 먼저 1인당 평균액을 계산하고, 평균액보다 적은 예산을 가지고 있는 친구부터 우선적으로 금액을 걷습니다. 그 후 평균을 다시 계산합니다. 이 과정을 모든 친구들에게 금액을 걷을 때까지 반복합니다.

```
친구들의 예산을 받는다.
예산의 합을 구한다.
if 예산의 합이 선물 가격보다 적으면:
    print("IMPOSSIBLE")
else:
```

```
for i in range(전체 인원):
    선물 가격을 남아 있는 인원수로 나눈 평균을 구한다.
    가지고 있는 금액이 가장 적은 친구를 찾는다
    if 가지고 있는 금액이 평균보다 적다면:
        가지고 있는 금액만큼 받아낸다.
    else:
        평균만큼 받아낸다.
    선물 가격에서 받은 금액만큼을 차감한다.
```

이 문제는 복잡하게 생각하면 한없이 복잡합니다. 친구들이 낼 수 있는 금액의 모든 경우의 수를 계산하고 각 경우마다 얼마씩 지불했는지 확인한 후 지출한 금액 간의 편차가 최소가 되는 경우를 찾아야 합니다. 하지만 우리가 풀어 볼 방법은 모든 경우의 수를 확인하지 않습니다. 당장 가진 돈이 가장 적은 사람의 관점에서만 생각합니다. 그 친구에게 얼마를 받아야 할까 고민하고, 금액을 받아내면 그다음으로 돈이 적은 사람을 찾아냅니다. 이와 같은 과정을 모든 이에게 돈을 받아낼 때까지 반복합니다.

이 풀이법의 핵심은 가장 적은 금액을 들고 있는 친구부터 차례대로 받을 수 있는 최대한의 금액 또는 평균액을 받아내는 것입니다. 이와 같이 모든 경우의 수를 계산하기보다는 각 단계에서 할 수 있는 최선의 수만 생각하고, 이를 모아 전체적인 답을 찾아가는 알고리즘을 '탐욕 알고리즘'이라고 합니다.

11-3 필요한 알고리즘은?

탐욕 알고리즘

탐욕 알고리즘greedy algorithm은 최적의 해 또는 근사 해를 구하는 데 사용하는 방법으로, 문제를 여러 단계로 나누고 각 단계에서 최적의 수를 찾아낸 후 각 단계에서 판단한 최적의 수를 모아 문제의 최종 답을 찾는 알고리즘을 말합니다. 탐욕 알고리즘은 모든 경우의 수를 계산하는 데 시간이 오래 걸리거나 방법이 복잡한 경우 간단한 방법으로 비교적 빠르게 최적의 결과 또는 최적에 근사한 결과를 얻을 수 있을 때 주로 사용합니다.

이 문제는 탐욕 알고리즘을 사용하지 않고도 풀 수 있습니다. 바로 모든 경우의 수를 확인하는 것이죠. 이를 일명 무차별 대입법 또는 브루트-포스brute-force 방법이라고 합니다. 무차별 대입법은 알고리즘이라고 불리기는 조금 민망하지만, 모든 경우의 수를 다 계산하여 일일이 확인하기 때문에 시간은 오래 걸려도 정답은 확실히 찾을 수 있다는 장점이 있습니다.

두 번째 예제를 다시 봅시다. 3명의 친구가 각각 40원의 금액을 가지고 있습니다. 친구들은 1원부터 40원까지 금액을 낼 수 있으므로 가능한 조합은 $40 \times 40 \times 40 = 64000$가지입니다. 물론 1+1+1처럼 지출액의 합을 계산하여 선물 가격보다 적은 경우는 일찌감치 조건문에서 걸러지므로 64000가지 모든 경우를 다 확인하지는 않을 겁니다. 문제는 친구의 수가 많아지거나 금액이 커질수록 확인해야 하는 경우의 수도 크게 늘어난다는 것입니다. 그리고 기여도(가장 많은 금액을 낸 친구의 지불액 − 평균)가 최소가 되는 경우를 찾는 것도 생각보다 쉽지 않습니다. 가장 많이 지출한 친구의 기여도뿐만 아니라 두 번째, 세 번째 순으로 많이 지출한 친구의 기여도 또한 확인해야 하기에, 이는 코드를 작성하기도 쉽지 않고 시간도 많이 걸립니다. 아무래도 좋은 방법은 아닌 것 같습니다.

```
친구들의 예산을 받는다.
예산의 합을 구한다.
if 예산의 합이 선물 가격보다 적으면:
    print("IMPOSSIBLE")
else:
    친구들이 낼 수 있는 금액의 모든 조합을 구한다.
    선물 가격을 사람 수로 나누어 평균을 구한다.
    for 조합 in 모든 조합:
        if 금액의 합 >= 선물 가액:
            기여도 = 가장 많은 금액을 낸 친구의 지불액 − 평균
            가장 많은 금액을 낸 친구의 기여도가 최소가 되는 조합을 찾는다.
```

어떤 문제가 주어지면 문제를 파악하는 능력과 함께 어떤 알고리즘이 가장 효율적인지 알아내는 것은 매우 중요합니다. 어떤 알고리즘이 효율적인지 알아내는 것은 직관에 의존하기 때문에 문제를 많이 풀어 봐야 합니다. 여기서는 무차별 대입법 대신 탐욕 알고리즘을 이용해 문제를 풀려고 합니다. 탐욕 알고리즘은 특별한 코드가 있는 알고리즘이 아닌 개념적인 알고리즘입니다. 어떠한 문제에도 적용할 수 있지만, 문제마다 적용하는 방식은 모두 다릅니다. 다음 몇 가지 예를 통해 탐욕 알고리즘을 어떻게 적용하는지 보여드리도록 하겠습니다.

탐욕 알고리즘을 가장 잘 설명할 수 있는 예로 최소의 동전 개수로 거스름돈을 거슬러 주는 문제를 들 수 있습니다. 가게에서 물건을 구매하고 내주는 거스름돈을 최소한의 동전을 써서 지불하는 것이지요. 거슬러 줄 수 있는 동전은 500원, 100원, 50원, 10원짜리입니다. 이 동전을 이용하여 1140원을 거슬러 주는 경우를 생각해 보겠습니다. 지불해야 하는 동전의 개수를 최소화하려면 필요한 동전의 개수는 각각 몇 개일까요?

생각할 수 있는 몇 가지를 떠올려 보면 다음과 같습니다.

- 10원 동전으로만 거슬러준다면 10원 동전 114개가 필요합니다.
- 100원 동전과 10원 동전으로 거슬러 준다면 100원 동전 11개와 10원 동전 4개가 필요합니다.

    …

- 500원, 100원, 10원 동전으로 거슬러 준다면 500원 동전 2개, 100원 동전 1개, 10원 동전 4개가 필요합니다.

이 중 마지막 방법이 최적의 해로 보입니다. 이 문제의 정답을 찾는 방법은 어떠한 것이 있을까요? 앞서 언급했듯이 무차별 대입법으로 모든 경우의 수를 다 확인하는 것도 한 가지 방법입니다. 10원짜리부터 500원짜리까지 1140원을 만들 수 있는 모든 조합을 다 확인한 후 최소 동전 개수를 찾겠지요. 정답을 찾긴 하겠지만 빠르지는 않습니다.

그렇다면 더 좋은 방법은 없을까요? 다음으로 떠오른 해결책은 가장 큰 단위의 동전부터 차례대로 교환하는 것입니다. 무의식 중에 실생활에서 주로 사용하는 방법이지요. 가장 큰 동전부터 지불할 수 있는 최대한 많은 금액을 지불합니다.

1140원을 거슬러 주는 경우에 이 방법을 적용해 보겠습니다. 먼저 500원 동전 2개를 지불합니다. 남은 금액은 140원입니다. 그다음 가장 큰 동전은 100원입니다. 100원 동전 1개를 거슬러 주면 40원이 남습니다. 마지막으로 10원 동전 4개를 거슬러 주면 됩니다. 총 7개의 동전을 사용했습니다.

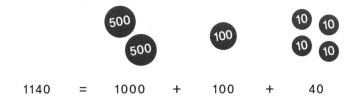

이 방식을 코드로 나타내면 다음과 같습니다.

```
money = 1140                    # 지불해야 하는 총 금액
coins = [500, 100, 50, 10]      # 각 동전의 크기를 배열에 담습니다(내림차순).
total_count = 0                 # 전체 동전의 개수를 담을 변수를 선언합니다.
for coin in coins:              # 큰 동전부터 하나씩 확인합니다.
    if money >= coin:           # 남은 금액을 동전으로 지불할 수 있는 경우
        count = money // coin   # 지불해야 하는 동전의 개수를 계산합니다.
        money -= coin * count   # 지불하고 남은 금액을 계산합니다.
        total_count += count    # 전체 동전의 개수를 더합니다.
print(total_count)
```

이와 같이 코드를 비교적 간단하게 작성할 수 있습니다. 바로 탐욕 알고리즘을 적용했기 때문입니다. 하지만 탐욕 알고리즘이 항상 최적의 해를 찾아 준다는 보장은 없습니다. 예를 들어 다음의 경우를 생각해 보겠습니다. 한국조폐공사에서 750원짜리 동전을 이번에 새로 만들었습니다. 그리하여 조금 전 거슬러 줬던 1140원을 다시 한번 계산해 보겠습니다.

- 새로 만든 750원 동전을 1개 사용합니다. 잔액은 390원입니다.

- 100원 동전 3개를 사용합니다. 잔액은 90원입니다.

- 50원 동전 1개를 지불합니다. 잔액은 40원입니다.

- 10원 동전 4개를 지불합니다. 잔액은 0원입니다.

총 9개의 동전을 사용했습니다. 이게 정답일까요? 아닙니다. 바로 이전 문제에서 1140원을 거슬러줬던 경우를 기억하나요? 500원 동전 2개, 100원 동전 1개, 10원 동전 4개, 총 7개의 동전으로 금액을 지불했습니다.

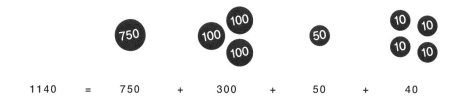

그런데 750원 동전이 새로 생기니 같은 방식으로 계산했지만, 동전은 9개가 필요합니다. 이처럼 탐욕 알고리즘이 항상 최적의 해를 찾는 것은 아닙니다. 그렇다면 언제 탐욕 알고리즘을 쓸까요? 그리고 왜 쓸까요? 그 이유는 탐욕 알고리즘은 최적의 해 또는 그와 가까운 해를 비교적 빠른 시간에 찾는다는 장점이 있어서입니다.

탐욕 알고리즘으로 최적의 해 찾기
탐욕 알고리즘이 항상 최적의 해를 찾는 경우도 있습니다. 다음 문제를 한번 풀어 볼까요?

데이터 센터에 슈퍼컴퓨터를 새로 들였습니다. 데이터 센터의 연구자는 모두 슈퍼컴퓨터를 이용하여 본인의 연구를 수행하길 원합니다. 최대한 많은 연구자의 요청을 충족시키기 위하여 슈퍼컴퓨터의 효율을 극대화해야 합니다. 여러분은 컴퓨터가 쉬는 시간 없이 최대한 많은 작업을 수행하도록 스케줄을 조정하는 프로그램을 작성해야 합니다.

여러 연구 과제가 있고 연구 시작일과 연구 종료일이 있습니다. 각 연구가 서로 겹치지 않고 최대한 많은 연구를 수행하도록 해야 합니다. 예를 들어 다음의 표를 살펴보겠습니다.

연구 과제	연구 시작일	연구 종료일
A	2	6
B	9	15
C	15	20
D	9	11

4개의 연구 과제가 있습니다. A는 2일에 연구를 시작해서 6일에 종료합니다. B는 9일에 시작해서 15일까지, C는 15일부터 20일까지, D는 9일부터 11일까지 슈퍼컴퓨터를 사용해야 합니다. 어떤 과제도 동시에 진행할 수 없습니다. 시작일과 종료일 또한 다른 과제와 겹치게 일을 할당할 수 없습니다. 예를 들어 B는 15일까지 연구를 종료해야 하므로 15일에 연구를 시작하는 C와 동시에 수행할 수 없습니다.

어떻게 풀어야 할까요? 총 4개의 과제이니 모든 경우의 수를 확인해도 그리 오래 걸리지 않을 것입니다. 4개의 과제를 모두 확인하는 경우의 수는 $2^4(=16)$입니다. $4!(=4 \times 3 \times 2 \times 1)$이 아니냐고 생각하는 분이 있을 수 있습니다. 하지만 이 문제는 연구 과제를 어떤 순서로 수행하는 문제가 아닙니다. 순서와 상관없이 각 과제를 수행할까 말까 하는 문제이기 때문에 2^4이 됩니다.

이 연구 과제를 시간순으로 나열하면 다음과 같습니다. 그림으로 그려 보니 쉽게 파악할 수 있군요. 정답은 바로 A-D-C순으로 과제를 진행하는 것입니다. 여기서 D, C와 겹치는 B는 과제를 수행하지 않습니다.

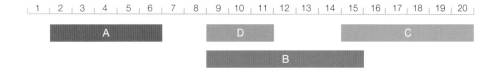

한 가지 예를 더 들어 보겠습니다. 이번에는 연구 과제가 A, B, C, D, E로 5개가 있는 경우입니다.

연구 과제	연구 시작일	연구 종료일
A	2	6
B	10	11
C	11	15
D	1	10
E	7	10

마찬가지로 그림으로 그려 볼까요? 역시 그림으로 그려 보니 A–E–C가 정답임을 한눈에 알 수 있습니다.

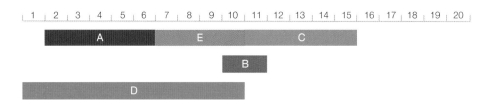

하지만 모든 경우가 이렇게 쉽게 그림으로 그려지는 것도 아니고 연구 과제의 개수가 많아지면 일일이 그리는 데도 한계가 있습니다. 문제를 푸는 가장 확실한 방법은 모든 경우의 수를 다 확인하는 것입니다.

```
연구 과제 목록을 얻어온다.
모든 경우의 수를 계산하여 배열에 담는다.
max_projects = 0
for 연구 과제 in 모든 경우의 수:
    연구 과제를 시간순으로 정렬한다.
    연구 과제가 서로 겹치지 않는지 확인한다.
    if 연구 과제를 모두 수행할 수 있다면:
        if 연구 과제의 개수 > max_projects:
            max_projects = 연구 과제의 개수
print(max_projects)
```

코드가 복잡하고 작성하기도 쉽지 않습니다. 눈치 빠른 독자들은 이쯤이면 '탐욕 알고리즘을 써야 하는구나' 하는 생각이 들 겁니다. 맞습니다. 이 문제에서 탐욕 알고리즘이 빛을 발휘합니다. 코드의 흐름을 보면 먼저 여러 연구 과제 중 지금 당장 선택할 수 있는 최선의 연구 과제를 선택합니다. 그 후 수행 가능한 연구 과제 중 최선의 연구 과제를 다시 선택합니다. 이 과정을 더 이상 선택할 연구 과제가 없을 때까지 반복합니다.

```
연구 과제 목록을 얻어온다.
while 수행 가능한 연구 과제가 남아 있는 동안:
    최선의 연구 과제를 선택한다.
    선택한 연구 과제와 기간이 겹쳐지는 항목을 제외한다.
```

이 방식으로 모든 경우의 수를 확인하는 것보다 훨씬 단순하게 코드를 작성할 수 있습니다. 하지만 아직 고민거리가 남아 있습니다. 어떤 기준으로 최선의 연구 과제를 선택해야 할까요? 과제 시작일이 가장 빠른 것인가요? 아니면 과제 수행 기간이 가장 짧은 것인가요? 문제에서 우리가 확인할 수 있는 데이터는 과제 시작일, 종료일 그리고 연구 수행 기간입니다. 이 3가지 중 하나가 선택 기준이 되겠군요.

- 연구 시작일이 가장 빠른 과제부터 선택해 나간다.
- 연구 기간이 가장 짧은 과제부터 선택해 나간다.
- 연구 종료일이 가장 빠른 과제부터 선택해 나간다.

앞서 언급한 예제의 경우를 다시 살펴보도록 할까요? 연구 시작일을 기준으로 과제를 선정하는 경우 시작일은 빠르지만 연구 기간이 긴 과제가 있는 경우에 문제가 발생합니다. 다른 연구 과제 2~3개를 할 수 있는데도 불구하고 시작일이 빠른 과제를 선택하면 연구 과제를 1개밖에 수행할 수 없는 상황이 발생합니다. 그러므로 연구 시작일은 선택 기준이 될 수 없습니다.

연구 시작일이 가장 빠른 D를 선택하면 A와 B를 수행할 수 없으므로 연구 시작일은 선택 기준이 될 수 없습니다.

다음으로 연구 기간이 짧은 과제부터 선택해 보죠. 연구 기간이 짧을수록 더 많은 과제를 수행할 수 있기 때문에 언뜻 보면 맞는 것 같습니다. 그러나 아래 경우처럼 연구 기간은 짧지만 다른 두 과제 사이에 놓여 있는 경우 오히려 좋지 않은 선택이 될 수 있습니다. 그러므로 이 또한 정답이 아닙니다.

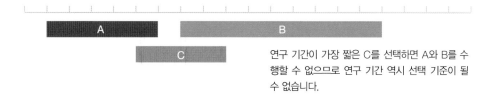

연구 기간이 가장 짧은 C를 선택하면 A와 B를 수행할 수 없으므로 연구 기간 역시 선택 기준이 될 수 없습니다.

남은 기준은 연구 종료일이 가장 빠른 것부터 선택하는 것입니다. 연구를 빨리 끝낼수록 새로운 연구를 바로 수행할 수 있기 때문에 이는 올바른 선택 기준이 됩니다. 앞선 예제를 다시 확인해 볼까요? 첫 번째 예제의 경우 연구 종료일 기준으로 정렬하면 A-D-B-C의 순서이고 연구 기간이 겹치는 B를 제외하면 A-D-C가 정답임을 쉽게 알 수 있습니다.

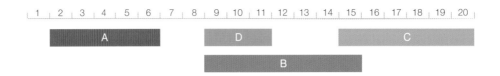

두 번째 예제의 경우 연구 종료일 기준으로 정렬하면 A-E=D-B-C입니다. E와 D는 같은 날에 연구가 종료되지만, 연구 종료일이 가장 빠른 A를 선택하는 순간 과제 수행 기간이 겹치는 D가 제외되므로 그다음 선택은 E가 됩니다. E를 선택하는 순간 마찬가지 이유로 B가 제외됩니다. 남은 것은 C뿐입니다. 그러므로 정답은 A-E-C입니다.

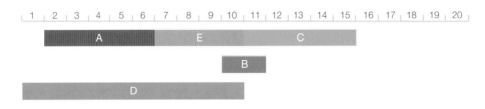

이를 기준으로 코드를 조금 더 다듬어 볼까요?

```
연구 과제 목록을 얻어온다.
# 정렬을 하는 이유는 과제 종료일이 가장 빠른 것부터 처리하기 위함입니다.
연구 과제를 종료일 기준으로 정렬한다.
while 수행 가능한 과제가 남아 있는 동안:
    목록의 맨 앞의 과제를 선택한다.
    선택한 과제와 기간이 겹쳐지는 항목을 제외한다.
선택한 과제를 출력한다.
```

연구 기간이 겹치는 과제를 제외하기 위해서는 배열에서 항목을 제거하는 방법과 if문을 이용하여 연구 기간이 겹치는 과제를 지나치는 방법이 있습니다. 사실 이 문제는 코딩게임의 고급 문제에 있는 Super Computer 문제입니다. The Gift와 마찬가지로 탐욕 알고리즘을 이용하면 쉽게 풀 수 있는 문제입니다. The Gift를 푼 이후 Super Computer도 꼭 풀어 보기 바랍니다. The Gift를 풀었다면 Super Computer도 충분히 풀 수 있으리라 생각합니다.

탐욕 알고리즘에서 가장 어려운 점은 이 문제에 탐욕 알고리즘을 써야 할지 다른 알고리즘을 써야 할지 알아내는 것입니다. 그리고 탐욕 알고리즘 적용 시 최선의 선택 기준을 어떻게 알아내느냐 하는 것입니다. 이를 단번에 알아내는 쉬운 방법은 없습니다. 한 가지 팁은 있습니다. 문제를 푸는 방법이 모든 경우의 수를 확인해야 하고, 또 그 경우의 수가 기하급수적으로 늘어나는 경우라면 탐욕 알고리즘을 고려해볼 만하지요. 최선의 선택 기준은 주어진 데이터에서 판단할 수 있는 항목을 모두 열거하고, 제가 시도했던 것처럼 하나씩 제거하면서 확인하는 것이 한 가지 방법이 될 수 있습니다.

11-4 풀어 봅시다

다시 The Gift 문제로 되돌아갑시다. 이 문제를 탐욕 알고리즘을 이용하여 풀 때 어떤 기준을 정해야 최선의 선택을 할까요? 이 문제에서 한 가지 확실한 것은 평균보다 적은 금액을 가지고 있는 친구는 가지고 있는 모든 돈을 지출해야 한다는 점입니다. 이 점이 중요한 힌트가 됩니다. 즉, 가장 적은 금액을 가지고 있는 사람부터 얼마를 낼지 정해야 한다는 뜻입니다.

모든 이들의 예산을 정렬하여 가장 적은 금액을 가진 친구부터 1명씩 평균액 또는 금액 전부를 지출하도록 합니다. 지출한 금액만큼 선물 가격에서 차감한 후 남아 있는 인원으로 평균을 재계산합니다. 이 과정을 모든 친구가 금액을 지출할 때까지 반복합니다.

```python
budgets = [int(input()) for i in range(n)]      # n명의 예산을 입력 받아 budgets에 저장합니다.
budgets = sorted(budgets)                        # budgets에 담겨 있는 금액을 오름차순으로 정렬합니다.
remaining = n                                    # 금액을 아직 지출하지 않은 사람의 숫자입니다.

for i in range(n):
    budget = budgets[i]                          # 가장 최소 금액부터 차례대로 확인합니다.
    avg = cost // remaining                       # 현재 잔액을 남아 있는 사람의 수로 나눈 평균을 구합니다.
    if budget < avg:                             # 평균보다 적은 예산을 가지고 있으면 전액을 받습니다.
        cost -= budget
    else:                                        # 평균 이상의 금액을 가지고 있으면 평균만 받습니다.
        cost -= avg
    remaining -= 1                               # 금액을 받았으므로 남은 인원을 1 감소합니다.
```

각 인원이 지출하는 금액을 출력하는 부분은 생략했습니다. 이 부분은 여러분이 채워 넣길 바랍니다. 1명씩 금액을 지출하도록 한 이유는 평균보다 적은 금액을 지불하면 나머지 사람들이 지출해야 하는 평균 액수가 올라가기 때문입니다. 또한 1명씩 처리하기 때문에 정수로 나눠 떨어지지 않는 경우도 문제없이 처리할 수 있습니다.

11-5 더 생각해 봅시다

무차별 대입법 / 동적 프로그래밍

탐욕 알고리즘을 쓰지 않을 경우 어떤 방식으로 문제를 풀 수 있을까요? 무차별 대입법처럼 모든 경우를 전부 대입해서 확인하는 무식하지만 확실한 방법이 있습니다. 또는 15장의 ROLLER COASTER에서 소개할 동적 프로그래밍$^{dynamic\ programming}$ 방법으로도 풀 수 있습니다.

외판원 문제

탐욕 알고리즘은 언제 사용할까요? 탐욕 알고리즘은 크게 2가지 경우에 사용합니다. 첫 번째는 탐욕 알고리즘으로 최적의 해를 찾을 수 있는 경우에 사용합니다. 탐욕 알고리즘은 다른 알고리즘에 비해 코드를 쉽게 작성할 수 있고 처리 속도 또한 뛰어납니다.

두 번째는 최적의 해를 계산하는 데 시간이 오래 걸리는 문제의 경우 탐욕 알고리즘을 이용하면 적당히 빠르면서 괜찮은 근사해를 찾을 수 있습니다.

대표적인 문제로는 외판원 문제$^{travelling\ salesperson\ problem}$가 있습니다. 외판원 문제를 간단히 설명하면 여러 도시를 최소 비용으로 단 한 번씩만 방문하는 이동 경로를 찾는 문제입니다. 문제는 간단하지만 풀이는 그렇지 않습니다. 도시의 개수가 n개라면 이동 가능한 경로의 경우의 수는 모두 n!이기 때문입니다. 도시가 3개인 경우는 모두 6가지의 경로가 존재하지만, 도시가 10개라면 모두 3,628,800가지의 경로가 존재합니다. 이 때문에 이 문제를 쉽고 빠르게 푸는 방법은 아직까지 찾지 못했습니다.

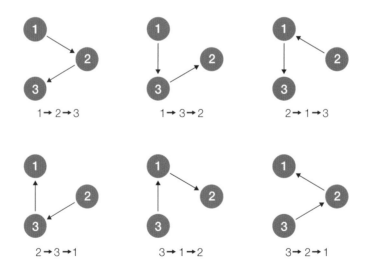

1→2→3   1→3→2   2→1→3

2→3→1   3→1→2   3→2→1

이 문제에 탐욕 알고리즘을 적용하면 최적해는 아니지만 비교적 쉽게 근사해를 구할 수 있습니다. 외판원의 현재 위치에서 아직 방문하지 않은 도시 중 가장 가까운 도시를 찾아 이동하는 것입니다. 이동한 도시에서 다시 방문하지 않은 도시 중 가장 가까운 도시를 찾습니다. 이와 같은 방식으로 모든 도시를 방문할 때까지 반복합니다. 최적의 정답을 찾지는 못하겠지만 비교적 빠른 시간에 근사해를 찾을 수 있는 방법입니다. 탐욕 알고리즘으로 찾은 경로는 최적의 경로보다 대략 25% 정도 더 많은 비용이 든다고 합니다. 그렇지만 탐색 비용은 훨씬 짧게 소요됩니다.

12

DWARFS STANDING ON THE SHOULDERS OF GIANTS
재귀 함수를 사용해 트리의 높이 구하기

'Dwarfs standing on the shoulders of giants'라는 말은 '거인의 어깨 위에 있는 난쟁이가 거인보다 더 멀리 본다' 라는 옛 구절입니다. 아이작 뉴턴Isaac Newton이 '내가 더 멀리 보았다면, 그것은 거인의 어깨 위에 서 있었기 때문입니다' 라고 인용하여 더 유명해진 말이기도 하죠. 새로운 발견은 그 이전에 있었던 여러 발견들의 토대 위에서 만들어진다는 얘기입니다.

🔗 https://www.codingame.com/training/medium/dwarfs-standing-on-the-shoulders-of-giants

이 게임의 목적은 그래프graph 자료구조의 한 종류인 트리tree 자료구조의 높이height를 계산하는 것입니다. 이 문제를 통해 여러분은 트리 자료구조를 어떻게 만들고, 트리의 높이를 계산하기 위해 재귀 함수recursive function를 사용하는 방법을 학습합니다. 트리 또는 그래프 자료구조는 프로그래밍에서 중요한 분야 중 하나이며, 구글, 페이스북, 트위터 등 많은 회사에서 기본 자료구조로 사용합니다.

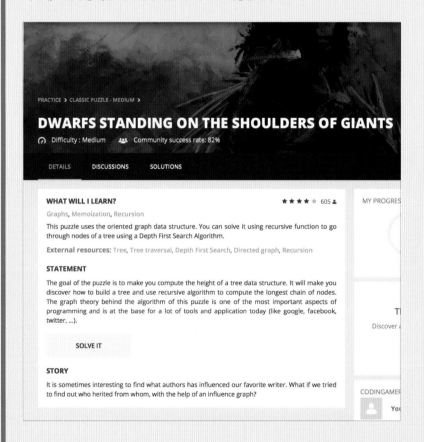

PRACTICE > CLASSIC PUZZLE - MEDIUM >

DWARFS STANDING ON THE SHOULDERS OF GIANTS
🎯 Difficulty : Medium   👥 Community success rate: 82%

DETAILS   DISCUSSIONS   SOLUTIONS

WHAT WILL I LEARN?   ★ ★ ★ ★ ★ 605 👤

Graphs, Memoization, Recursion

This puzzle uses the oriented graph data structure. You can solve it using recursive function to go through nodes of a tree using a Depth First Search Algorithm.

External resources: Tree, Tree traversal, Depth First Search, Directed graph, Recursion

STATEMENT

The goal of the puzzle is to make you compute the height of a tree data structure. It will make you discover how to build a tree and use recursive algorithm to compute the longest chain of nodes. The graph theory behind the algorithm of this puzzle is one of the most important aspects of programming and is at the base for a lot of tools and application today (like google, facebook, twitter, ...).

SOLVE IT

STORY

It is sometimes interesting to find what authors has influenced our favorite writer. What if we tried to find out who herited from whom, with the help of an influence graph?

MY PROGRES

CODINGAMER

Yo

12-1 문제 설명

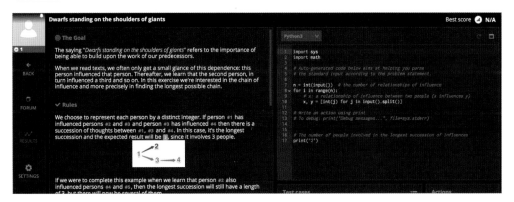

The Goal_게임의 목표

사람들은 서로 관계망을 형성하며 살아갑니다. 이 사람과 저 사람이 연결되어 있고, 저 사람은 또 다른 사람과 연결되어 있어 한 사람을 통해 네트워크의 많은 사람과 연결할 수 있습니다. 이번 문제를 통해 네트워크의 관계도에 대해 알아보고 여러 관계망 중에서 가장 긴 연결 관계를 찾아보겠습니다.

Rules_게임의 규칙

설명의 편의를 위해 각각의 사람을 숫자로 표현해 보겠습니다.

예를 들어 1번 사람이 2번과 3번 사람에게 어떤 영향을 미쳤고, 3번 사람은 4번 사람에게 영향을 미쳤다면 이들 사이의 영향력 관계도는 그림과 같습니다. 그림에서 보듯이 1번, 3번, 4번 사람 사이에 영향력 관계가 있고, 1번과 2번 사람 사이에도 영향력 관계가 있죠. 이 관계도에서 가장 긴 영향력 관계는 1 → 3 → 4이며 그 길이는 3입니다. 여기에서 '길이'란 관계망에 포함된 사람의 숫자입니다.

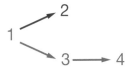

새롭게 사람이 추가되어 2번 사람이 4번과 5번 사람에게 영향력을 미친다면 영향력 관계도는 다음과 같습니다. 가장 긴 영향력 관계는 1 → 3 → 4와 1 → 2 → 4, 1 → 2 → 5의 관계이며, 그 길이는 모두 3입니다.

10번과 11번 두 사람이 또 추가되었습니다. 10번 사람은 1번, 3번, 11번 사람에게 영향력을 미칩니다. 가장 긴 영향력 관계는 10 → 1 → 2 → 5, 10 → 1 → 2 → 4, 10 → 1 → 3 → 4가 되며, 그 길이는 4입니다.

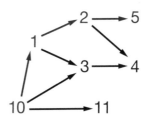

⚠ Note_주의사항

각 사람 간의 영향력은 한쪽 방향으로만 향합니다. 즉, 두 사람이 상호 간에 영향을 미칠 수 없습니다. 예를 들어 A가 B에게 영향을 미쳤다면 B는 A에게 영향을 미칠 수 없습니다. 이는 다른 사람을 거쳐가는 경우도 포함합니다(A → B와 B → C → A는 같은 경우는 발생할 수 없습니다). 또한 스스로에게 다시 영향을 미치는 경우도 배제합니다.

📑 Game Input_게임의 입력 및 출력 값

▪ Input_입력 받는 값

첫 번째 라인: 영향력 관계의 개수 N을 입력 받습니다.

다음 N라인: 두 정수 X Y를 입력 받습니다. 이는 X가 Y에게 영향을 미쳤다는 뜻으로 X → Y라 할 수 있습니다. 이 영향력 관계의 순서는 임의로 출력됩니다.

▪ Output_출력해야 할 값

가장 긴 영향력 관계의 길이, 즉 관계도에 포함되어 있는 사람의 숫자를 출력합니다.

▪ Constraints_제약사항

$0 < N < 10000$

$0 < X, Y < 10000$

📖 Example_예제

1 → 3 → 4가 가장 긴 영향력 관계이며, 길이로 3을 출력해야 합니다.

입력	출력	
3	3	
1 2		
1 3		
3 4		

10 → 1 → 2 → 5가 가장 긴 영향력 관계 중 하나이며, 따라서 4를 출력해야 합니다. 10 → 1 → 2 → 5말고도 다른 경로를 구할 수 있습니다. 어떤 경로를 택해도 상관없습니다. 최장 길이만 출력하면 됩니다.

입력	출력	
8	4	
1 2		
1 3		
3 4		
2 4		
2 5		
10 11		
10 1		
10 3		

1 → 2 → 3이 가장 긴 영향력 관계입니다. 출력할 길이는 3입니다. 예제의 8번과 9번처럼 모든 영향력 관계가 연결되어 있지 않아도 상관없습니다.

입력	출력	
4	3	
2 3		
8 9		
1 2		
6 3		

12-2 어떻게 풀까요?

이번 문제는 정신을 바짝 차려야 합니다. 새로운 얘깃거리가 많이 나오거든요. 그럼 하나씩 살펴볼까요? 먼저 영향력 관계에 대해 얘기하겠습니다. 어떤 사람이 누군가에게 영향을 미치고, 영향을 받은 사람이 또 다른 사람에게 영향을 미친다는 것은 영향력에 방향성이 있다는 뜻입니다. 앞서 살펴본 예제에서 숫자들이 화살표로 연결되어 있는데 이 화살표가 영향력의 방향을 나타냅니다. A가 B에게 영향력을 미치고, B는 C에게 다시 영향력을 미치는 관계는 한 곳에서 시작한 흐름이 전체로 퍼지는 그림과 유사합니다. 이는 흡사 사람들 사이에 소문이 퍼지는 과정과 비슷하기도 합니다.

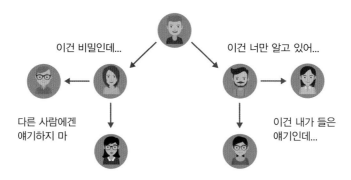

영향력의 시작점이 꼭 하나일 필요는 없습니다. 여러 곳에서 동시다발적으로도 일어날 수 있습니다. 하지만 그 방향성은 항상 한쪽에서 다른 쪽으로 흘러갑니다. 비유하자면 영향력의 관계망에서 시작점을 손끝으로 집어 올린다면 그 영향을 받는 모든 항목들이 모빌처럼 줄줄이 엮인다고 볼 수도 있겠네요.

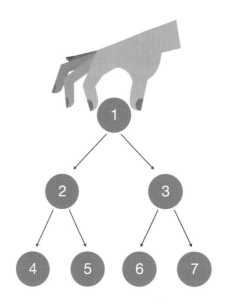

영향력 관계에서 길이란 영향력의 시작점부터 도착점까지의 거리를 말합니다. 위 그림에서 보면 각 항목 간의 거리를 1이라고 했을 때 1부터 시작해서 각각 4, 5, 6, 7까지의 거리를 말합니다. 1 → 2 → 4는 3개의 항목을 거쳐가므로 길이는 3입니다. 마찬가지로 시작점에서 맨 끝 항목까지 이어지는 다른 경로의 길이 역시 3입니다. 시작점부터 도착점까지의 거리를 모두 계산하고, 이 중 가장 큰 값을 출력하는 것이 이 문제의 정답입니다.

문제를 정리하면, 영향력의 시작점을 찾아 모든 도착점까지의 거리를 구한 후 그중 최댓값을 출력하면 됩니다. 항상 그래 왔듯이 말은 참 쉽죠. 이제 문제로 조금 더 들어가 보겠습니다. 먼저 문제에서 주어진 영향력 관계를 정확히 파악하고 이를 적절한 자료구조로 표현해야 합니다. 그림과 같이 연관 또는 종속 관계에 있는 여러 데이터를 표현하기에 적합한 자료구조로는 그래프가 있습니다.

12-3 필요한 알고리즘은?

그래프

그래프^{graph}는 참조 관계에 있는 데이터를 표현하는 데 적합한 자료구조입니다. 그래프는 정점^{vertex} 과 간선^{edge}으로 구성되어 있습니다. 정점은 데이터의 각 항목을 의미하고 간선은 각 정점을 연결하는 선을 의미합니다. 정점은 노드^{node}로 불리기도 하는데, 이 책에서도 '노드'라고 표현하겠습니다. 노드가 간선으로 연결되어 있다는 것은 한 노드와 다른 노드가 연결되어 있어 두 노드 간에 참조 관계가 있다는 뜻입니다. 그림에서 보면 4번 노드는 3번 노드와 10번 노드를 참조합니다. 또 3번 노드는 2번 노드와 8번 노드를 참조합니다.

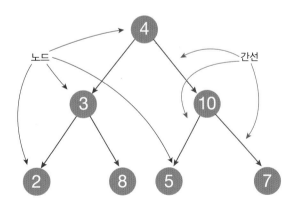

그래프는 노드의 방향성에 따라 양방향 그래프$^{undirected\ graph}$와 단방향 그래프$^{directed\ graph}$로 나뉩니다. 노드의 간선이 한쪽에서 다른 한쪽으로만 참조가 가능한 경우(A → B 또는 B → A)를 '단방향 그래프'라고 하고, 양쪽 노드 간에 서로 참조가 가능한 경우(A ↔ B)를 '양방향 그래프'라고 말합니다.

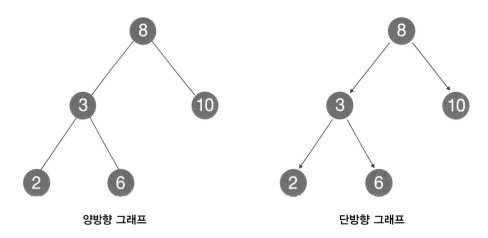

양방향 그래프   단방향 그래프

단방향 그래프에서는 참조하는 방향을 화살표로 표시하지만, 양방향 그래프는 양쪽 모두에서 서로 참조 가능하므로 따로 화살표로 방향을 표시하지 않습니다. 단방향 그래프에서는 각 노드를 연결 방향에 따라 부모 노드$^{parent\ node}$ 또는 자식 노드$^{child\ node}$로 부릅니다. 부모 노드 없이 자식 노드만 가지고 있는 노드를 루트 노드$^{root\ node}$라고 합니다. 루트 노드는 보통 그래프의 시작점을 의미합니다. 부모 노드와 자식 노드는 상대적인 개념이므로 연결 관계에 따라 부모 노드이면서 자식 노드일 수 있습니다.

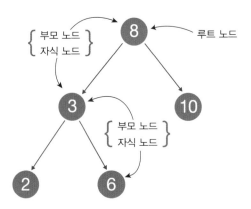

그래프 자료구조는 집안 가계도 또는 회사 조직도와 비슷한 형태의 관계를 표현할 때 많이 사용합니다. 다음은 어느 게임회사의 조직도입니다. 조직 구조와 같은 자료구조는 수시로 변하기 때문에 이를 효과적으로 표현할 수 있는 그래프가 좋습니다.

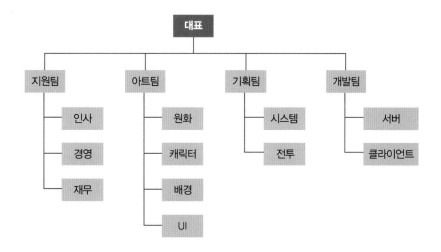

그래프를 자료구조로 만드는 방법에는 정해진 규칙이 없습니다. 다만 필수적으로 각 노드는 해당 노드에 저장해야 할 데이터와 자식 노드를 참조할 수 있는 자료형을 만들어야 합니다. 때에 따라서는 부모 노드를 참조할 자료형을 추가하기도 합니다. 문제에서 주어진 조건은 단방향 그래프이고, 여러 자식 노드를 가질 수 있습니다. 이를 감안하여 노드 클래스를 생성해 보겠습니다. 별도의 클래스를 만들지 않고도 문제를 풀 수 있겠지만, 다음 장에서도 그래프를 이용한 문제가 나오므로 이번 기회에 클래스를 만들어 계속 이용하려고 합니다.

```python
class Node:
    def __init__(self, value):      # 생성자
        self.value = value          # 노드 안의 각 항목을 저장할 변수, 여기서는 노드 번호
        self.children = []          # 자식 노드를 담을 배열
```

value에는 각 항목에 담을 데이터를 저장합니다. 여기에서는 영향력을 행사하는 사람의 번호를 저장하겠습니다. children에는 이 노드가 영향을 미치는 사람의 노드를 저장하겠습니다. 부모 노드는 이 문제에서 사용할 일이 없으므로 추가하지 않겠습니다. 클래스를 생성했으니 실제 데이터를 입력 받아 그래프를 생성해 보죠.

첫 번째 테스트 케이스에서 입력 받은 데이터를 기반으로 그래프를 생성합니다.

입력	설명
3	3개의 영향력 관계가 있습니다.
1 2	1번 노드를 만들고 2번 노드를 자식 노드로 삼습니다
1 3	1번 노드를 만들고 3번 노드를 자식 노드로 삼습니다.
3 4	3번 노드를 만들고 4번 노드를 자식 노드로 삼습니다.

첫 번째 입력(1 2)을 처리해 볼까요? 처음에는 노드가 1개도 없으므로 1번 노드(node1)와 2번 노드(node2)를 생성해야 합니다.

```
# 변수 이름은 하드코딩합니다.
node1 = Node(1)    # 1번 노드
node2 = Node(2)    # 2번 노드
```

1번 노드가 2번 노드에 영향력을 미치므로, 2번 노드는 1번 노드의 자식 노드가 됩니다.

```
node1.children.append(node2)
```

다음 두 번째 입력(1 3)을 볼까요? 이전 입력에서 1번 노드는 이미 생성했습니다. 그러므로 3번 노드(node3)만 새로 만들고 1번 노드의 자식 노드로 추가하겠습니다.

```
node3 = Node(3)    # 3번 노드
node1.children.append(node3)
```

마찬가지로 마지막 입력(3 4)을 처리합니다. 4번 노드(node4)만 새로 생성하고 3번 노드의 자식 노드에 추가합니다.

```
node4 = Node(4)    # 4번 노드
node3.children.append(node4)
```

이제 모든 영향력 관계를 그래프로 만들었습니다. 루트 노드인 1번 노드의 값이 제대로 표현되어 있는지 확인해 볼까요?

```
# 루트 노드인 1번 노드를 출력합니다.
print(str(node1), file=sys.stderr)  # file=sys.stderr을 붙인 것은 디버그용 출력이라는 뜻입니다.
```

코드를 실행하면 아래와 같은 결과가 나타납니다.

```
Standard Output Stream:
<__main__.Node object at 0x7f6d4f8365f8>
```

이해할 수 없는 내용이 출력되었군요. Node 클래스는 사용자가 생성한 클래스이므로 문자열로 표현하는 방법을 프로그램이 알 수 없습니다. 프로그램에게 Node 클래스를 어떻게 표현할지 알려줘야 합니다.

```python
class Node:
    def __init__(self, value):
        self.value = value
        self.children = []

    def __repr__(self):
        return 'Node(' + str(self.value) + ')'

    def __str__(self):
        return 'Node({0}) -> {1}'.format(self.value, self.children)
```

__repr__ 과 __str__ 은 파이썬에서 print 함수를 만났을 때 출력하는 방법을 정의하는 곳입니다. 쉽게 얘기해서 str(node1)을 만났을 때 str 함수가 만들어 내는 문자열이 바로 __str__ 에 정의되어 있다고 생각하면 됩니다. __repr__ 은 __str__ 과 비슷한 함수입니다. 중요한 점은 배열 안의 객체에 대한 문자열 변환은 __repr__ 을 이용하기 때문에 __str__ 함수를 정의했더라도 __repr__ 함수를 같이 정의해야 한다는 것입니다.

새롭게 문자열 변환 함수를 추가했으니 다시 출력해 볼까요? 이제 이해할 수 있는 문구가 출력되었습니다. 1번 노드는 2번과 3번을 자식 노드로 가지고 있음을 알 수 있습니다.

```
Standard Output Stream:
Node(1) -> [Node(2), Node(3)]
```

나머지 노드도 모두 출력해 볼까요?

```python
print(str(node1))   # Node(1) -> [Node(2), Node(3)]
print(str(node2))   # Node(2) -> []
print(str(node3))   # Node(3) -> [Node(4)]
print(str(node4))   # Node(4) -> []
```

자식 노드의 자식 노드는 출력이 되지 않네요. 모든 자식 노드를 한 번에 확인해 보고 싶다면 __str__ 함수에 있는 내용을 복사하여 __repr__ 함수에 있는 내용과 바꾸면 모든 자식 노드의 내용을 한 번에 볼 수 있습니다.

```
Node(1) -> [Node(2) -> [], Node(3) -> [Node(4) -> []]]
Node(2) -> []
Node(3) -> [Node(4) -> []]
Node(4) -> []
```

너비 우선 탐색과 깊이 우선 탐색

그래프를 생성했으니 이제 그래프의 높이(height) 또는 길이(length)를 구해야 합니다. 그래프의 높이는 단방향 그래프의 경우 루트 노드부터 가장 먼 말단 노드까지 노드의 개수를 말합니다. 가령 이 그래프의 높이는 4입니다.

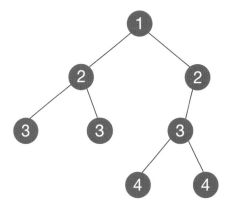

이 문제가 원하는 것은 바로 그래프의 루트 노드에서 말단 노드까지의 높이를 구하는 것입니다. 그 래프에서 노드의 높이는 어떻게 구할까요? 그냥 루트 노드부터 하나씩 세면 된다고요? 맞습니다. 하지만 우리는 개발자이니 조금 더 기술적으로 얘기해 봅시다. 그림 안에 힌트가 들어 있습니다. 바로 루트 노드부터 자식 노드를 하나씩 탐색하면서 단계를 내려갈 때마다 1을 더하는 것입니다.

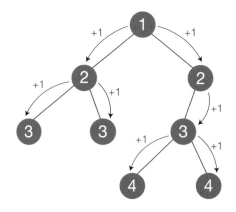

그렇다면 그래프에서 노드를 탐색하는 방법이 필요하겠죠? 그래프를 탐색하는 대표적인 방법에는 크게 2가지가 있는데, 깊이 우선 탐색$^{depth\ first\ search}$과 너비 우선 탐색$^{breadth\ first\ search}$입니다. 두 탐색법의 기본 동작 원리는 비슷합니다. 루트 노드를 시작점으로 그 이웃 노드를 차례대로 방문하면서 모든 노드를 탐색합니다. 루트 노드부터 가장 가까운 노드부터 차례대로 방문하면서 찾는 방법을 '너비 우선 탐색'이라 하며, 루트 노드부터 말단 노드까지 가장 빠르게 내려가면서 찾는 방법을 '깊이 우선 탐색'이라 합니다. 각 탐색법에 따른 노드의 방문 순서를 그림으로 그리면 다음과 같습니다.

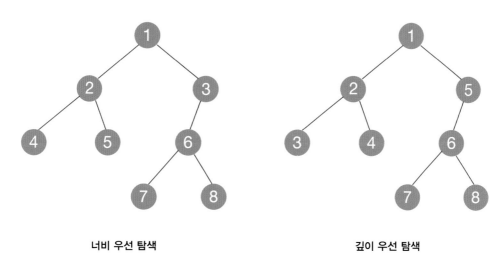

너비 우선 탐색   깊이 우선 탐색

두 탐색법의 실제 구현은 큐와 스택 자료구조를 이용합니다. 너비 우선 탐색은 큐^{queue}를 이용하고, 깊이 우선 탐색은 스택^{stack}을 이용합니다. 어떤 자료구조를 쓰느냐에 따라 탐색법이 달라집니다.

탐색 과정은 다음과 같습니다. 먼저 루트 노드를 스택 또는 큐에 담습니다. 그 후 스택 또는 큐가 빌 때까지 다음 과정을 반복합니다.

- 스택 또는 큐에 있는 노드를 하나 꺼냅니다.
- 꺼낸 노드의 자식 노드(인접한 노드)를 다시 스택 또는 큐에 담습니다.
- 꺼낸 노드를 제거합니다. 이 과정을 모든 노드를 탐색할 때까지 진행합니다.

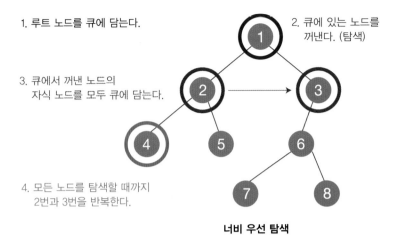

1. 루트 노드를 큐에 담는다.

2. 큐에 있는 노드를 꺼낸다. (탐색)

3. 큐에서 꺼낸 노드의 자식 노드를 모두 큐에 담는다.

4. 모든 노드를 탐색할 때까지 2번과 3번을 반복한다.

너비 우선 탐색

탐색할 노드를 저장할 때 큐를 이용하면 추가한 순서대로 탐색하기 때문에 부모 노드부터 차례대로 탐색하고(너비 우선 탐색), 스택을 이용하면 마지막에 추가한 노드를 먼저 탐색하기 때문에 자식 노드를 먼저 탐색하게 됩니다(깊이 우선 탐색). 스택과 큐의 차이는 이제 알고 있겠죠? 가물가물하다면 8장을 다시 확인하기 바랍니다.

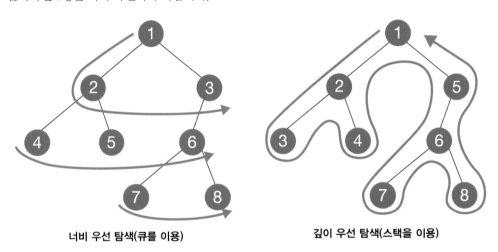

너비 우선 탐색(큐를 이용) **깊이 우선 탐색(스택을 이용)**

노드 안의 번호는 각 노드를 탐색하는 순서를 의미합니다. 이를 바탕으로 각 노드의 높이를 구하는 코드를 작성해 보겠습니다.

```python
class Node:
    def __init__(self, value):
        self.value = value
        self.children = []          # 자식 노드를 저장할 변수
        self.height = 1             # 노드의 높이를 저장할 변수
```

```
class Graph:
    def __init__(self, root):
        self.root = root                        # 그래프에서는 루트를 통해 자식 노드를 참조합니다.

    def calculate_height_bfs(self):             # 너비 우선 탐색으로 노드의 높이를 계산합니다.
        queue = [self.root]                     # 큐에 루트 노드를 추가합니다.
        while queue:                            # 큐에 노드가 남아 있는 동안
            node = queue.pop(0)                 # 큐의 맨 앞 노드를 가져옵니다.
            for child in node.children:
                child.height = node.height + 1  # 자식 노드의 높이를 부모 노드 + 1로 갱신합니다.
                queue.append(child)             # 큐에 자식 노드를 추가합니다.

    def calculate_height_dfs(self):             # 깊이 우선 탐색으로 그래프의 높이를 계산합니다.
        stack = [self.root]                     # 스택에 루트 노드를 추가합니다.
        while stack:                            # 스택에 노드가 남아 있는 동안
            node = stack.pop()                  # 스택의 맨 마지막 노드를 가져옵니다.
            for child in node.children:
                child.height = node.height + 1  # 자식 노드의 높이를 부모 노드 + 1로 갱신합니다.
                stack.append(child)             # 스택에 자식 노드를 추가합니다.
```

루트 노드로부터 모든 자식 노드의 높이를 계산하는 함수를 깊이 우선 탐색과 너비 우선 탐색 방법
으로 각각 구현했습니다. 자세히 보면 큐와 스택에서 노드를 가져오는 방법을 제외하고는 코드가
동일함을 알 수 있습니다. 노드의 탐색 순서만 다를 뿐이지 방법은 같다는 뜻입니다.

조금 더 자세히 살펴볼까요? 너비 우선 탐색에서 처리한 노드의 순서와 큐에 남아 있는 노드를 각
단계별로 확인하겠습니다.

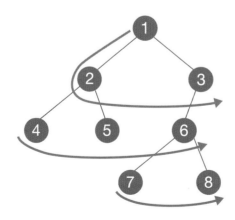

순서	단계	큐	처리한 노드
1	맨 처음은 1번 노드를 큐에 넣습니다.	[1]	
2	1번 노드를 큐에서 빼내고 그 자식 노드인 2, 3번을 큐에 넣습니다.	[2, 3]	1
3	2번 노드를 빼고 그 자식 노드인 4, 5번을 큐에 넣습니다.	[3, 4, 5]	2
4	3번 노드를 빼고 그 자식 노드인 6번을 큐에 넣습니다.	[4, 5, 6]	3
5	4번 노드를 빼냅니다. 4번 노드는 자식 노드가 없기 때문에 새로 추가하는 노드는 없습니다.	[5, 6]	4
6	5번 노드를 빼냅니다. 마찬가지로 새로 추가하는 노드는 없습니다.	[6]	5
7	6번 노드를 빼고 그 자식 노드인 7, 8번을 큐에 추가합니다.	[7, 8]	6
8	7번 노드를 빼냅니다.	[8]	7
9	8번 노드를 빼냅니다.	[ ]	8

너비 우선 탐색에서 처리한 노드는 앞에서 얘기한대로 최상단 노드(루트 노드)부터 단계별로 아래로 내려오면서 처리함을 알 수 있습니다.

이제 깊이 우선 탐색의 경우를 살펴볼까요?

순서	단계	스택	처리한 노드
1	맨 처음은 1번 노드를 스택에 넣습니다.	[1]	
2	1번 노드를 스택에서 빼내고 그 자식 노드인 2, 3번을 큐에 넣습니다.	[2, 3]	1
3	스택의 맨 마지막 노드인 3번을 빼내고 그 자식 노드인 6번을 집어넣습니다.	[2, 6]	3
4	스택의 마지막 노드인 6번을 빼내고 자식 노드인 7, 8번을 추가합니다.	[2, 7, 8]	6
5	역시 스택의 마지막인 8번 노드를 빼냅니다. 8번 노드는 자식 노드가 없기 때문에 스택에 추가하는 노드는 없습니다.	[2, 7]	8
6	마찬가지로 7번 노드를 빼냅니다.	[2]	7
7	2번 노드를 빼내고 그 자식 노드인 4, 5번을 스택에 추가합니다.	[4, 5]	2
8	5번 노드를 빼냅니다.	[4]	5
9	4번 노드를 빼냅니다.	[ ]	4

깊이 우선 탐색이 처리한 노드의 순서를 보니 앞에서 설명한 것과 다릅니다. 정확히 얘기하면 자식 노드를 탐색하는 방법은 맞으나 탐색 방향이 역방향임을 알 수 있습니다.

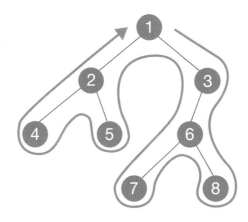

스택을 이용하여 자식 노드를 추가하는 경우 맨 마지막 노드부터 다시 꺼내기 때문에 탐색하고자 하는 방향의 역순으로 탐색하게 됩니다. 처음 탐색하고자 했던 순서가 아닐 수 있습니다. 정방향으로 탐색을 하고 싶다면 스택에 자식 노드를 추가할 때 역순으로 추가해야 합니다. 그래프의 탐색 순서가 중요한 경우 이 점에 유의하기 바랍니다.

너비 우선 탐색은 루트 노드부터 특정 노드까지 최단 경로를 찾을 때 주로 사용합니다. 너비 우선 탐색은 상단 노드부터 하나씩 차례대로 탐색하기 때문에 어느 시점에 탐색을 종료해도 그 시점까지의 최적해를 항상 찾을 수 있는 장점이 있습니다. 하지만 그래프가 깊어질수록 큐에 저장해야 하는 노드의 개수가 매우 많아진다는 단점이 있습니다. 다시 말해 메모리가 많이 필요하다는 뜻입니다.

깊이 우선 탐색은 최상단 노드부터 말단 노드까지 빠르게 내려가면서 탐색을 하는 방법으로 보통 경우의 수를 확인할 때 주로 쓰입니다. 예를 들어 바둑이나 장기를 둘 때 보통 이렇게 생각을 하죠. "내가 이 수를 두면 상대방이 다음에 저 수를 두고, 또 내가 그다음 수를 이렇게 두고…" 하는 식으로 말이죠. 최종적으로 생각한 결과가 좋으면 그렇게 생각한 수대로 진행할 것이고 좋지 않다면 다른 수를 찾아볼 것입니다. 깊이 우선 탐색은 하나의 말단 노드까지 매우 빠르게 진행되지만, 그 깊이가 깊을수록 시간이 많이 소요된다는 단점이 있습니다.

시간 제한이 있는 프로그램에서 깊이 우선 탐색을 할 경우 한쪽 방향은 탐색을 마쳤지만 다른 방향은 탐색이 전혀 수행되지 않을 수 있습니다. 그러므로 최적의 해를 찾는데 제약이 있습니다. 그런 이유로 깊이 우선 탐색을 이용할 때 탐색의 깊이를 제한하는 경우가 종종 있습니다. 바둑으로 치면 각 수에 대해 10수까지만 계산하고 그중 최적의 수를 찾는 경우가 되겠습니다. 임의의 시점에서 탐색을 완료한 노드는 다음과 같습니다.

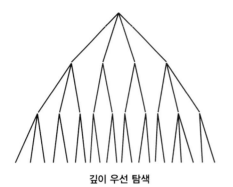

깊이 우선 탐색

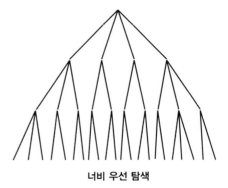

너비 우선 탐색

재귀

앞에서 그래프의 높이를 탐색하는 코드를 작성했습니다. 하지만 이 코드에는 버그가 하나 있습니다. 두 번째 테스트 케이스를 다시 살펴볼까요?

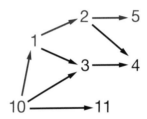

4번 노드의 경우 높이가 얼마일까요? 앞에서 노드의 높이는 부모 노드의 높이 +1로 정의했습니다. 이 그래프의 루트 노드는 10번이므로 $10 \rightarrow 3 \rightarrow 4$의 경로로 탐색할 경우 높이는 3이고, $10 \rightarrow 1 \rightarrow 2 \rightarrow 4$의 경로로 탐색할 경우 높이는 4가 됩니다. 이렇게 부모 노드의 높이가 달라지는 경우 어떤 값을 높이로 정해야 할지에 대해 아직 처리하지 않았습니다.

부모 노드의 높이가 달라지는 경우 그중 가장 큰 값을 노드의 높이로 정하면 되겠군요. 코드를 다음과 같이 수정했습니다.

```
class Graph:
    def __init__(self, root):
        self.root = root

    # 너비 우선 탐색으로 노드의 높이를 계산합니다.
    def calculate_height_bfs(self):
        queue = [self.root]
        while queue:
```

```
            node = queue.pop(0)
            for child in node.children:
                # 경로가 더 긴 노드를 발견할 때만 값을 갱신합니다.
                if child.height <= node.height:
                    # 자식 노드의 높이를 부모 노드 + 1로 갱신합니다.
                    child.height = node.height + 1
                queue.append(child)

    # 깊이 우선 탐색으로 노드의 높이를 계산합니다.
    def calculate_height_dfs(self):
        stack = [self.root]
        while stack:
            node = stack.pop()
            for child in node.children:
                # 경로가 더 긴 노드를 발견할 때만 값을 갱신합니다.
                if child.height <= node.height:
                    # 자식 노드의 높이를 부모 노드 + 1로 갱신합니다.
                    child.height = node.height + 1
                stack.append(child)
```

그래프에서 각 노드의 높이를 구하는 함수를 모두 작성하였습니다. while문과 for문이 뒤섞여 있어 한눈에 잘 읽히지는 않지만 정상적으로 잘 작동합니다. 남은 것은 그래프의 높이, 즉 모든 노드의 높이 중 최댓값을 찾는 것뿐입니다. 최댓값을 찾기 전에 질문을 하나 드리겠습니다. 혹시 여러분은 코드를 읽고 이해하는 데 어려움은 없었나요? 코드를 조금 더 쉽게 작성할 방법은 없을까요? 문제에서 원하는 것은 모든 노드의 높이를 구하는 것이 아닌 그래프의 최대 높이를 구하는 것입니다. 이를 염두에 두고 다음의 경우를 생각해 보겠습니다.

루트 노드의 자식 노드를 그림과 같이 큰 덩어리로 묶어 생각해 보겠습니다.

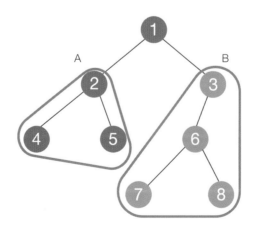

이 그래프의 높이는 부분 그래프 A의 높이와 부분 그래프 B의 높이 중 큰 값에 1을 더한 값과 같습니다. 부분 그래프 A의 높이는 2이고, 부분 그래프 B의 높이는 3입니다. 이 경우 전체 그래프의 높이는 부분 그래프 A와 B의 높이 중 큰 값인 3에 1을 더한 4가 됩니다. 이해되었나요? 부모 노드의 높이는 자식 노드의 높이 +1이 되니까요. 이를 수도코드로 표현하면 다음과 같습니다.

```
전체 그래프의 높이 = max(부분 그래프 A의 높이, 부분 그래프 B의 높이) + 1
```

자식 노드가 여러 개라면 반복문을 이용하여 자식 노드의 높이를 구하고 그중 최댓값을 계산합니다. 그 최댓값에 1을 더한 것이 전체 그래프의 높이가 됩니다.

```
graph_height = 0
max_sub_graph_height = 0          # 자식 노드의 높이 중 최댓값을 저장합니다.

for 자식 노드 in 전체 자식 노드:
    max_sub_graph_height = max(max_sub_graph_height, 자식 노드의 높이)
그래프의 높이 = max_sub_graph_height + 1
```

부분 그래프 A의 높이는 또 다른 부분 그래프 A-1과 A-2의 높이 중 최댓값에 1을 더한 값과 같습니다. 이제 부분 그래프 A는 다시 또 다른 부분 그래프로 나눌 수 있습니다.

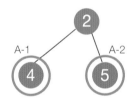

부분 그래프 B 역시 계속해서 부분 그래프로 나눌 수 있습니다.

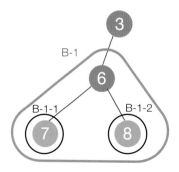

부분 그래프는 더 이상 자식 노드가 없을 때까지 계속해서 나눌 수 있습니다. 자식 노드가 더 이상 없는 말단 노드의 높이는 1입니다. 그리고 이 값을 역으로 전달하면서 그래프의 높이를 구하는 방법이 있습니다. 글보다 코드를 보면 더 쉽게 이해가 됩니다.

```python
def get_node_height(node):
    max_height = 0

    for child in node.children:
        # 자식 노드의 높이를 구합니다.
        child_height = get_node_height(child)
        # 자식 노드 중 가장 큰 높이를 max_height에 저장합니다.
        max_height = max(max_height, child_height)
    # 자식 노드의 가장 큰 높이 + 1이 현재 노드의 높이가 됩니다.
    # 자식 노드가 없는 경우는 max_height의 초깃값이 0이므로 1을 반환합니다.
    return max_height + 1
```

코드가 놀라울 정도로 짧아지지 않았나요? 읽기도 한결 수월하고 이해도 더 잘 됩니다. 다만 이 코드에는 특이한 형태가 있습니다. 바로 get_node_height 함수 안에서 다시 get_node_height 함수를 부르고 있는 걸 볼 수 있습니다.

프로그래밍에서 특정 데이터나 함수가 자기 자신을 참조하는 것을 재귀^{recursion}라 하며 재귀를 이용하여 자기 자신을 다시 호출하는 함수를 재귀 함수$^{recursive\ function}$라고 합니다.

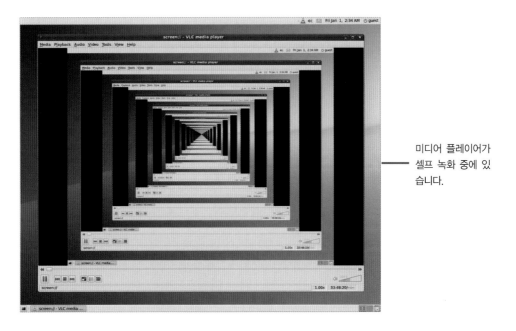

미디어 플레이어가 셀프 녹화 중에 있습니다.

재귀 함수의 특징은 함수가 자기 자신을 호출하기 때문에 자칫하면 영원히 빠져나올 수 없는 무한 함수 호출 지옥에 빠질 수 있다는 점입니다.

```python
def recursive_hell():
    recursive_hell()
```

이와 같이 코드를 작성하면 무한 함수 호출 지옥에 빠져 프로그램이 죽습니다. 프로그램이 죽는 이유는 재귀 함수를 무한대로 호출하느라 메모리가 부족해지기 때문입니다. 그렇기 때문에 재귀 함수를 작성할 때는 항상 함수가 빠져나올 수 있는 조건을 만들어야 합니다.

get_node_height 함수에서 재귀 호출을 빠져나오는 조건은 바로 자식 노드가 없을 때입니다.

```python
def get_node_height(node):
    max_height = 0

    # 자식 노드가 없는 경우 for문을 수행하지 않기 때문에
    # get_node_height 함수를 다시 호출하지 않고 종료할 수 있습니다.
    for child in node.children:
        child_height = get_node_height(child)
        max_height = max(max_height, child_height)
    return max_height + 1
```

재귀 함수를 처음 볼 때 가장 이해하기 어려운 점은 '어떻게 함수가 자기 자신을 호출할까?'입니다. 사실 정확히 얘기하자면 재귀 함수는 자기 자신을 다시 호출하는 것이 아니라, 자기와 똑같이 생긴 함수를 호출하는 것입니다. 함수 내용만 똑같지 실제로는 다른 함수라고 생각하는 것이 편합니다. 다음은 1부터 n까지의 합을 출력하는 함수입니다. 가장 간단한 형태의 재귀 함수입니다.

```python
def sum(n):
    if n == 1:  # n이 1일 경우에는 재귀 함수를 호출하지 않고 바로 종료합니다.
        return 1
    return n + sum(n - 1)
```

예를 들어 n을 4라고 가정하면 sum 함수는 다음과 같이 풀어 쓸 수 있습니다.

```
sum(4) = 4 + sum(3)
       = 4 + 3 + sum(2)
       = 4 + 3 + 2 + sum(1)
```

```
        = 4 + 3 + 2 + 1 # sum(1)은 if n == 1의 조건문을 충족하므로 바로 1을 반환합니다.
        = 10
```

이와 같이 재귀 함수를 하나씩 천천히 풀어 보면 충분히 이해할 수 있으리라 생각합니다.

sum 함수에서 재귀를 이용하지 않고 반복문을 이용하려면 다음과 같이 작성했을 것입니다.

```
def sum(n):
    s = 0
    for i in range(1, n + 1):
        s += i
    return s
```

사실 sum 함수는 반복문을 이용하는 것이 여러 면에서 더 효율적입니다. 반복문을 이용하면 코드의 속도도 비교적 빠른 편이고 재귀 함수에 비해 메모리도 적게 사용합니다. 대부분의 재귀 함수는 반복문을 이용하여 풀 수 있습니다.

그렇다면 재귀 함수는 언제 사용할까요? 때로는 재귀 함수를 사용하는 것이 반복문을 사용할 때보다 코드를 더 쉽게 만드는 경우가 있습니다. 바로 그래프의 높이를 구하는 경우가 그중 하나입니다. 그래프는 자식 노드로 내려갈수록 자식 노드의 개수가 많아지기 때문에 반복문을 이용해서 탐색하기 쉽지 않습니다. 무엇보다도 재귀 함수를 사용하면 코드의 가독성이 좋아져 코드를 이해하기 수월합니다. 이 때문에 재귀 함수는 여전히 많은 사랑을 받고 있습니다.

12-4 풀어 봅시다

앞에서 우리는 그래프의 생성 및 탐색에 대해 알아보았습니다. 그래프 탐색 방법을 이용하여 문제를 풀기에는 아직 해결해야 할 문제가 남아 있습니다. 그래프의 높이를 구하기 위해 앞에서 작성한 탐색법은 모두 루트 노드로부터 탐색을 시작하도록 되어 있습니다. 하지만 문제에서 주어진 데이터만으로는 어떤 노드가 루트 노드인지 명확하지 않습니다. 또한 세 번째 테스트 케이스에서 보듯이 루트 노드가 여러 개 있을 수도 있습니다. 그렇기 때문에 앞에서 작성한 방법만으로는 이 문제의 정답을 구할 수 없습니다.

문제의 조건에 맞게 그래프 클래스를 수정하겠습니다. 먼저 루트 노드가 여러 개 있을 수 있으므로 여러 개의 노드를 저장할 변수가 필요합니다. 이는 배열 또는 딕셔너리를 이용하면 되겠군요. 또한 그래프의 높이를 구하기 위해 모든 노드를 순회하면서 각 노드에서 말단 노드까지의 거리를 구합니다. 구한 값 중 가장 큰 값이 바로 그래프의 높이입니다. 이를 기반으로 그래프 클래스를 수정하겠습니다. 먼저 입력 받은 두 노드 번호를 연결할 함수가 필요합니다.

```python
class Graph:
    def __init__(self):
        self.nodes = {}    # 전체 노드를 저장할 변수, 노드 번호를 키로 하는 딕셔너리를 사용합니다.

    # 입력 받은 두 노드 번호를 연결합니다(x -> y).
    def influence(self, x, y):
        # x, y 노드가 딕셔너리에 존재하지 않을 경우 새로 생성합니다.
        if x not in self.nodes:
            self.nodes[x] = Node(x)
        if y not in self.nodes:
            self.nodes[y] = Node(y)
        # x를 부모 노드로 하고 y를 자식 노드로 하는 참조 관계를 형성합니다.
        self.nodes[x].children.append(self.nodes[y])
```

그래프 클래스에서 노드를 저장할 변수로 배열보다는 딕셔너리를 사용했습니다. 두 노드를 연결할 때 딕셔너리를 사용하면 노드 탐색을 빠르게 할 수 있기 때문입니다.

```python
graph = Graph()        # 그래프 자료구조를 하나 생성합니다.
n = int(input())       # 영향력 관계의 개수 n을 입력 받습니다.
for i in range(n):
    # 영향력 관계에 있는 두 사람의 번호를 입력 받습니다.
    # x가 y에 영향을 미친다는 뜻입니다.
    x, y = [int(j) for j in input().split()]
    graph.influence(x, y)   # 그래프 자료구조에 이를 추가합니다.
```

실제 입력을 받아 그래프를 생성했습니다. 마지막으로 그래프의 높이를 구해야 합니다. 이를 위해 그래프의 모든 노드를 하나씩 방문하면서 그래프의 높이를 구하는 함수와 각 노드의 높이를 구하는 함수 2개를 작성해야 합니다. 코드의 생김새는 둘이 비슷합니다.

```python
class Node:
    def __init__(self, value):
        self.value = value
        self.children = []
```

```
        # 이 함수를 통해 노드의 높이를 구하기 때문에 별도로 높이를 저장할 변수는 필요하지 않습니다.
    def get_height(self):
        max_height = 0
        for child in self.children:
            max_height = max(max_height, child.get_height())
        return max_height + 1

class Graph:
    def __init__(self):
        self.nodes = {}

    def get_graph_height(self):
        graph_height = 0
        for key in self.nodes:
            child_height = self.nodes[key].get_height()
            graph_height = max(graph_height, child_height)
        return graph_height
```

get_graph_height 함수를 통해 최종적으로 구한 높이를 출력하면 문제를 풀 수 있습니다.

12-5 더 생각해 봅시다

그래프와 트리

트리tree는 그래프의 한 종류로서 다음의 조건을 만족하는 경우를 말합니다.

첫째, 노드 간 연결은 한쪽 방향으로만 가능합니다. 다음은 양방향 그래프이므로 트리가 되지 못합니다.

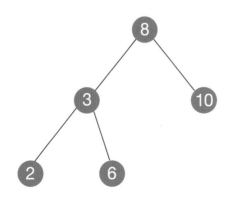

둘째, 1개의 루트 노드가 존재합니다. 다음은 루트 노드가 여럿이므로 트리가 되지 못합니다.

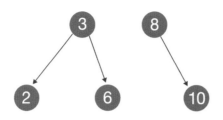

셋째, 모든 자식 노드는 1개의 부모 노드를 가집니다. 다음은 부모 노드가 여럿인 자식 노드가 있으므로 트리가 되지 못합니다.

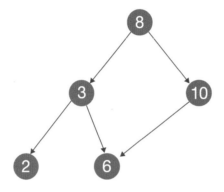

넷째, 노드 간 순환^{cycle} 또는 자기 참조$^{self-loop}$가 존재하지 않습니다. 다음 중 오른쪽은 노드 간 순환이 존재하고 왼쪽은 자기 참조를 하므로 트리가 되지 못합니다.

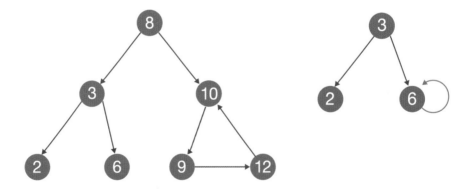

트리가 중요한 이유는 실생활에서 사용하는 많은 데이터가 트리 자료구조 형태와 유사하여 손쉽게 자료형으로 만들 수 있기 때문입니다. 또한 많은 컴퓨터 알고리즘이 트리 자료구조를 기본으로 작성되어 있습니다.

단방향 그래프와 양방향 그래프

이 문제에서 그래프가 양방향 그래프였다면 정답이 바뀌었을까요? 그렇습니다. 양방향 그래프라면 루트 노드가 없기 때문에 각 노드에서 양쪽으로 길이를 따로 계산해야 합니다.

아래 그림의 그래프가 단방향 그래프였다면 최대 길이가 3이었지만, 양방향 그래프에서는 5가 됩니다. 양방향 그래프에서 최장 길이를 찾는 방법은 생각보다 쉽지 않습니다. 단방향 그래프였다면 한 방향으로만 자식 노드를 참조하면 되지만, 양방향 그래프에서는 자식 노드뿐만 아니라 부모 노드도 탐색해야 합니다. 또한 노드를 이미 방문했는지 여부도 확인해야 합니다. 양방향 그래프는 단방향 그래프에 비해 탐색 시간도 오래 걸립니다. 이를 해결하기 위한 방법도 필요합니다.

코딩게임의 중급 문제에는 Teads Sponsored Contest 게임이 있는데, 이 게임이 바로 양방향 그래프에서 최장 길이를 찾는 문제입니다. 책에서는 다루지 않지만 이 문제도 한번 풀어 보기 바랍니다.

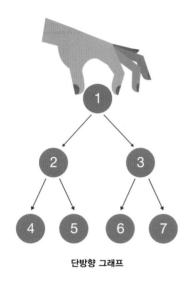

단방향 그래프

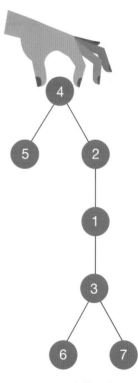

양방향 그래프

13 SKYNET REVOLUTION

I will be back to search

MEDIUM

이 에피소드는 영화 <터미네이터>를 모티브로 해서 만들었습니다. 스카이넷^{Skynet}은 터미네이터에서 인류의 적으로 나오는 인공지능 슈퍼컴퓨터입니다. 저항군은 스카이넷을 교란하기 위해 바이러스를 네트워크에 침투시키기 시작했습니다. 스카이넷은 이에 대응해서 에이전트를 보내 바이러스를 제거하려 합니다. 여러분은 저항군을 도와 바이러스가 에이전트에 의해 파괴되지 않도록 해야 합니다.

🔗 https://www.codingame.com/training/medium/skynet-revolution-episode-1

이 게임은 여러 노드가 연결되어 있는 네트워크에서 진행됩니다. 이 게임을 통해 여러분은 네트워크를 그래프 자료구조로 표현하는 방법과 그래프 위에서 탐색하는 방법을 학습합니다.

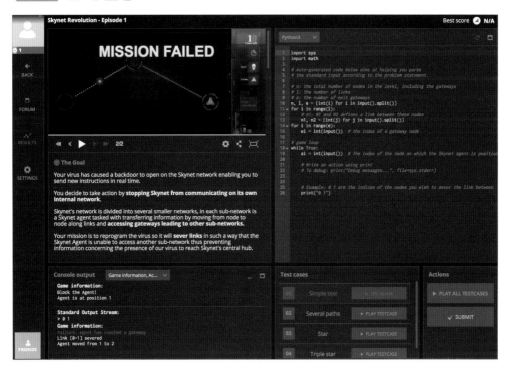

◎ The Goal_게임의 목표

스카이넷 네트워크는 여러 개의 작은 네트워크로 이루어졌습니다. 각 네트워크에는 스카이넷 에이전트가 있어 서로 정보를 전송할 수 있습니다. 여러분의 임무는 출구를 봉쇄하여 저항군의 바이러스에 관한 정보가 다른 스카이넷 에이전트에게 전달되는 것을 막는 것입니다.

✔ Rules_게임의 규칙

각 테스트 케이스마다 다음 정보가 제공됩니다.

- 네트워크 구성

- 출구의 위치(출구는 여러 개 존재할 수 있습니다)

- 스카이넷 에이전트의 위치

노드는 하나의 출구에만 연결됩니다(노드 1개에 여러 개의 출구가 연결되는 경우는 없습니다).

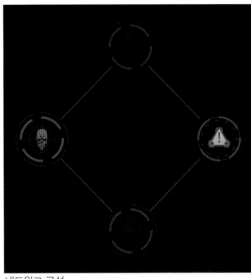

스카이넷 에이전트

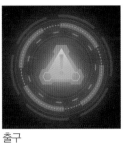
출구

네트워크 구성

턴마다 게임은 다음 순서대로 진행됩니다.

- 여러분은 네트워크에서 노드 사이의 간선 하나를 끊습니다.

- 그 이후 스카이넷 에이전트는 이동 가능한 노드로 한 번 이동합니다.

🏆 Victory Conditions_승리 조건
스카이넷 에이전트가 출구에 도달할 수 없습니다.

💀 Lose Conditions_패배 조건
- 스카이넷 에이전트가 출구에 도달합니다.

- 잘못된 값을 출력합니다.

📱 Game Input_게임의 입력 및 출력 값
프로그램은 게임 시작 시 네트워크의 정보를 알려주는 초기 데이터와 매 턴 스카이넷 에이전트의 위치를 알려주는 데이터로 나누어져 있습니다. 초기 데이터에는 네트워크의 노드 개수, 노드 간 연결 정보 및 출구의 개수와 위치를 알려줍니다. 턴마다 스카이넷 에이전트의 위치를 읽고 연결을 끊을 두 노드를 출력해야 합니다.

- **Initialization input_처음에 입력 받는 초깃값**
  첫 번째 라인: 3개의 정수 N, L, E를 입력 받습니다.

  - N은 출구를 포함해서 전체 노드의 개수를 말합니다. 노드 번호는 0부터 N−1까지입니다.

  - L은 노드 간 연결되어 있는 전체 간선의 개수를 말합니다.

– E는 출구의 개수를 말합니다.

다음 L라인: 노드 간 연결을 알려줍니다. 각 라인은 2개의 정수 N1, N2로 이루어져 있습니다. N1 노드와 N2 노드가 서로 연결되어 있다는 뜻입니다.

다음 E라인: 출구 노드의 번호를 알려줍니다.

■ **Input for one game turn_턴마다 입력 받는 값**

1개의 정수 SI(Skynet agent Index)를 입력 받습니다. SI는 스카이넷 에이전트의 현재 위치를 알려주는 인덱스 번호입니다.

■ **Output for one game turn_턴마다 출력해야 할 값**

2개의 정수 C1 C2를 출력해야 합니다. C1과 C2는 공백으로 구분되어 있습니다. 이렇게 하면 C1과 C2 노드 사이의 연결이 끊어집니다. 잘못된 노드 번호를 출력하면 게임에서 패배합니다.

📖 Example_예제

다음의 경우를 살펴보겠습니다. 초기 입력 값은 다음과 같습니다.

입력	설명
4 4 1	4개의 노드(N), 4개의 간선(L), 1개의 출구(E)가 있습니다.

다음 4줄은 연결되어 있는 간선(L)의 노드 번호(N1, N2)를 표현합니다.

입력	설명
0 1	0번 노드와 1번 노드가 연결되어 있습니다.
0 2	0번 노드와 2번 노드가 연결되어 있습니다.
1 3	1번 노드와 3번 노드가 연결되어 있습니다.
2 3	2번 노드와 3번 노드가 연결되어 있습니다.

다음 1줄은 출구의 위치(E)를 알려줍니다.

입력	설명
3	3번 노드가 출구 노드입니다.

입력 받은 정보를 바탕으로 구성한 네트워크는 다음과 같습니다. 매 턴 스카이넷 에이전트(이하 '에이전트'라고 하겠습니다)의 위치를 입력 받습니다. 그림에서 빨간 노드는 에이전트의 위치이고, 파란 노드는 출구입니다. 예제의 첫 번째 턴에서 에이전트는 0번 노드에서 시작합니다. 예제 프로그램은 1번과 3번 노드 사이의 링크를 끊도록 했습니다.

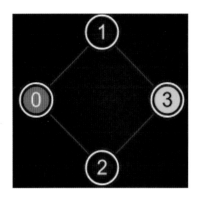

첫 번째 턴

입력	출력
0	1 3

1번과 3번 노드는 연결이 끊어졌고 에이전트는 2번 노드로 이동하였습니다. 여러분은 에이전트가 어디로 이동할지 사전에 알 수 없습니다. 보통 에이전트는 가까운 출구를 향해 이동합니다. 두 번째 턴에서 2번과 3번 노드의 연결을 끊지 않으면 바로 다음 턴에 에이전트는 출구를 빠져나가 게임에서 패합니다. 2번과 3번 노드 사이의 연결을 끊도록 합니다.

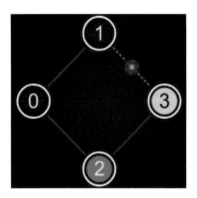

두 번째 턴

입력	출력
2	2 3

2번과 3번 노드 사이의 연결을 끊었습니다. 에이전트는 더 이상 출구를 빠져나갈 수 없습니다. 이렇게 하면 게임에서 이기는 겁니다!

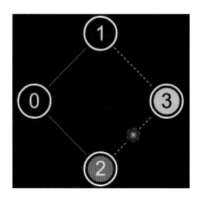

$2 \leq N \leq 500$

$1 \leq L \leq 1000$

$1 \leq E \leq 20$

$0 \leq N1, N2 < N$

$0 \leq SI < N$

$0 \leq C1, C2 < N$

매 턴 응답 시간 $\leq$ 150ms

13-2 어떻게 풀까요?

문제를 요약하면 네트워크상에 존재하는 에이전트가 출구를 빠져나가지 못하게 연결을 끊는 것이 이 게임의 핵심입니다. 가장 단순한 방법은 출구와 연결되어 있는 모든 간선을 끊는 것 같습니다. 그렇죠? 출구만 막으면 어떻게 해도 빠져나갈 수 없으니까요. 이 방법을 조금만 더 생각해 볼까요? 출구와 연결되어 있는 노드가 여러 개라면 어떤 순서로 끊어야 할까요? 또한 출구가 여럿이라면 어떤 출구를 먼저 막아야 할까요?

다음 그림에서 빨간 노드는 에이전트의 위치이고 파란 노드는 출구 노드입니다. 에이전트가 2번 노드에 있다면 출구인 3번 노드로 가지 못하게 2번과 3번 사이의 연결을 끊어야 할 것이고, 1번 노드에 있다면 1번과 3번 사이의 연결을 끊어야 합니다. 무슨 당연한 말을 그리 하냐고요? 그럼 다시 물어보죠. 에이전트에 가까운 출구의 연결을 먼저 끊는다는 행동을 코드로는 어떻게 표현할 수 있을까요? 그림으로 볼 땐 명확하지만, 코드로 표현하려면 더 정확한 기준이 필요합니다.

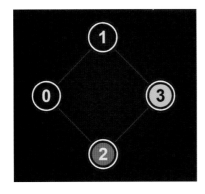
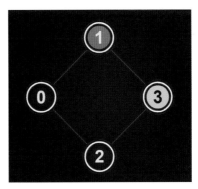

해법을 찾기에 앞서 잠시 에이전트 입장에서 한번 생각해 볼까요? 에이전트의 목표는 최대한 빠르게 출구에 도달하는 것입니다. 가장 빠르게 출구에 도착하는 방법은 가장 가까운 출구까지 최단 거리로 이동하는 것입니다. 에이전트가 가장 원하는 결과는 우리가 가장 원하지 않는 결과이므로, 이를 역으로 이용해 볼 수 있습니다. 에이전트의 위치에서 가장 가까운 출구까지의 최단 경로를 구한 후 그 간선의 연결을 끊는 것이지요. 수도코드로 표현하면 다음과 같습니다.

```
while True:
    에이전트의 위치를 얻어온다.
    에이전트로부터 각 출구까지의 최단 경로를 구한다.
    구한 경로 중에서 거리가 가장 짧은 경로를 선택한다.
    선택한 경로를 지나는 두 노드의 인덱스를 출력한다.
```

코드를 작성하기 전에 정해야 할 것이 한 가지 더 남아 있습니다. 최종적으로 구한 경로에서 연결을 끊을 두 노드는 어떻게 정할까요? 출구에 가까운 노드일까요? 에이전트에 가까운 노드일까요? 그것도 아니라면 최단 경로 중 임의의 간선을 끊어도 될까요? 놀랍게도 이 문제에서는 어느 간선을 끊어도 크게 문제가 되지 않습니다. 그 이유는 문제의 전제 조건에서 1개의 노드는 오직 1개의 출구와 연결되어 있다고 했기 때문입니다. 이게 무슨 뜻이냐면 다음 그림과 같이 노드 1개에 출구 2개가 연결되어 있는 상황은 발생하지 않는다는 뜻입니다.

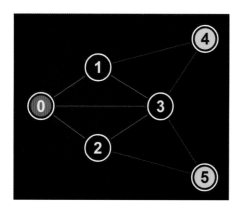

위 그림에서 3번 노드는 4번과 5번 출구에 연결되어 있습니다. 만약 에이전트가 3번 노드에 도착하면 다음 턴에 4번 또는 5번 노드를 빠져나갈 수 있기 때문에 에이전트가 3번 노드에 도착하기 이전에 4번 또는 5번 노드와의 연결을 최소 1개 끊어야 합니다. 그러므로 에이전트가 0번에 있는 동안 3-4 구간 또는 3-5 구간을 끊어야 합니다. 그래야만 에이전트가 3번 노드에 도착하더라도 나머지 하나를 끊을 시간적 여유가 있습니다. 하지만 이러한 경우는 이번 문제에서는 고려하지 않아도 됩니다. 문제의 전제조건에서 이런 경우를 제외했기 때문입니다.

사실 이 그림은 Skynet Revolution 에피소드 2에서 가져왔습니다. 에피소드 2에서는 이와 같은 경우도 고려해야 합니다. 에피소드 2가 얼마나 어려울지 이제 짐작이 가죠? 그리고 에이전트가 출구 노드에 인접해 있으면 최단 경로상의 노드는 정확히 2개이기 때문에 그냥 그곳을 끊으면 됩니다. 정리하면 에이전트의 위치에서 가장 가까운 출구 노드까지의 최단 경로 중 어느 노드의 연결을 끊어도 무방합니다. 우리는 출구와 바로 연결되어 있는 간선을 끊도록 하겠습니다.

또한 출구가 여럿일 경우 에이전트는 보통 가장 가까운 출구를 향해 이동합니다. 그러므로 에이전트와 가장 가까운 출구 사이의 경로를 끊도록 하겠습니다. 이를 모두 반영한 수도코드는 다음과 같이 작성할 수 있습니다.

```
while True:
    에이전트의 위치를 얻어온다.
    shortest_path = None
    for 출구 in 모든 출구 노드:
        path = 에이전트로부터 출구까지의 최단 경로를 구한다.
        # 경로의 길이가 가장 짧은 경로가 가장 가까운 출구입니다.
        if path의 길이가 shortest_path의 길이보다 짧으면:
            shortest_path = path
    # 최단 경로 끝의 두 노드는 출구 노드와 그 이웃 노드를 말합니다.
    shortest_path의 맨 끝에 있는 두 노드의 인덱스를 출력한다.
```

이제 남은 것은 이 게임을 진행할 네트워크를 자료구조로 표현하는 것과 에이전트로부터 출구까지 최단 경로를 찾아내는 것뿐입니다. 우리는 앞 장에서 여러 노드 사이의 연결을 표현하기에 적합한 자료구조로 그래프 자료구조가 있음을 배웠습니다. 그래프 자료구조가 기억나지 않으면 12장을 참조하기 바랍니다.

13-3 필요한 알고리즘은?

그래프

앞 장에서 작성했던 노드 클래스와 그래프 클래스를 일부 가져와 재활용하겠습니다. 12장에서 노드의 방향을 화살표로 표시했던 것을 기억하나요? 노드 클래스에 화살표처럼 노드의 이동 방향을 표현할 변수가 하나 필요합니다. 이 변수는 에이전트가 어느 노드에서 이 노드로 이동해 왔는지를 알려줍니다. 이는 마치 트리 자료구조의 부모 자식 관계와 비슷하므로 '부모 노드'라 부르겠습니다.

```
class Node:
    def __init__(self, number):
        self.number = number       # 노드 번호를 저장합니다.
        self.parent = None         # 노드가 어느 방향에서 이동했는지 저장합니다.
        self.children = []         # 노드와 연결된 다른 노드를 자식 노드로 저장합니다.

    def connect(self, other):      # 이 노드와 연결된 다른 노드를 자식 노드에 추가합니다.
        self.children.append(other)
```

다음으로 그래프 클래스에 추가해야 하는 부분이 있습니다. 먼저 노드 간 연결입니다. 이 게임의 에이전트는 네트워크의 노드를 자유롭게 이동할 수 있습니다. 에이전트가 노드 사이를 제약 없이 이동 가능하므로 그래프를 양방향 그래프로 만들어야 합니다. 두 노드 사이를 연결할 때 각 노드는 상대 노드를 서로의 자식 노드로 추가합니다.

```
class Graph:
    def __init__(self):
        self.nodes = {} # 노드를 빠르게 참조하기 위해 배열보다 딕셔너리를 사용합니다.

    def connect(self, x, y):
        # 딕셔너리에 노드가 존재하지 않으면 새로운 노드를 만듭니다.
        if x not in self.nodes:
            self.nodes[x] = Node(x)
        if y not in self.nodes:
            self.nodes[y] = Node(y)

        # 노드 y를 노드 x의 자식 노드로 추가함과 동시에 노드 x를 노드 y의 자식 노드로 추가합니다.
        self.nodes[x].connect(self.nodes[y])
        self.nodes[y].connect(self.nodes[x])
```

너비 우선 탐색

그래프와 노드 클래스를 생성했습니다. 이제 에이전트의 위치로부터 출구까지의 최단 경로를 구해야 합니다. 에이전트의 위치에서 출구까지의 경로를 구하는 방법은 앞 장에서 설명한 너비 우선 탐색breadth first search을 이용하면 비교적 쉽게 구할 수 있습니다. 너비 우선 탐색은 현재 위치에서 이동할 수 있는 이웃 노드로 하나씩 확장해 가면서 점차 탐색 범위를 넓혀 목적지를 찾는 방법입니다. 탐색 가능한 방향의 모든 노드를 시작 노드에서 가까운 노드 순으로 탐색하기 때문에 도착점을 찾았을 때의 경로가 시작점부터 도착점까지의 최단 경로가 됩니다.

예를 들어 그림과 같이 0번 노드에서 7번 노드까지 이동하는 최단 경로를 찾아보도록 하겠습니다.

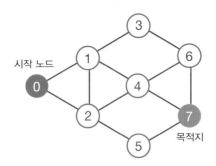

그래프의 전체적인 탐색 방향은 그림과 같이 시작 노드부터 점점 멀어지는 방향으로 탐색합니다. 앞 장에서 너비 우선 탐색은 큐^{queue}를 이용한다고 했던 것 기억하나요? 큐는 먼저 추가한 데이터를 먼저 꺼내기 때문에 너비순으로 탐색할 노드를 집어넣으면 넣은 순서대로 탐색을 보장합니다. 현재 탐색 중인 노드와 연결된 노드(이를 '이웃 노드'라고 합니다)를 모두 큐에 집어넣고, 하나씩 꺼내면서 목적지인지 확인합니다. 현재 탐색 중인 노드가 목적지라면 전체 이동 경로를 생성합니다. 목적지가 아니라면 탐색 중인 노드의 이웃 노드를 다시 큐에 삽입합니다. 이러한 과정을 목적지를 찾을 때까지 반복합니다. 이 과정을 단계별로 세세하게 확인해 보겠습니다.

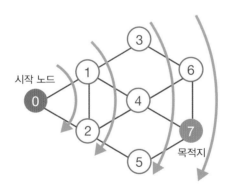

먼저 시작 노드인 0번의 이웃 노드(1번과 2번)를 큐에 저장하도록 합니다. 큐에는 [1, 2]가 들어 있습니다. 시작과 동시에 0번 노드는 탐색을 끝마쳤으므로 탐색을 마쳤음을 알아볼 수 있게 회색으로 표시하겠습니다.

1번과 2번 노드를 큐에 집어넣을 때 이 노드의 이동 경로를 파악하기 위해 화살표로 진행 방향을 표시하겠습니다. 여기까지가 한 주기이고 이 주기는 목적지를 찾을 때까지 계속됩니다.

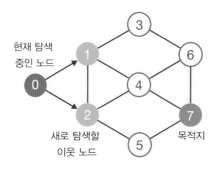

다음 주기에서 큐의 맨 앞에 있는 노드를 꺼내 목적지인지 확인합니다. 목적지가 아니라면 회색으로 표시하고, 그 이웃 노드를 큐에 새로 집어넣습니다. 큐에서 1번 노드를 빼내고 3번과 4번을 새로 집어넣습니다.

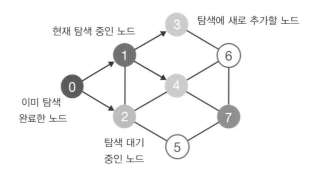

여기서 잠깐! 문제를 설명하면서 이 그래프는 양방향 그래프라고 했던 것 기억하나요? 사실 0번 노드도 1번 노드의 이웃입니다. 하지만 0번 노드는 큐에 추가하지 않았습니다. 그 이유는 탐색을 이미 끝마쳤기 때문입니다. 이미 탐색을 끝마친 노드는 목적지도 아니고 더 이상 새로 추가할 이웃 노드도 없기 때문에 큐에 추가하지 않습니다. 그래서 노드를 이미 탐색했는지 여부는 이 과정에서 매우 중요하며 이를 위한 별도의 자료형이 하나 필요합니다. 자료형은 배열이나 딕셔너리 어느 것을 사용해도 상관없습니다.

정리하면 너비 우선 탐색을 위해 큐를 이용하고, 탐색한 노드를 저장하기 위한 별도의 자료형을 추가합니다. 그래프 탐색에서 현재 탐색 중인 노드를 담고 있는 자료형을 열린 목록$^{open\ list}$이라 부르고, 탐색이 종료된 노드를 담고 있는 자료형을 닫힌 목록$^{closed\ list}$이라고 합니다. 앞에서 얘기한 큐는 열린 목록에 해당합니다. 큐는 자료형의 구조를 얘기하는 용어이고, 열린 목록은 탐색의 개념을 얘기하는 용어입니다. 이번 장에서 얘기하는 열린 목록 또는 큐는 모두 동일한 자료형을 말하고 있다고 생각하기 바랍니다.

3번과 4번 노드는 1번 노드의 이웃 노드이므로 화살표로 이동 방향을 표시합니다. 큐의 현재 상황은 [2, 3, 4]입니다.

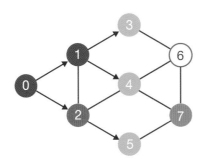

2번 노드를 꺼내고 그 이웃 노드인 4번과 5번을 큐에 집어넣을 차례입니다. 하지만 4번 노드는 이미 큐에 포함되어 있으므로 5번 노드만을 새로 추가합니다. 이미 큐에 있는 4번 노드의 화살표는 바뀌지 않습니다. 5번 노드만 화살표를 표시합니다. 큐는 이제 [3, 4, 5]입니다.

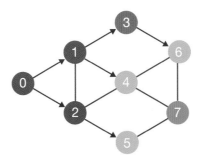

큐의 맨 앞에 있는 3번 노드를 꺼내고, 그 이웃 노드인 6번을 추가합니다. 현재 큐는 [4, 5, 6]입니다.

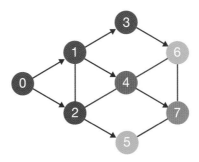

4번 노드를 꺼내고 이웃 노드인 6번과 7번을 집어넣습니다. 하지만 6번은 이미 큐에 있으므로 7번만을 추가합니다. 7번 노드는 도착지이지만 이웃 노드를 큐에 추가할 때 목적지를 확인하지는 않습니다. 큐에서 꺼내 확인하기 전까지는 도착지인지 모르기 때문에 다른 노드와 동일하게 큐에 추가하도록 합니다. 현재 큐는 [5, 6, 7]입니다.

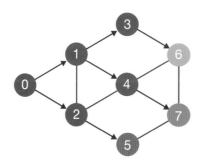

5번 노드를 꺼내고 이웃 노드를 넣습니다. 하지만 모든 이웃 노드가 큐에 이미 들어 있거나 탐색을 마친 상태입니다. 새로 추가되는 노드는 없습니다. 현재 큐는 [6, 7]입니다.

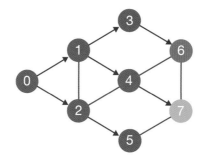

마찬가지로 6번 노드를 꺼냅니다. 추가되는 노드는 역시 없습니다. 현재 큐는 [7]입니다.

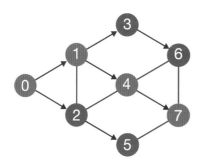

그리고 마지막으로 7번 노드를 큐에서 꺼냅니다. 큐에서 꺼낸 노드가 도착지이므로 시작점부터 도착지까지의 경로를 만들어 반환합니다. 경로를 만드는 방법은 도착 노드부터 노드의 화살표를 역으로 확인하는 것입니다. 그리고 그 경로가 바로 최단 경로가 됩니다.

위 그림에서 도착지인 7번 노드의 화살표를 확인해 보면 화살표의 방향은 7 ← 4 ← 1 ← 0이 됩니다. 이를 역으로 뒤집으면 바로 0 → 1 → 4 → 7이 되고 이는 0번 노드에서 7번 노드까지 이동하는 최단 경로입니다. 최단 경로는 오직 1개만 존재하는 것은 아닙니다. 그림에서 보면 최단 경로는 0 → 2 → 5 → 7, 0 → 2 → 4 → 7 등 여러 개 존재할 수 있습니다. 큐에 이웃 노드를 추가하는 순서에 따라 실제 경로는 바뀔 수 있습니다. 하지만 그 경로가 최단 경로임은 항상 보장합니다.

예를 하나 더 들어 보겠습니다. 0번 노드에서 7번 노드로 이동하는 최단 경로를 찾도록 하겠습니다.

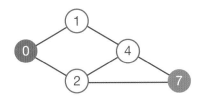

이번엔 조금 빠르게 진행해 볼까요? 먼저 시작 노드인 0번 노드를 큐에 집어넣습니다. 큐에 있는 0번 노드는 목적지가 아니므로 0번 노드의 이웃 노드를 새로 큐에 넣습니다. 0번은 탐색을 마쳤으므로 닫힌 목록에 추가합니다. 큐에 노드를 추가할 때는 노드의 이동 방향을 표시해야 합니다. 현재 큐는 [1, 2]입니다.

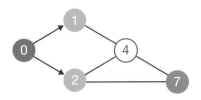

큐의 맨 앞 노드(1번)를 가져옵니다. 1번 노드는 목적지가 아니므로 닫힌 목록에 집어넣고 이웃 노드를 큐에 추가합니다. 1번 노드의 이웃 노드 중 아직 탐색하지 않은 4번 노드를 큐에 집어넣습니다. 현재 큐는 [2, 4]입니다.

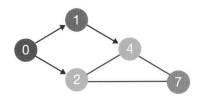

큐의 맨 앞 노드인 2번 노드를 가져와 목적지인지 확인합니다. 목적지가 아니므로 이를 닫힌 목록에 집어넣습니다. 2번 노드의 이웃 노드 중 0번은 닫힌 목록에, 4번은 이미 열린 목록에 포함되어 있습니다. 아직 탐색하지 않은 7번 노드만 열린 목록에 추가합니다.

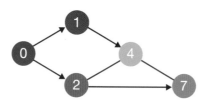

마찬가지로 큐의 맨 앞 노드인 4번 노드를 가져옵니다. 하지만 4번 노드의 이웃 노드는 모두 닫힌 목록과 열린 목록에 포함되어 있습니다. 새롭게 추가할 노드는 없습니다.

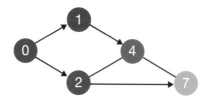

마지막으로 큐에서 7번 노드를 꺼내 옵니다. 7번 노드는 목적지이므로 탐색을 종료하고 최종 이동 경로를 반환합니다.

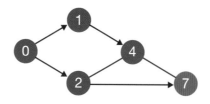

7번 노드부터 노드가 거쳐온 화살표를 역순으로 탐색합니다. 노드의 참조 방향은 7 ← 2 ← 0번 순입니다. 이를 역순으로 뒤집으면 0 → 2 → 7의 최단 경로가 완성됩니다.

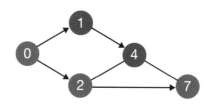

너비 우선 탐색을 코드로 표현하면 다음과 같습니다.

```python
open_list = []                        # 열린 목록: 새롭게 탐색할 노드를 저장합니다.
closed_list = []                      # 닫힌 목록: 탐색을 완료한 노드를 저장합니다.

while open_list:                      # 열린 목록에 노드가 남아 있는 동안
    current = open_list.pop(0)        # 열린 목록의 맨 앞에 있는 노드를 하나 가져옵니다.
    closed_list.append(current)       # 가져온 노드를 닫힌 목록에 추가합니다.
    if current == goal:               # 가져온 노드가 목적지라면
        목적지까지의 진행 경로를 반환한다.
    # 현재 노드의 이웃 노드 중 새로 탐색할 노드를 열린 목록에 추가합니다.
    for node in current.children:
        # 노드가 열린 목록에 있으면 탐색 대기 중이고, 닫힌 목록에 있으면 이미 탐색을 한 경우입니다.
        if node in open_list or node in closed_list:
            continue
        node.parent = current         # 이웃 노드의 이동 방향(현재 노드)을 지정합니다.
        open_list.append(node)        # 이웃 노드를 열린 목록의 맨 뒤에 추가합니다.
```

너비 우선 탐색을 이용하면 비교적 간단한 코드로 최단 경로를 찾을 수 있습니다. 남아 있는 부분은 목적지를 찾았을 때, 목적지까지의 이동 경로를 반환하는 부분입니다. 즉, 그림에서 화살표로 표시되어 있는 것을 코드로 변환하는 방법을 찾아야 하지요. 이는 문제를 풀어 보면서 확인하겠습니다.

13-4 풀어 봅시다

먼저 입력 받은 값으로 그래프 클래스를 생성하겠습니다.

```python
# n: 출구를 포함한 전체 노드의 개수
# l: 노드 간 연결의 개수
# e: 출구의 개수
n, l, e = [int(i) for i in input().split()]

# 그래프 클래스를 하나 생성합니다.
graph = Graph()

for i in range(l):
    # n1 노드와 n2 노드의 위치를 받습니다.
    n1, n2 = [int(j) for j in input().split()]
    # 그래프의 두 노드를 연결합니다.
```

```
    graph.connect(n1, n2)
# 출구 노드의 위치를 얻어옵니다.
exits = []

for i in range(e):
    exits.append(int(input()))
# exits = [int(input()) for i in range(e)]로 간단하게 표현할 수도 있습니다.
```

이제 경로를 탐색해 볼까요? 이 게임에서는 에이전트의 위치 값이 턴마다 바뀌기 때문에 매번 에이전트의 위치에서 출구까지의 경로를 계산해야 합니다. 또한 이 게임의 출구는 여러 개가 될 수 있습니다. 앞에서 에이전트는 가장 가까운 출구를 향해 간다고 했으므로 모든 출구까지의 거리를 계산하고 그중 가장 가까운 출구를 찾아야 합니다.

생각해야 할 것이 많군요. 문제를 단순화할 필요가 있습니다. 이 책에서 계속 주장하는 얘기입니다만, 복잡하고 어려운 문제는 간단한 케이스부터 풀고 이를 점차 확장하는 방법이 좋습니다. 이를 적용하여 일단 출구 노드가 1개인 상황을 위한 코드를 먼저 작성하겠습니다. 실제로 첫 번째~세 번째 테스트 케이스는 출구 노드가 1개이므로 코드를 검증하는 데 아무런 걸림돌이 없습니다.

```
while True:
    si = int(input())    # 에이전트의 현재 위치를 얻어옵니다.
    goal = exits[0]      # 출구가 1개라고 가정하여 출구 목록에서 첫 번째 출구를 가져옵니다.
    # 에이전트의 현재 위치에서 출구까지의 최단 경로를 구합니다.
    shortest_path = graph.find_shortest_path(si, goal)
    # 경로의 마지막 두 노드 사이의 연결을 끊습니다.
    print(shortest_path[-1], shortest_path[-2])
```

최단 경로를 찾는 find_shortest_path 함수를 선언하겠습니다. 이 함수는 출발점과 도착점의 노드 번호를 매개변수로 받고 이동 경로를 배열로 반환합니다. 함수 내용은 아직 구현하지 않았습니다. 함수를 새로 작성할 때 내용보다 매개변수와 반환 값을 먼저 생각하고, 이 함수를 어떻게 사용할지 계획하는 습관을 들이는 것이 좋습니다. 함수의 내용보다 사용하는 측면에서 먼저 코드를 작성하면 함수의 쓰임새와 생김새를 더 잘 파악할 수 있기 때문에 실제 내용을 작성할 때 많은 도움이 됩니다.

shortest_path[-1], shortest_path[-2]는 배열의 맨 마지막 두 요소를 가리킵니다. 즉 출구 노드와 그와 연결된 이웃 노드의 번호입니다. shortest_path에는 시작점부터 도착점까지의 최단 경로의 노드 번호가 저장되도록 반환할 예정입니다. 만약 find_shortest_path(시작점, 도착점)으로 호출하지 않고 find_shortest_path(도착점, 시작점)으로 호출했다면 경로의 맨 앞 두 노드 번호, 즉 shortest_path[0]과 shortest_path[1]을 호출해야 합니다. 이제 최단 거리 탐색 함수를 작성하겠습니다. 앞에서 작성한 너비 우선 탐색 코드를 더 구체화하였습니다.

```python
def find_shortest_path(self, start, goal):
    open_list = [self.nodes[start]]     # 열린 목록에 출발 노드를 추가합니다.
    closed_list = []                    # 탐색 종료된 노드를 저장할 닫힌 목록을 생성합니다.

    # 열린 목록에 탐색할 노드가 남아 있는 동안 반복문을 수행합니다.
    while open_list:
        # 열린 목록의 맨 앞 노드를 가져옵니다.
        current = open_list.pop(0)
        # 가져온 노드는 탐색을 완료했기 때문에 닫힌 목록에 집어넣습니다.
        closed_list.append(current)
        # 현재 노드가 목적지라면 이동 경로를 반환하고 함수를 종료합니다.
        if current.number == goal:
            # 이동 경로는 목적지부터 시작 위치까지 부모 노드를 역으로 참조하면서 생성합니다.
            shortest_path = []
            # 시작 위치까지 되돌아갈 동안 while문을 수행합니다.
            while current.number != start:
                # 노드의 번호를 배열에 추가하면서 되돌아갑니다.
                shortest_path.append(current.number)
                current = current.parent    # current를 부모 노드로 갱신합니다.
            shortest_path.append(start)     # 마지막으로 시작 노드의 번호를 추가합니다.
            # 목적지부터 시작 위치까지의 순서로 노드 번호를 배열에 담았으므로 이를 뒤집어 반환합니다.
            return shortest_path[::-1]

        # 목적지가 아니라면 현재 노드의 이웃 노드를 열린 목록에 추가합니다.
        for node in current.children:
            if node in closed_list or node in open_list:
                # 탐색을 완료했거나 탐색 예정인 노드는 지나칩니다.
                continue
            node.parent = current       # 노드의 이동 경로를 표시합니다.
            open_list.append(node)      # 탐색을 아직 수행하지 않은 노드는 열린 목록에 추가합니다.
    # 모든 노드를 탐색하고도 목적지를 찾지 못하면 빈 배열을 반환합니다.
    return []
```

목적지를 찾은 후 그 이동 경로를 만드는 과정은 화살표(부모 노드)를 역으로 참조하면서 구현했습니다. 이를 단계별로 나누면 다음과 같습니다.

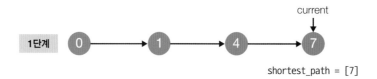

shortest_path = [7]

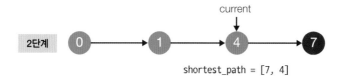

shortest_path = [7, 4]

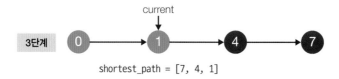

shortest_path = [7, 4, 1]

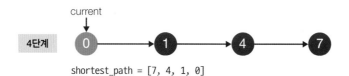

shortest_path = [7, 4, 1, 0]

목적지부터 시작 위치까지 노드 번호를 역으로 배열에 저장하였기 때문에 이를 다시 뒤집을 방법이 필요합니다. 배열의 요소를 뒤집는 방법은 파이썬의 슬라이스 기능을 이용하거나 reverse 함수를 이용하면 됩니다.

```
shortest_path = [7, 4, 1, 0]
shortest_path[::-1] = [0, 1, 4, 7]
```

노드 클래스, 그래프 클래스 그리고 입력 처리 부분까지 모두 작성했다면 테스트 케이스를 돌려 보겠습니다. 세 번째 테스트 케이스까지 성공하였다면 제대로 작성한 것입니다. 혹시 제대로 동작하지 않는다면 앞에서 작성한 코드 중 빠진 부분이 없는지 다시 한번 확인하기 바랍니다. 경우에 따라서는 디버깅을 해야 할 수도 있습니다.

이제 출구가 여러 개인 경우에 대한 처리를 해야 합니다. 네 번째 테스트 케이스는 출구가 모두 3개입니다.

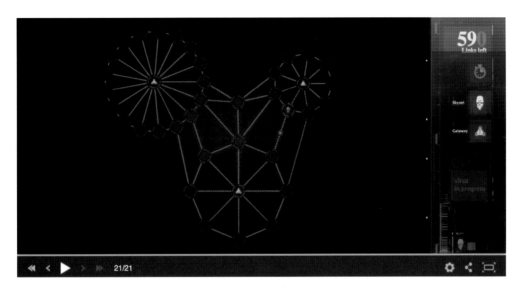

앞에서 작성했던 코드를 조금 수정하겠습니다. 에이전트의 현재 위치에서 모든 출구에 대한 최단 경로를 탐색하고, 탐색한 경로 중 길이가 가장 짧은 경로를 선택하도록 하겠습니다. 경로의 길이가 짧을수록 에이전트와 출구와의 거리가 가깝다는 뜻이니까요.

```python
while True:
    si = int(input())              # 에이전트의 현재 위치를 얻어옵니다.
    shortest_path = None           # 에이전트와 가장 가까운 노드와의 최단 경로를 저장할 변수입니다.
    for goal in exits:
        # 에이전트의 현재 위치에서 출구까지의 최단 경로를 구합니다.
        path = graph.find_shortest_path(si, goal)
        if shortest_path == None or len(path) < len(shortest_path):
            shortest_path = path
    # 최단 경로의 마지막 두 노드 사이의 연결을 끊습니다.
    print(shortest_path[-1], shortest_path[-2])
```

앞에서 작성한 코드와 크게 다르지 않습니다. 에이전트와 모든 출구와의 최단 경로를 구하고, 그 중 가장 짧은 경로를 선택합니다. 경로의 길이가 짧을수록 출구와의 거리가 가깝다는 뜻입니다. shortest_path가 None일 경우는 while문의 첫 번째 주기이므로, 찾은 경로를 곧바로 할당하도록 합니다.

위와 같이 메인 함수의 로직만 바꾸면 다른 곳은 손댈 필요가 없습니다. 바로 네 번째 테스트 케이스를 확인하겠습니다. 어때요? 성공했나요? 불과 몇 줄의 코드를 추가했을 뿐인데 코드가 이제 완벽해졌습니다. 코드를 제출하도록 하겠습니다. 축하합니다. 문제를 해결했군요. 여러분의 코드 덕에 스카이넷의 지배를 벗어날 수 있게 되었습니다!

사실 우리가 작성한 코드에는 보충할 부분이 남아 있습니다. 두 노드의 번호를 출력하여 그래프의 간선을 끊었지만, 우리가 작성한 그래프 클래스에서 실제로 그 연결을 끊은 적이 없습니다. 그래서 에이전트의 위치에 따라 같은 값을 또 출력하기도 합니다. 물론 한 번 끊은 간선을 다시 끊는다고 게임에서 지는 것은 아니지만, 마음에 들지 않습니다. 코드의 효율성을 위해 그래프 클래스에 간선 연결을 해제하는 함수가 필요할 수 있습니다.

```python
def remove_connection(self, x, y):
    self.nodes[x].children.remove(self.nodes[y])
    self.nodes[y].children.remove(self.nodes[x])
```

그래프 클래스에서 실제로 간선 연결을 해제할 경우, 그다음부터는 에이전트의 현재 위치에서 출구까지의 최단 경로가 존재하지 않을 수 있습니다. 왜냐하면 출구 노드의 모든 연결 통로를 끊은 경우 더 이상 이동할 수 없기 때문입니다. 이에 대한 처리를 같이 하지 않으면 오류가 발생하여 게임에서 패배할 수 있습니다.

```python
while True:
    si = int(input())        # 에이전트의 현재 위치를 얻습니다.
    shortest_path = None     # 에이전트와 가장 가까운 노드와의 최단 경로를 저장할 변수입니다.
    for goal in exits:
        # 에이전트의 현재 위치에서 출구까지의 최단 경로를 구합니다.
        path = graph.find_shortest_path(si, goal)
        if len(path) > 0:        # 비어 있는 배열은 배제합니다.
            if shortest_path == None or len(path) < len(shortest_path):
                shortest_path = path
    # 최단 경로의 마지막 두 노드 사이의 간선을 끊습니다.
    print(shortest_path[-1], shortest_path[-2])
```

13-5 더 생각해 봅시다

깊이 우선 탐색과 최단 경로

깊이 우선 탐색을 사용해도 최단 경로를 찾을 수 있을까요? 깊이 우선 탐색을 사용하면 목적지에 도달할 수 있지만, 그 경로가 최단 경로인지는 알 수 없습니다. 군이 확인하자면, 목적지에 도달할 수 있는 모든 경우를 깊이 우선 탐색으로 확인한 후 각 경로의 길이를 구해 최단 경로를 찾을 수는 있습니다. 하지만 이렇게 해서는 아무런 장점이 없습니다. 깊이 우선 탐색으로는 최단 경로를 찾을 수 없다고 생각하는 것이 현명합니다.

노드 간 이동 시간과 최단 거리

노드 간 이동 시간이 다르다면 최단 거리를 어떻게 탐색할까요? 이 문제에서는 노드 간 이동 시간을 따로 계산하지 않았습니다. 모든 노드는 동일한 시간으로 이동한다고 가정하였기 때문입니다. 노드 간 이동에 시간이 걸리고, 그 시간이 간선에 따라 달라지면 너비 우선 탐색으로는 최단 경로를 탐색하지 못할 가능성이 있습니다. 예를 들어 다음과 같은 경우 너비 우선 탐색으로 찾은 최단 경로와 실제 최단 경로와 차이가 있습니다.

앞에서 한번 보여준 예제입니다. 간선에 적혀 있는 숫자는 노드 간 이동에 걸리는 시간입니다. 0번 노드에서 7번 노드까지 이동하는 최단 경로를 다시 구해 보겠습니다.

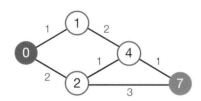

앞에서 사용한 너비 우선 탐색으로 찾은 최단 경로는 $0 \rightarrow 2 \rightarrow 7$이었습니다. 이 경우 출발지부터 도착지까지 걸리는 총 시간은 5입니다. 하지만 $0 \rightarrow 1 \rightarrow 4 \rightarrow 7$의 경로 또는 $0 \rightarrow 2 \rightarrow 4 \rightarrow 7$의 경로로 이동할 경우 노드의 개수는 하나 더 많지만 이동 시간은 4로 오히려 더 빠름을 알 수 있습니다. 이와 같이 노드 간 이동 시간이 간선마다 다를 경우 새로운 탐색법이 필요합니다. 바로 다음 장에서 그 해법을 알려드립니다.

이것으로 코딩게임의 중급 문제를 모두 마쳤습니다. 이 책에서 미처 다루지 못한 중급 문제는 지금까지 저를 잘 따라 왔다면 여러분 스스로 충분히 풀 수 있으리라 생각합니다. 이제는 수준을 조금 높여 고급 문제에 도전해 보도록 하겠습니다. 고급 문제이지만 여러분의 실력으로 충분히 풀 수 있는 문제를 선별했으니 저를 믿고 따라 오기 바랍니다. 계속 코딩합시다!

PART
03

고급 퀴즈 해결하기

PART 03에서는 코딩게임의 고급 문제를 소개합니다. 너무 걱정하지 마세요. 탐욕 알고리즘을 배우면서 고급 문제인 Super Computer를 풀었던 것 기억하나요? 겁먹지 말고 한 문제씩 천천히 풀면 어느샌가 고급 문제를 풀고 있는 자신을 발견하게 될 겁니다. TAN Network에서 다익스트라 알고리즘을 학습하고 Roller Coster에서는 동적 프로그래밍을 학습합니다.

14 TAN NETWORK
최단 경로를 알려드립니다

프랑스 서부의 루아르아틀랑티크^{Loire-Atlantique} 지역 정부는 대중교통 정보를 공개하기로 결정했습니다. 이 지역의 대중교통을 담당하는 회사인 TAN은 주민들에게 두 정거장을 최단 거리로 이동할 수 있는 경로를 제공하려고 합니다.

🔗 https://www.codingame.com/training/hard/tan-network

철도 노선도에서 출발 정거장과 도착 정거장 사이를 최단 경로로 지나가는 모든 정거장의 이름을 알아내는 것이 이 게임의 목적입니다. 이 게임을 통해 여러분은 그래프 간선의 길이가 다를 경우에도 최단 경로를 찾을 수 있는 알고리즘을 학습합니다.

PRACTICE > CLASSIC PUZZLE - HARD >

TAN NETWORK

📍 Difficulty : Hard　　👥 Community success rate: 65%

DETAILS　　DISCUSSIONS　　SOLUTIONS

WHAT WILL I LEARN?　　★★★★☆ 116 👤

Graphs, Pathfinding, Distances, Trigonometry

With this programming puzzle, you implement a pathfinding algorithm like A star, store and process the map of a city in the form of a graph.

LEARN ALGORITHMS ASSOCIATED WITH THIS PUZZLE

Shortest paths with Dijkstra's Algorithm **by** Racso

External resources: Pathfinding, A*, Dijkstra

STATEMENT

Given a list of train stations, their locations and connections, a starting point, and a final point, determine the names of the stations from the start to the end, based on the shortest path.

SOLVE IT

STORY

"Yeah, sure. Wait... Gonna have to call you back, I'm entering the subway.... No, not the sandwich thing, the... Oh come on.... Yeah, I'll meet you at the museum. No, the one next to the plaza where

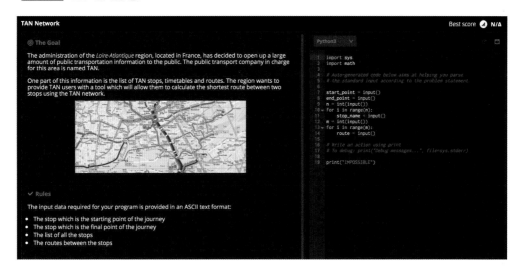

◎ The Goal_게임의 목표

TAN이 공개한 정보에는 각 정거장의 이름, 시간표, 운행 경로 등이 있습니다. 여러분은 지역 주민을 위해 대중교통 앱을 개발해야 합니다. 공개된 정보를 바탕으로 임의의 두 정거장 사이의 최단 경로를 구하는 것이 목표입니다.

✔ Rules_게임의 규칙

공개된 데이터에는 다음 정보가 문자열로 표현됩니다.

- 출발 정거장의 이름   - 도착 정거장의 이름

- 모든 정거장의 정보   - 각 정거장의 연결 정보

모든 정거장은 다음 정보를 가지고 있습니다. 한 줄에 한 정거장의 정보가 표시되며, 각 항목은 콤마(,)로 구분합니다. 입력 순서는 다음 순서에 맞게 들어옵니다.

- 정거장의 고유 식별자

- 정거장의 이름(큰따옴표("")로 구분합니다)

- 정거장의 상세 설명(사용되지 않습니다)

- 정거장의 위도(각도)

- 정거장의 경도(각도)

- 구역의 고유 식별자(사용되지 않습니다)

- 정거장의 URL(사용되지 않습니다)

- 정거장의 종류

– 모 정거장(사용되지 않습니다)

■ 각 정거장의 연결 정보

한 줄에는 두 정거장의 식별자가 공백으로 구분되어 표시됩니다. 이는 첫 번째 정거장에서 두 번째 정거장으로 이동할 수 있다는 뜻입니다. 각 정거장의 식별자는 StopArea 문구와 함께 입력됩니다. 정거장 간 이동은 한 방향으로만 가능합니다. 다시 말해, 두 정거장이 서로 이동 가능하려면 두 정거장의 연결 정보가 각각 표시되어야 합니다.

아래와 같은 경우는 LAIL과 GALH 정거장이 서로 이동 가능하게 됩니다.

```
StopArea:LAIL StopArea:GALH
StopArea:GALH StopArea:LAIL
```

■ 정거장 사이의 거리

두 정거장 A와 B 사이의 거리는 다음 공식으로 계산합니다. 이 공식은 지구상의 두 지점 사이의 거리를 근사치로 계산하는 공식입니다.

$$x = (경도\ B - 경도\ A) \times \cos\left(\frac{위도\ A + 위도\ B}{2}\right)$$

$$y = (위도\ B - 위도\ A)$$

$$거리\ d = \sqrt{x^2 + y^2} \times 6371$$

위 공식에서 6371은 지구의 반지름을 km로 환산한 수치입니다. 위도와 경도는 라디안[radian]으로 변환하여야 합니다.

■ **Input_입력 받는 값**

첫 번째 라인: 출발 정거장의 식별자

두 번째 라인: 도착 정거장의 식별자

세 번째 라인: 노선도에서 전체 정거장의 개수 N

다음 N라인: 각 정거장의 정보(모든 정거장의 정보가 입력됩니다)

다음 라인: 노선도에서 연결된 정거장 경로의 개수 M

다음 M라인: 연결된 두 정거장의 식별자

■ **Output_출력해야 할 값**

출발 정거장부터 도착 정거장까지 최단 경로로 지나가는 모든 정거장의 이름을 출력해야 합니다. 한 줄에 하나의 이름을 출력합니다. 최단 경로를 찾지 못할 경우 IMPOSSIBLE을 출력합니다.

■ **Constraints_제약사항**

$0 < N < 10000$

$0 < M < 10000$

🖥 **Example_예제**

입력	설명
StopArea:ABDU	출발 정거장
StopArea:ABLA	도착 정거장
3	총 정거장 개수
StopArea:ABDU,"Abel Durand",47.22019661,−1.60337553,,,1,	ABDU 정거장 정보
StopArea:ABLA,"Avenue Blanche",47.22973509,−1.58937990,,,1,	ABLA 정거장 정보
StopArea:ACHA,"Angle Chaillou",47.26979248,−1.57206627,,,1,	ACHA 정거장 정보
2	연결된 경로의 개수
StopArea:ABDU StopArea:ABLA	ABDU → ABLA
StopArea:ABLA StopArea:ACHA	ABLA → ACHA

ABDU 정거장에서 ABLA 정거장에 이르는 최단 경로는 곧 바로 연결되어 있는 두 역을 지나가는 경로입니다. 두 정거장의 이름을 차례대로 출력하면 됩니다.

```
Abel Durand
Avenue Blanche
```

14-2 어떻게 풀까요?

문제를 보자마자 그래프상에서 최단 거리를 구하는 문제임을 알 수 있습니다. 최단 거리 문제라면 앞 장에서 배운 너비 우선 탐색이 생각날 것입니다. 이 문제에 너비 우선 탐색을 적용할 수 있을까요? 경우에 따라서 가능합니다. 너비 우선 탐색은 시작 노드와 인접한 노드부터 차례대로 탐색을 진행하는 알고리즘입니다. 각 노드 사이의 거리가 모두 동일하다면 너비 우선 탐색으로 최단 거리를 구할 수 있습니다.

아래 그림의 간선에 적힌 숫자는 간선의 거리입니다. 이를 다른 말로 얘기하면 노드 간 이동에 드는 비용과 같습니다. 거리가 멀수록 이동 비용 또는 이동 시간이 증가하겠죠? 앞 장 Skynet Revolution을 다시 확인해 보면 에이전트의 이동 속도는 항상 일정하여 1턴에 하나의 노드만을 이동할 수 있었습니다. 다시 말해 모든 간선의 거리가 1이란 뜻입니다.

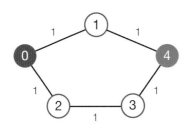

위 그림에서 0번 노드에서 4번 노드로 이동하는 최단 경로를 너비 우선 탐색으로 풀면 그 경로는 0 → 1 → 4임을 알 수 있습니다.

만약 간선의 거리가 각기 다른 경우는 어떨까요? 다음 그림을 살펴보겠습니다.

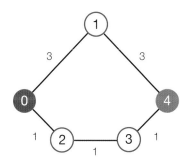

앞선 그래프와 모양은 동일하지만 간선의 거리(이동 비용)가 다릅니다. 너비 우선 탐색은 여전히 0 → 1 → 4의 경로를 말하지만 거리는 이제 6이 됩니다. 반면에 0 → 2 → 3 → 4번의 경로를 선택하면 비록 노드를 하나 더 거쳐가지만 거리는 3이 되므로 더 빠르게 4번 노드에 도착할 수 있습니다.

그러므로 최단 경로 탐색 문제가 나오면 노드의 이동 비용이 모두 동일한지 아닌지를 먼저 확인해봐야 합니다. 너비 우선 탐색은 노드 이동 비용이 동일할 경우에 최단 경로를 보장합니다. 정확히 얘기하면 큐에 추가되는 노드의 이동 비용이 큐에 있는 노드보다 감소하는 경우가 없을 때, 다시 말해 노드 이동 비용이 같거나 증가하는 경우에만 최단 경로를 보장합니다. 하지만 그래프에서 노드의 이동 비용이 감소하는지 여부를 한눈에 파악하기 쉽지 않기 때문에 노드의 이동 비용이 모두 같을 경우에 너비 우선 탐색이 최단 경로를 보장한다고 생각하는 것이 편합니다.

그렇다면 간선의 거리가 다른 경우 최단 경로를 어떻게 찾을 수 있을까요? 이런 경우 최단 경로를 찾을 수 있는 알고리즘 중 대표적인 것에는 다익스트라 알고리즘이 있습니다. 다익스트라^{Dijkstra}는 네덜란드의 과학자이자 개발자로 많은 알고리즘을 개발했습니다. 이 장에서 소개할 알고리즘 역시 본인의 이름을 딴 알고리즘입니다.

14-3 필요한 알고리즘은?

다익스트라 알고리즘

다익스트라 알고리즘$^{Dijkstra\ algorithm}$은 그래프상에서 최단 경로를 탐색하는 알고리즘으로 너비 우선 탐색과 비슷한 점이 많습니다. 탐색할 노드를 열린 목록$^{open\ list}$에 추가하고, 탐색을 마친 노드를 닫힌 목록$^{closed\ list}$에 추가하는 점은 너비 우선 탐색과 동일합니다. 너비 우선 탐색은 큐에서 들어온 순서대로 다음에 탐색할 노드를 정하는 반면, 다익스트라 알고리즘은 시작 노드부터 각 노드까지의 거리가 가장 짧은 노드를 다음에 탐색할 노드로 정하는 점이 다릅니다.

다음 그래프를 예를 들어 설명하겠습니다. 간선에 적힌 숫자는 간선의 거리 또는 이동 비용을 말합니다. 0번 노드에서 6번 노드까지 최단 거리로 이동하는 경로를 다익스트라 알고리즘으로 찾아보겠습니다.

맨 처음에는 너비 우선 탐색과 동일하게 시작 노드인 0번 노드의 이웃 노드(1번, 3번, 4번, 5번)를 열린 목록에 집어넣습니다. 노드를 열린 목록에 집어넣을 때는 시작 노드부터 각 노드까지의 거리도 같이 계산하도록 합니다. 또한 각 노드는 어느 노드로부터 이동해 왔는지 화살표로 표시합니다. 이를 부모 노드로 지정합니다. 이는 너비 우선 탐색에서도 했던 방법입니다.

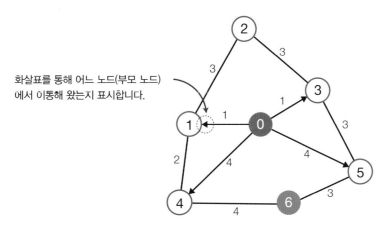

이웃 노드를 추가했으면 0번 노드를 닫힌 목록에 집어넣습니다. 노드 번호 옆 괄호 안의 숫자는 시작 노드부터 각 노드까지의 거리를 표시한 것입니다. 1번 노드와 3번 노드까지의 거리는 모두 1로 열린 목록에 있는 노드 중 거리가 가장 짧은 노드입니다. 둘 중 하나의 노드를 가져옵니다. 편의상 1번 노드를 가져오도록 하겠습니다.

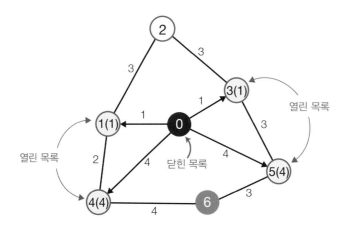

1번 노드를 열린 목록에서 꺼내고 그 이웃 노드를 열린 목록에 넣습니다. 2번 노드는 0번 노드에서 1번 노드를 거쳐 2번 노드로 이동하며 거리는 4입니다. 4번 노드의 경우 이미 열린 목록에 들어 있습니다. 이동 경로는 0번 노드에서 4번 노드로 바로 이동하며, 그 거리는 4였습니다. 하지만 0번 노드에서 1번 노드를 거쳐 4번 노드로 이동하면 거리가 3으로 더 빨리 도달할 수 있습니다. 기존의 경로보다 더 좋은 경로를 발견했으므로 해당 노드의 이동 경로를 변경합니다. 노드의 거리를 3으로 변경하고, 4번 노드의 부모 노드를 0번 노드에서 1번 노드로 변경합니다. 더 좋은 경로를 찾을 때마다 노드의 이동 방향을 바꾸는 것이 다익스트라 알고리즘의 핵심입니다.

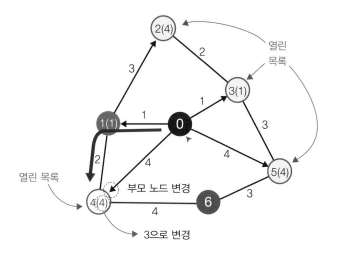

다음으로 열린 목록에 있는 노드 중 거리가 가장 작은 값인 3번 노드를 꺼냅니다. 3번 노드의 이웃 노드인 2번 노드의 경우 기존의 경로인 0 → 1 → 2의 경로로 이동할 경우 거리가 4였습니다. 하지만 0 → 3 → 2로 이동하면 거리가 3으로 1만큼 줄어듭니다. 더 좋은 경로를 발견했으므로 2번 노드의 이동 경로를 변경 합니다. 3번 노드의 또 다른 이웃 노드인 5번 노드의 경우 기존의 경로인 0 → 5와 새로운 경로인 0 → 3 → 5 거리가 동일합니다. 거리가 같을 경우에는 군이 새로운 경로로 바꿀 필요가 없습니다.

열린 목록에 있는 남아 있는 노드 중 최단 거리 노드는 2번 노드와 4번 노드입니다. 2번 노드의 이웃 노드는 이미 탐색을 다 마쳤습니다. 더 이상 처리할 것이 없으므로 4번 노드로 이동하겠습니다. 4번 노드의 이웃 노드인 6번 노드를 열린 목록에 추가합니다.

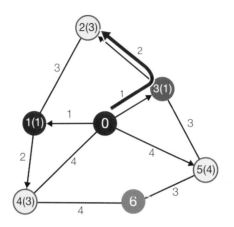

다음으로 최단 거리 노드인 5번 노드를 꺼냅니다. 5번 노드의 이웃 노드인 6번 노드는 이미 열린 목록에 있습니다. 0번 노드에서 5번 노드를 거쳐 6번 노드로 이동하는 경로는 거리가 7입니다. 현재 열린 목록에 있는 6번 노드의 거리와 같으므로 경로를 변경하지 않습니다. 마지막으로 6번 노드를 열린 목록에서 꺼내면 이는 도착 노드임을 알 수 있고, 최단 거리로 이동하는 경로는 6번 노드의 부모 노드를 역으로 추적하면 알 수 있습니다. 바로 $0 \rightarrow 1 \rightarrow 4 \rightarrow 6$ 경로가 0번 노드에서 6번 노드로 가는 최단 경로임을 알 수 있습니다. 이해되었나요?

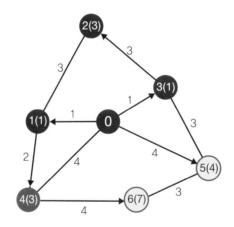

이제 코드를 작성할 차례입니다.

너비 우선 탐색과 전체적인 구조는 비슷하므로 Skynet Revolution에서 사용한 최단 경로 탐색 함수를 가져오겠습니다.

```python
# Skynet Revolution의 코드
def find_shortest_path(self, start, goal):
    # 다익스트라 알고리즘의 기본뼈대는 너비 우선 탐색과 비슷합니다.
    open_list = [self.nodes[start]]
    closed_list = []
    while open_list:
        current = open_list.pop(0)
        closed_list.append(current)

        # number가 아닌 정거장 식별자로 비교해야 합니다.
        if current.number == goal:
            shortest_path = []
            while current.number != start:
                # number가 아닌 정거장 이름이 출력되어야 합니다
                shortest_path.append(current.number)
                current = current.parent
            shortest_path.append(start)
            return shortest_path[::-1]

        # 이 부분을 다익스트라 알고리즘으로 변경합니다
        for node in current.children:
            if node in closed_list or node in open_list:
                continue
            node.parent = current
            open_list.append(node)
    return []
```

먼저 출발 노드를 찾아 열린 목록에 넣습니다. Skynet Revolution에서 노드를 구분한 것은 노드 번호였습니다만, TAN Network는 식별자로 노드를 구분합니다. 함수의 매개변수를 식별자로 변경합니다.

```python
def find_shortest_path(self, start_id, end_id):
    start_stop = self.nodes[start_id]   # 출발 정거장 노드를 찾아옵니다.
    end_stop = self.nodes[end_id]       # 도착 정거장 노드를 찾아옵니다.
    open_list = [start_stop]            # 출발 정거장 노드를 열린 목록에 추가합니다.
    closed_list = []
    ......
```

다음 작성해야 할 부분은 열린 목록에 탐색 노드를 추가하는 코드입니다. 노드를 열린 목록에 추가할 때 시작 노드부터 각 노드까지의 거리를 계산해야 합니다.

```python
def find_shortest_path(self, start_id, end_id):
    start_stop = self.nodes[start_id]
    end_stop = self.nodes[end_id]
    open_list = [start_stop]
    closed_list = []

    while open_list:
        current = open_list.pop(0)      # 열린 목록의 첫 번째 노드를 가져옵니다.
        closed_list.append(current)
        if current.identifier == end_stop.identifier:
            # 도착 정거장을 찾으면 최단 경로를 지나는 정거장 이름을 배열에 담아 반환합니다.
            .......

        # 현재 노드와 연결된 이웃 노드를 확인합니다.
        for neighbor in current.children:
            # 한 번도 확인하지 않은 경우 열린 목록에 집어넣습니다.
            if neighbor not in closed_list and neighbor not in open_list:
                # 현재 노드를 이웃 노드의 부모 노드로 지정하여 이웃 노드의 이동 방향을 결정합니다.
                neighbor.parent = current
                # 이웃 노드의 거리는 시작 노드부터 현재 노드까지의 거리와
                # 현재 노드에서 이웃 노드까지의 거리의 합입니다.
                neighbor.distance = current.distance + neighbor.get_distance(current)
                open_list.append(neighbor)
```

현재 노드는 그 이웃 노드의 입장에서는 부모 노드가 됩니다. 즉, 이웃 노드로 이동할 때 현재 노드를 거쳐 간다는 뜻입니다. 이웃 노드의 거리는 시작 노드로부터 현재 노드의 거리와 현재 노드부터 이웃 노드까지의 거리를 더한 것과 같습니다.

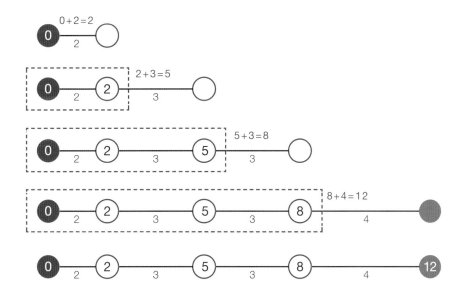

다음으로 열린 목록에 있는 노드 가운데 더 좋은 경로를 발견했을 때 처리하는 부분을 작성해 보겠습니다.

```python
def find_shortest_path(self, start_id, end_id):
.......
while open_list:
    current = open_list.pop(0)      # 열린 목록의 첫 번째 노드를 가져옵니다.
    .......

    # 현재 노드와 연결된 이웃 노드를 확인합니다.
    for neighbor in current.children:
        # 이미 열린 목록에 있는 경우 두 경로의 거리를 비교합니다.
        if neighbor in open_list:
            # index 함수를 이용하여 배열에서 특정 노드를 가져옵니다.
            # 노드가 배열에 없는 경우 ValueError를 반환하지만,
            # 이미 열린 목록에 있는 것을 확인했습니다.
            exist_one = open_list[open_list.index(neighbor)]
            new_distance = current.distance + neighbor.get_distance(current)

            # 열린 목록에 이미 있는 노드라면 기존의 경로와 새로운 경로의 거리를 비교합니다.
            if new_distance < exist_one.distance:
                # 더 좋은 경로를 발견하면 부모 노드와 그 값을 갱신하여 새로운 경로를 만듭니다.
                exist_one.parent = current
                exist_one.distance = new_distance
```

```
        # 열린 목록과 닫힌 목록에 모두 없으면 탐색하지 않은 노드이므로 열린 목록에 추가합니다.
        elif neighbor not in closed_list and neighbor not in open_list:
            neighbor.parent = current
            neighbor.distance = current.distance + neighbor.get_distance(current)
            open_list.append(neighbor)
```

마지막으로 열린 목록에 있는 노드 중 거리가 가장 짧은 노드를 찾아올 수 있어야 합니다. 열린 목록에서 다음 탐색 노드를 가져올 때 거리가 가장 짧은 값을 탐색하여 가져오도록 코드를 작성할 수 있습니다. 또는 반복문의 맨 끝에서 거리에 따라 정렬하면 열린 목록의 첫 번째 노드는 항상 거리가 가장 짧은 노드가 되므로 기존 코드를 수정하지 않고 그대로 이용할 수 있습니다. 저는 후자의 방법을 택하겠습니다.

```
def find_shortest_path(self, start_id, end_id):
    ......
    while open_list:
        for node in current.children:
            # 열린 목록에 이웃 노드를 추가합니다.
            ......
        open_list = sorted(open_list, key=lambda x: x.distance)
```

파이썬의 정렬 함수와 람다[lambda]를 이용하여 열린 목록을 노드의 거리순으로 정렬했습니다. 이제 최단 경로 탐색 함수를 완성했습니다. 함수의 완성된 모습은 다음과 같습니다.

```
def find_shortest_path(self, start_id, end_id):
    start_stop = self.nodes[start_id]        # 출발 정거장
    end_stop = self.nodes[end_id]            # 도착 정거장
    open_list = [start_stop]
    closed_list = []

    while open_list:
        current = open_list.pop(0)
        closed_list.append(current)
        if current.identifier == end_stop.identifier:
            path = []
            while current is not None:
                # 경로 출력 시 정거장 이름이 필요합니다.
                path.append(current.name)
                current = current.parent
```

```
                return path[::-1]

        for neighbor in current.children:
            if neighbor in open_list:
                exist_one = open_list[open_list.index(neighbor)]
                new_distance = current.distance + neighbor.get_distance(current)
                # 기존 경로보다 더 좋은 경로를 발견하면
                if new_distance < exist_one.distance:
                    exist_one.parent = current
                    exist_one.distance = new_distance
            elif neighbor not in closed_list and neighbor not in open_list:
                neighbor.parent = current
                neighbor.distance = current.distance + neighbor.get_distance(current)
                open_list.append(neighbor)
        # 열린 목록을 거리순으로 정렬합니다.
        open_list = sorted(open_list, key=lambda x: x.distance)
    return []
```

최단 경로 탐색 함수를 만들었으니 이제 문제를 풀어 볼 차례입니다.

14-4 풀어 봅시다

다익스트라 알고리즘을 문제에 적용하기에 앞서 준비해야 할 것이 있습니다. Skynet Revolution
에서 사용한 그래프 클래스와 노드 클래스를 이번 문제의 내용에 맞게 변경해야 합니다. 먼저 노드
클래스를 변경하겠습니다.

```
# Skynet Revolution의 Node 클래스
class Node:
    def __init__(self, number):
        self.number = number
        self.parent = None
        self.children = []

    def connect(self, other):
        self.children.append(other)
```

노드 클래스는 각 정거장의 정보를 저장하는 기본 자료구조로 사용할 예정입니다. Skynet
Revolution에서는 노드의 번호와 연결 정보만 있으면 되었지만, TAN Network에서는 각 정거장

의 정보를 노드 클래스에 저장해야 합니다. 대표적으로 식별자, 정거장 이름, 위도, 경도가 있습니다. 또한 시작 노드부터 각 정거장까지의 거리(이동 비용)를 저장할 변수도 필요합니다. 이를 반영하여 생성자를 수정해 보겠습니다.

```python
def __init__(self, identifier, name, latitude, longitude):
    self.identifier = identifier        # 고유 식별자
    self.name = name                    # 정거장 이름
    self.latitude = latitude            # 위도
    self.longitude = longitude          # 경도
    self.distance = 0.0                 # 시작 노드부터 이 정거장까지의 거리
    self.parent = None                  # 부모 노드: 경로상의 직전 노드
    self.children = []                  # 자식 노드: 이웃 노드를 담을 배열
```

한 지점에서 다른 지점까지의 거리를 구하는 방법은 문제에서 주어져 있습니다.

$$x = (경도\,B - 경도\,A) \times \cos(\frac{위도\,A + 위도\,B}{2})$$

$$y = (위도\,B - 위도\,A)$$

$$거리\,d = \sqrt{x^2 + y^2} \times 6371$$

이를 이용하여 다른 정거장과의 이동 거리를 계산하는 함수를 추가해 보겠습니다. 입력에서 주어진 위도와 경도의 단위는 각도이고, 공식에서 사용하는 단위는 라디안입니다. 이러한 점을 감안하여 모든 각도를 라디안으로 변환해야 합니다. 각도를 라디안으로 변환하는 방법은 내장 함수를 사용하거나, 내장 함수가 없다면 각도×π/180으로 계산하면 됩니다.

```python
    # self 노드에서 other 노드와의 거리를 구하는 공식
    def get_distance(self, other):
        x = math.radians(other.longitude - self.longitude) * math.cos(math.radians((self.
latitude + other.latitude) / 2.0))
        y = math.radians(other.latitude - self.latitude)
        return math.sqrt(x * x + y * y) * 6371.0
```

노드 클래스는 이 정도면 될 듯합니다. 다음으로 그래프 클래스를 수정해야 합니다. 다시 한번 Skynet Revolution에서 사용한 그래프 클래스를 가져오겠습니다.

```
# Skynet Revolution의 Graph 클래스
class Graph:
    def __init__(self):
        self.nodes = {}

    def connect(self, x, y):
        if x not in self.nodes:
            self.nodes[x] = Node(x)
        if y not in self.nodes:
            self.nodes[y] = Node(y)

        self.nodes[x].connect(self.nodes[y])
        self.nodes[y].connect(self.nodes[x])

    def find_shortest_path(self, start, end):
        # 앞에서 이미 최단 경로 탐색 함수를 작성했습니다.
        ...
        return []
```

먼저 remove_connection 함수는 이 문제에서 사용할 일이 없으므로 삭제합니다. connect 함수는 수정이 필요합니다. Skynet Revolution에서는 노드 번호를 입력 받으면서 노드를 생성할 수 있었습니다. 그래서 두 노드의 생성과 연결을 모두 connect 함수 안에서 처리했습니다. 하지만 TAN Network에서는 정거장 정보를 따로 입력 받기 때문에 노드를 생성하는 곳과 두 정거장을 연결하는 함수를 분리해야 합니다.

먼저 노드 클래스를 그래프 내부 자료형에 추가하는 함수를 만들도록 하겠습니다. 함수 이름은 insert로 하고 매개변수는 정거장의 고유 식별자와 노드 클래스를 받습니다. 정거장의 식별자는 고유한 값을 가지므로 딕셔너리의 키로 사용합니다.

```
# 사용 예 : graph.insert("ABDU", Node("ABDU", "Abel Durand", 47.22, -1.60))
def insert(self, uid, node):          # uid는 노드 클래스 식별자
    self.nodes[uid] = node
```

노드 생성을 insert 함수에서 했기 때문에 connect 함수는 두 정거장을 연결하기만 하면 됩니다. 또한 이 문제에서 주어진 연결 정보는 양방향이 아닌 단방향이므로 한 방향에 대해서만 연결하도록 합니다. connect 함수의 매개변수는 각 정거장의 고유 식별자입니다.

```
def connect(self, id1, id2):
    self.nodes[id1].connect(self.nodes[id2])
```

최단 경로 탐색 함수는 이미 설명했으므로 그대로 사용하겠습니다. 남은 것은 프로그램의 입력 부분을 처리하면서 적절하게 그래프 클래스와 노드 클래스를 생성하는 것입니다.

프로그램 입력 순서대로 코드를 작성해 보겠습니다. 맨 처음 두 줄은 출발 정거장과 도착 정거장의 식별자를 나타냅니다. 각각 StopArea 문구와 함께 표시됩니다.

```
# 입력 형식은 StopArea:ABDU와 같습니다.
# split 함수를 이용하여 ':'를 기준으로 분리한 후 뒷부분만을 취합니다.
start_id = input().split(':')[1]    # ABDU와 같은 식별자를 저장합니다.
end_id = input().split(':')[1]      # 마찬가지로 도착 정거장의 식별자를 저장합니다.
```

다음으로 모든 정거장의 정보를 받아오고, 이와 함께 정거장 정보를 저장할 그래프 클래스를 생성해 보겠습니다. 모든 정거장 정보는 그래프 클래스의 insert 함수를 이용하여 내부 자료형에 저장합니다.

```
# StopArea:ABDU,"Abel Durand",,47.22019661,-1.60337553,,,,1,
# 정거장 정보에는 여러 가지 내용이 있지만 우리는 다음 4가지의 정보만을 필요로 합니다.
# 인덱스 0: 식별자, 1: 정거장 이름, 3: 위도, 4: 경도
tan = Graph()
n = int(input())
for i in range(n):
    stop_info = input().split(',')          # 정거장 정보의 각 필드는 콤마(,)로 구분합니다.
    # 식별자는 정거장 이름과 마찬가지 방법으로 얻어옵니다.
    identifier = stop_info[0].split(':')[1]
    # 정거장 이름의 앞뒤에는 큰 따옴표("")가 있어 strip 함수를 이용하여 이를 제거합니다.
    name = stop_info[1].strip('\"')
    latitude = float(stop_info[3])          # 위도값을 실수형으로 변환합니다.
    longitude = float(stop_info[4])         # 경도값을 실수형으로 변환합니다.
    # 필요한 정보를 모두 얻었으면 노드 클래스를 생성하여 딕셔너리에 추가합니다.
    tan.insert(identifier, Node(identifier, name, latitude, longitude))
```

다음으로 각 정거장의 연결 정보를 그래프에 저장해야 합니다. 두 정거장의 연결 정보는 다음과 같이 입력됩니다.

```
StopArea:ABDU StopArea:ABLA
```

두 정거장 식별자는 공백으로 구분되어 있습니다. 각 정거장 정보는 StopArea 문구와 함께 고유 식별자가 따라옵니다.

```
m = int(input())                    # 정거장의 연결 정보의 개수
for i in range(m):
    stop_area1, stop_area2 = input().split(' ')
    stop1_id = stop_area1.split(':')[1]
    stop2_id = stop_area2.split(':')[1]
    tan.connect(stop1_id, stop2_id)
```

마지막으로 최단 경로를 검색하고 그 결과를 출력합니다.

```
path = tan.find_shortest_path(start_id, end_id)

if len(path) > 0:
    for stop in path:              # 정거장 이름을 한 줄에 하나씩 출력합니다.
        print(stop)
else:
    print("IMPOSSIBLE")            # 경로를 찾지 못할 경우 IMPOSSIBLE을 출력합니다.
```

최단 경로를 찾지 못했을 경우도 있기 때문에 이에 대한 코드 역시 작성해야 합니다. 코드를 작성했으면 실행해 볼까요?

14-5 더 생각해 봅시다

다익스트라 알고리즘 적용이 불가한 경우

간선의 이동 비용이 음수인 경우 다익스트라 알고리즘은 탐색을 제대로 수행할 수 없습니다. 그림에서 모든 노드의 이동 비용이 양수라면 0번 노드에서 2번 노드로 이동하는 최적의 경로는 0에서 2로 바로 이동하는 경우입니다. 그 어떤 경로를 거치더라도 거리는 2보다 클 수밖에 없습니다. 하지만 간선의 이동 비용이 음수인 경우가 있다면 더 이상 다익스트라 알고리즘을 적용할 수 없습니다.

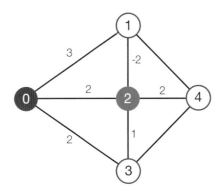

그림과 같이 0 → 1 → 2번 노드로 이동하면 최종 비용은 1로, 0번 노드에서 2번 노드로 바로 이동하는 것보다 더 적은 비용으로 이동할 수 있습니다. 다익스트라 알고리즘에서 노드가 닫힌 목록에 있다는 뜻은 이미 최단 경로를 찾았다는 뜻입니다. 하지만 간선의 비용에 음수가 있는 경우, 더 좋은 경로를 나중에 발견할 수 있기 때문에 다익스트라 알고리즘을 적용할 수 없습니다.

또한 노드 이동 비용이 음수인 경우 노드를 무한 반복하는 경우도 발생합니다.

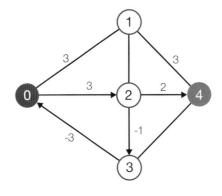

그림에서 0번 노드에서 4번 노드로 이동하는 최단 경로 비용은 보통의 경우 0 → 2 → 4의 경로로 이동하며 그 비용은 5입니다. 하지만 0 → 2 → 3 → 0 → 2 → 4의 경로로 이동하게 되면 총 비용은 4가 됩니다. 그리고 0 → 2 → 3의 경로를 계속 방문할수록 전체 이동 비용은 계속 감소하므로 최단 경로 탐색은 무한 반복을 하게 됩니다.

그래서 노드 이동 경로에 음수가 있는 경우에는 다익스트라 알고리즘이 아닌 다른 알고리즘을 사용해야 합니다. 그중 대표적인 알고리즘에는 벨만–포드 알고리즘이 있습니다. 하지만 이동 비용이 음수인 경우는 일반적으로 많이 나오는 상황은 아니므로 지금 단계에서는 다익스트라 알고리즘처럼 이동 비용이 양수인 상황만을 염두하는 것이 좋습니다.

다익스트라 알고리즘의 단점

다익스트라 알고리즘은 시작 노드를 기준으로 가장 가까운 노드부터 계속 탐색하기 때문에 원형으로 퍼져 나가는 경향이 있습니다. 그렇기 때문에 도착 노드가 출발 노드로부터 멀리 있는 경우 탐색 시간이 오래 걸리는 편입니다. 이를 개선한 알고리즘으로 A*(에이—스타) 알고리즘이 있습니다.

> **여기서 잠깐** **A*(에이—스타) 알고리즘이란** A* 알고리즘은 다익스트라 알고리즘의 확장이라 할 수 있습니다. 시작 노드부터 각 노드까지 최단 거리를 구하는 면에서는 동일하지만 다음 탐색할 노드를 정할 때는 시작 노드로부터의 최솟값뿐만 아니라, 각 노드에서 도착 노드까지 예상 거리를 같이 합산한 값이 최소가 되는 노드를 먼저 탐색합니다. 아무래도 도착 노드에 가까운 노드를 먼저 탐색하기 때문에 다익스트라 알고리즘보다 빠른 시간에 목적지를 찾습니다. 그런 이유로 현재 가장 많이 사용하는 알고리즘 중 하나입니다.

15 ROLLER COASTER
최고의 롤러코스터 타이쿤 되기

롤러코스터를 좋아하는 사람들이 있습니다. 그리고 롤러코스터를 좋아하는 사람들을 좋아하는 사람들이 있습니다. 바로 놀이공원 직원들입니다. 오늘 여러분은 놀이공원에서 일을 합니다. 여러분의 임무는 놀이공원의 매출을 계산하는 것입니다. 롤러코스터를 타는 아찔한 경험만큼 큰 매출을 기대해 볼까요?

https://www.codingame.com/training/hard/roller-coaster

이 게임의 목적은 롤러코스터 대기열을 시뮬레이션하는 것입니다. 대기열에는 수많은 사람이 대기하고 있고 반복적으로 롤러코스터를 탑승합니다. 대기열은 원형으로 되어 있어 시뮬레이션의 속도를 높일 수 있는 특별한 방법이 필요합니다. 이 게임을 통해 여러분은 원형 큐$^{circular\ queue}$와 빅데이터$^{big\ data}$를 처리할 수 있는 최적화 방법을 학습합니다.

PRACTICE > CLASSIC PUZZLE - HARD >

ROLLER COASTER

Difficulty : Hard   Community success rate: 68%

DETAILS   DISCUSSIONS   SOLUTIONS

WHAT WILL I LEARN?   ★★★★★ 345

Dynamic Programming, Simulation

This puzzle makes you grasp the basics of queues and cycles of queues. You need to optimize your code to process a big dataset.

External resources: FIFO Queue

STATEMENT

The goal of this puzzle is to simulate the ride of a queue of people on a rollercoaster. The queue forms a cycle so there is something to exploit there in order to speed up your simulation.

SOLVE IT

STORY

We all like roller coasters. But there are people who like people who like roller coasters. Today, you are one of them, as you have to check the profit of an attraction in an amusement park. Let's hope there will be more ups than downs.

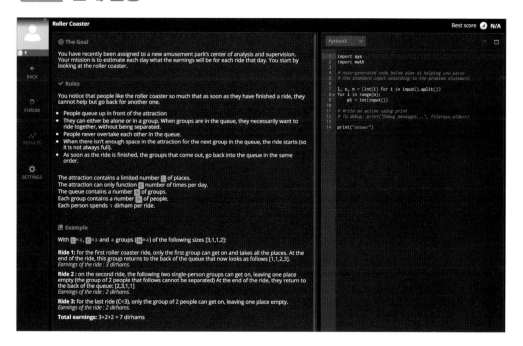

The Goal_게임의 목표

여러분은 놀이공원의 분석 및 감독 담당자로 배정되었습니다. 여러분의 임무는 매일 놀이공원의 매출이 얼마나 될지 예측하는 것입니다. 먼저 롤러코스터의 매출을 계산하는 것으로 업무를 시작합니다. 롤러코스터의 운행 횟수, 1회당 탑승 인원, 승객 그룹의 개수 및 그룹의 인원수에 따라 전체 매출을 구합니다.

Rules_게임의 규칙

놀이공원의 사람들은 롤러코스터를 매우 좋아해서 롤러코스터에서 내리자마자 다른 기구에는 관심도 없이 다시 롤러코스터를 타려고 줄을 섭니다. 롤러코스터의 탑승 규칙은 다음과 같습니다.

- 롤러코스터 앞에 차례대로 줄을 서고, 줄을 선 순서대로 탑승합니다.

- 단체 손님은 모두 함께 탑승하기를 원합니다. 같은 그룹에 속한 손님들은 여러 대에 나눠 탑승할 수 없습니다.

- 지정된 좌석보다 초과한 인원을 태울 수 없습니다.

- 단체 손님을 모두 태우기에 좌석이 부족한 경우에는 롤러코스터에 탑승시키지 않고 그냥 출발합니다. 탑승하지 못한 손님은 다음 차에 탑승하도록 합니다. 그러므로 롤러코스터에서 일부 좌석이 빈 채로 운행될 수 있습니다.

– 탑승객은 롤러코스터에서 내리자마자 대기열의 맨 뒤에 다시 차례대로 줄을 섭니다.

롤러코스터의 운행 규칙은 다음과 같습니다.

– 롤러코스터는 한 번에 L명까지 승객을 태울 수 있습니다.

– 롤러코스터는 하루에 C번 운행합니다.

– 대기열에는 N개의 손님 그룹이 있습니다. 그룹은 개인이거나 단체일 수 있습니다.

– 각 그룹에는 P_i명의 사람이 있습니다.

– 롤러코스터의 이용 요금은 1명당 1원입니다.

– 탑승 정원보다 그룹의 인원이 많은 경우는 고려하지 않아도 됩니다.

– L, C, N, P_i는 입력 값으로 제공됩니다.

🖥 Example_예제

다음 경우를 예를 들어 보겠습니다. L=3(탑승 정원), C=3(운행 횟수), N=4(그룹의 개수)이 있고 P_i(그룹의 인원수)=[3, 1, 1, 2]라고 합시다.

롤러코스터는 하루에 3번(C) 운행합니다.

– 첫 번째 운행: 롤러코스터의 탑승 정원(L)은 3명이고 첫 번째 그룹은 3명입니다. 첫 번째 그룹을 태우고 운행을 시작합니다. 3명을 태웠으므로 매출은 3원입니다. 운행을 마친 손님은 대기열의 맨 뒤에 줄을 섭니다. 대기열은 [1, 1, 2, 3]이 됩니다.

– 두 번째 운행: 대기열에 각각 1명씩 두 그룹이 있습니다. 두 그룹을 태우면 한 자리만 남아서 그 뒤의 그룹 2명을 모두 태울 수 없습니다. 그러므로 2명만 태우고 운행을 시작합니다. 매출은 2원입니다. 운행을 마친 승객은 다시 대기열의 맨 뒤에 줄을 섭니다. 대기열은 [2, 3, 1, 1]이 됩니다.

– 세 번째 운행: 첫 번째 그룹 2명만이 롤러코스터에 탑승할 수 있습니다. 앞선 운행과 마찬가지로 한 자리는 비운 채 운행합니다. 매출은 2원입니다.

3번의 운행을 모두 마쳤고 총 매출은 3 + 2 + 2 = 7원입니다.

예를 하나 더 들어 볼까요? L=5, C=3, N=4, P_i=[2, 3, 5, 4]입니다. 총 3번(C)의 운행을 다음과 같이 진행합니다.

– 첫 번째 운행: 탑승 정원(L)이 5명이므로 처음 두 그룹(2명, 3명)을 태울 수 있습니다. 매출은 5원이고 다음 대기열은 [5, 4, 2, 3]입니다.

– 두 번째 운행: 대기열의 첫 번째 그룹 인원(5명)과 롤러코스터의 정원이 같습니다. 첫 번

째 그룹을 태우고 운행을 합니다. 매출은 5원입니다. 다음 대기열은 [4, 2, 3, 5]입니다.

- 세 번째 운행: 첫 번째 그룹은 4명만을 태우고 운행을 합니다. 매출은 4원입니다. 다음 대기열은 [2, 3, 5, 4]입니다.

3번의 운행을 모두 마쳤고 총 매출액은 5 + 5 + 4 = 14원입니다. 마지막으로 조금 다른 예제를 하나 더 살펴보겠습니다. L=10, C=100, N=1, Pi=[1]입니다.

이 경우는 조금 특별하군요. 정원은 10명이지만 1개의 그룹만 대기열에 있고 그 그룹에는 1명만 있습니다. 다른 승객은 전혀 없으므로 롤러코스터 운행을 끝마칠 때까지 1명만 태우고 계속 운행합니다. 하루에 총 100번을 운행하므로 매출은 1 × 100 = 100원입니다.

▪ Input_입력 받는 값

첫 번째 라인: L, C, N이 공백으로 구분되어 입력됩니다.

다음 N라인: 각 그룹의 인원수 Pi가 입력됩니다. 각 입력이 들어오는 순서대로 대기열을 생성합니다.

▪ Output_출력해야 할 값

하루 운행을 마친 후 총 매출액을 출력합니다. 다시 말하면 C번의 운행을 모두 마친 후의 매출을 출력합니다.

▪ Constraints_제약사항

$Pi \leq L$

$1 \leq L \leq 10^7$

$1 \leq C \leq 10^7$

$1 \leq N \leq 1000$

$1 \leq Pi \leq 10^6$

15-2 어떻게 풀까요?

쉬운 문제인 것 같기도 하고 아닌 것 같기도 하고 조금 아리송합니다. 요약하면 대기열에 있는 손님들을 롤러코스터에 총 몇 명 태울 수 있는지 계산하는 문제입니다. 대기열 순서대로 승객을 롤러코스터에 태우고 운행을 시작합니다. 운행이 종료되면 탑승했던 승객은 롤러코스터에서 내려 대기열의 맨 뒤에 다시 섭니다.

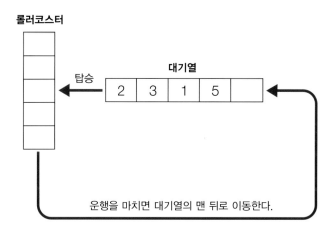

롤러코스터

탑승 ← 대기열 2 3 1 5

운행을 마치면 대기열의 맨 뒤로 이동한다.

대기열의 맨 앞에서 손님이 빠져나오고 맨 뒤에 줄을 서는 것을 보면 이 문제는 큐^{queue}를 이용해야 한다는 것을 직감적으로 알 수 있습니다. 대기열의 앞에서부터 한 그룹씩 롤러코스터의 정원이 찰 때까지 차례대로 탑승합니다. 정원이 차거나 남은 좌석이 그룹의 인원수보다 적으면 탑승을 멈추고 운행을 시작합니다. 운행을 시작하면 탑승한 승객 수만큼 매출액을 증가시킵니다. 운행을 마치면 롤러코스터에 탑승한 순서 그대로 대기열의 맨 뒤에 다시 줄을 섭니다. 이 과정을 정해진 횟수만큼 반복합니다.

```
for 하루 운행 횟수:
    while 손님을 태울 수 있는 동안:
        대기열의 맨 앞 그룹을 꺼내 롤러코스터에 탑승시킨다.
        탑승한 승객의 수를 저장한다.
    롤러코스터에 탑승한 승객 수만큼 매출액을 증가한다.
    롤러코스터에 탑승한 그룹을 대기열의 맨 뒤에 추가한다.
최종 매출액을 출력한다.
```

for문과 while문이 섞여 있습니다. 바깥쪽 for문은 하루 운행 횟수만큼 반복하도록 합니다. 안쪽 while문은 탑승 인원수를 계산하는 부분입니다. 생각보다 어렵지 않아 보이죠? 고급 난이도인데 이렇게 단순하게 될지 조금 의심스럽군요. 어떤 함정이 있을지 모르지만 일단 풀어 보겠습니다.

15-3 풀어 봅시다-1

먼저 입력을 처리하는 코드를 작성합니다. 문제 설명에서 얘기한 대로 롤러코스터의 탑승 정원(L), 운행 횟수(C), 손님 그룹의 개수(N)를 입력 받습니다.

```
l, c, n = [int(i) for i in input().split()]
```

다음으로 각 그룹의 인원수를 입력 받습니다.

```
groups = [int(input()) for i in range(n)]
```

groups에는 각 손님 그룹의 인원수가 차례대로 저장되어 있습니다. 대기하는 순서대로 입력이 들어온다 했으므로 이를 대기열로 사용하도록 하겠습니다. 하루에 C번 운행하므로 반복문을 C번 수행합니다. 전체 매출액을 출력하고 탑승 인원을 확인해야 하므로 이를 위한 변수를 만들어 보겠습니다.

```
l, c, n = [int(i) for i in input().split()]      # 정원(L), 운행 횟수(C), 손님 그룹의 개수(N)
groups = [int(input()) for i in range(n)]        # 대기열
total_revenue = 0                                # 롤러코스터 총 매출액

for i in range(c):                               # 하루 운행 횟수(c)만큼 반복문을 수행합니다.
    num_passengers = 0                           # 롤러코스터 탑승 인원수
    people_on_ride = []                          # 롤러코스터 탑승객을 담기 위한 배열

    while 손님을 태울 수 있는 동안:
        대기열의 첫 번째 그룹(groups[0])을 롤러코스터 탑승 그룹(people_on_ride)으로 옮긴다.
        탑승한 그룹의 인원수만큼 num_passengers를 증가시킨다.
    탑승한 승객 수(num_passengers)만큼 total_revenue를 증가한다.
    롤러코스터 탑승 그룹(people_on_ride)을 대기열의 맨 뒤에 추가한다.
총 매출액(total_revenue)을 출력한다.
```

아직은 수도코드와 실제 코드가 섞여 있지만 코드의 윤곽이 점점 잡혀갑니다. 나머지도 마저 작성해 볼까요? 이제 손님을 계속 태울 수 있는 상황에 대해 생각해 보겠습니다. 롤러코스터에 손님을 태울 수 있는 경우는 대기열에 손님이 있고, 롤러코스터의 남은 좌석(l)이 대기 중인 손님 그룹의 인원수보다 많거나 같아야 합니다.

```
while len(groups) > 0 and num_passengers + groups[0] <= l:
    탑승을 계속한다.
```

탑승객 수를 더하지 않고 첫 번째 그룹 인원과의 합을 먼저 비교하는 이유는 탑승객 수를 더했다가 정원을 초과했다고 다시 빼는 것보다 사전에 비교하는 것이 효율적이기 때문입니다. 실제 놀이공원에서도 정원 초과했다고 탑승했던 승객을 다시 내리라고 하지는 않죠. 사전에 인원수를 센 후 정원을 초과하면 탑승을 못하게 막습니다. 이와 같은 이치입니다. 손님이 탑승을 하면 대기열의 손님을 롤러코스터 탑승 그룹으로 옮겨야 합니다. 대기열의 첫 번째 요소를 하나 빼내고, 빼낸 요소를 롤러코스터 탑승 그룹에 집어넣습니다.

```
group = groups.pop(0)              # 대기열의 첫 번째 항목을 빼냅니다.
people_on_ride.append(group)       # 빼낸 항목을 롤러코스터 그룹의 맨 뒤에 추가합니다.
num_passengers += group            # 탑승한 그룹의 인원수만큼 총 탑승객 수를 증가시킵니다.
```

마지막으로 전체 매출액 계산과 탑승을 마친 승객을 대기열의 맨 뒤로 보내도록 합니다.

```
    while len(groups) > 0 and num_passengers + groups[0] <= l:
        group = groups.pop(0)
        people_on_ride.append(group)
        num_passengers += group
    total_revenue += num_passengers    # 운행을 마치면 총 매출액을 증가시킵니다.
    groups.extend(people_on_ride)      # 운행을 마치고 나온 승객을 다시 대기열의 맨 뒤로 보냅니다.
print(total_revenue)                   # 최종 매출액을 출력합니다.
```

매출액은 그동안 탑승한 전체 인원수와 같으므로 탑승 인원을 모두 더하면 됩니다. 운행이 끝나면 롤러코스터에 탑승한 승객을 대기열의 맨 뒤로 보내야 합니다. 파이썬에서 배열의 맨 뒤에 요소를 추가할 때 append 함수를 사용합니다. 하지만 추가할 요소가 여러 개라면 append 함수를 이용하기는 번거롭습니다. 추가할 요소의 개수에 맞게 append 함수를 여러 번 실행해야 하기 때문입니다. 이를 한 번에 할 수 있게 해 주는 함수로 extend 함수가 있습니다. extend 함수는 배열 안의 모든 요소를 다른 배열의 맨 뒤에 차례대로 추가해 주는 함수입니다.

이제 모든 코드를 작성했습니다. 생각보다 쉽게 문제를 푼 것 같네요. 이 정도면 고급 수준 같진 않군요. 어쨌든 결과를 확인해 볼까요?

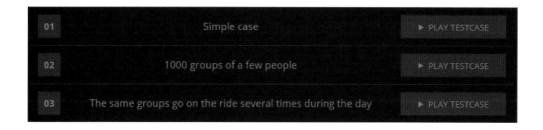

시작이 좋습니다. 나머지 테스트 케이스도 확인해 보겠습니다.

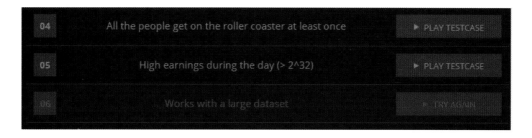

이런! 역시나 이렇게 쉬울 리 없죠. 마지막 테스트 케이스를 실패했습니다. 출력 창을 살펴보니 시간 초과라고 나오는군요.

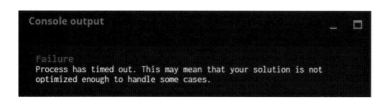

디버깅을 해야 할 시간입니다. 왜 시간 초과가 되었는지 여섯 번째 테스트 케이스를 살펴볼까요? 테스트 케이스 이름부터 데이터가 매우 많은 듯한 냄새를 풍기는군요. 입력 값을 한번 확인해 보겠습니다.

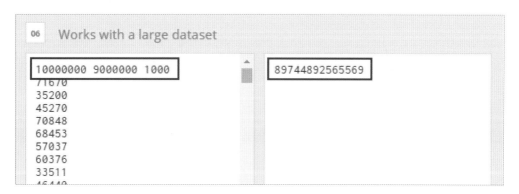

헉! 입력 값이 어마어마하게 많습니다. 9,000,000번을 운행하고 1,000개의 손님 그룹이 있습니다. 심지어 탑승 정원은 10,000,000명입니다. 현실에서는 있을 수 없는 숫자입니다. 매출액을 봐도 어마어마합니다. 무려 89,744,892,565,569원입니다. 이런 놀이공원이 있다면 초대박이겠군요. 현실에서는 가능하지 않지만 테스트에서는 허용하는 범위입니다. 어쨌든 우리는 정답을 찾아야 합니다. 앞에서 작성했던 코드로 결과를 계산할 때까지 기다리려면 얼마나 걸릴지 짐작조차 되지 않습니다. 더 효율적인 방법을 찾아야 합니다. 이번 게임은 최적화에 관한 문제인 것 같습니다.

마지막 테스트 케이스를 조금 더 분석하도록 하겠습니다. 먼저 승객이 롤러코스터에 타고 내리는 상황을 살펴보겠습니다.

| 0̸ | 1̸ | 2 | ... | 998 | 999 | 0 | 1 |

0번 그룹이 롤러코스터 운행을 마치고 나오면 대기열의 맨 뒤에 다시 줄을 섭니다. 이를 큐로 표현하면 큐의 맨 앞에서 빠져나온 데이터를 맨 뒤에 추가하는 것과 같습니다. 마찬가지로 1번 그룹 역시 탑승을 마치면 큐의 맨 뒤로 이동합니다. 이는 흡사 큐의 맨 앞과 맨 뒤가 연결되어 있고 탑승 순서가 0번부터 차례대로 999번을 지나 다시 0번으로 되돌아가는 구조와 같습니다. 이를테면 원형으로 되어 있는 대기열에서 순서대로 탑승하는 것처럼 보입니다.

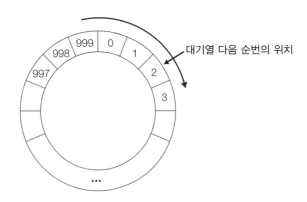

대기열 다음 순번의 위치

이렇게 큐가 원형으로 되어 있고 순서가 항상 고정되어 있다면 대기열에서 요소를 넣었다 뺐다 할 것이 아니라 일종의 대기표를 만들면 어떨까요? 다음에 탑승할 그룹의 위치를 지정하고 매 탑승마다 탑승 순번을 하나씩 이동하는 것입니다. 그리고 그 순번이 끝 번에 도달하면 다시 0으로 되돌아가게 하는 것입니다. 이런 식이면 배열에서 요소를 추가하고 삭제하지 않으니 속도가 개선되지 않을까요? 다음에 탑승할 순번을 가리킬 인덱스를 생성하고 이를 이용하여 코드를 다시 작성해 보겠습니다.

```
l, c, n = [int(i) for i in input().split()]    # 정원(L), 운행 횟수(C), 그룹의 수(N)
groups = [int(input()) for i in range(n)]
total_revenue = 0
next_idx = 0                                    # 다음 탑승할 그룹의 위치를 지정합니다.


for i in range(c):
    num_passengers = 0

    while num_passengers + groups[next_idx] <= l:  # 다음 그룹이 탑승 가능하면
        num_passengers += groups[next_idx]         # 탑승객 수를 증가시키고
        next_idx += 1                              # 인덱스를 1 증가시킵니다.

        if next_idx >= n:                      # 배열의 마지막 인덱스에 도달하면 0으로 변경합니다.
            next_idx = 0
    total_revenue  += num_passengers
print(total_revenue)
```

인덱스를 이용하니 롤러코스터에 탑승한 손님 그룹을 저장할 배열이 더 이상 필요 없게 되었습니다. 가독성도 나쁘지 않습니다. 조금만 더 깔끔하게 바꿔 볼까요? 인덱스를 하나 증가하고 배열의 마지막에 도달하면 0으로 되돌리는 코드는 사실 한 줄로 바꿀 수 있습니다.

```
next_idx = (next_idx + 1) % n
```

인덱스를 하나 증가시키고 n으로 나눈 나머지를 다시 인덱스 변수에 대입하면 n보다 큰 수는 자동으로 0과 n−1 사이의 숫자로 바뀌어 저장됩니다. 예를 들어 n=4인 경우 위 수식은 0에서 3 사이의 숫자가 반복적으로 만들어집니다.

next_idx	0	1	2	3	4	5	6	7	8
next_idx + 1	1	2	3	4	5	6	7	8	9
(next_idx + 1) % 4	1	2	3	0	1	2	3	0	1

나머지 연산자(%)는 배열의 인덱스를 이용한 연산을 할 때 매우 유용한 기능입니다. 이를 반영하여 재작성하겠습니다.

```
l, c, n = [int(i) for i in input().split()]          # 정원(L), 운행 횟수(C), 그룹의 수(N)
groups = [int(input()) for i in range(n)]
total_revenue = 0
next_idx = 0                                         # 다음 탑승할 그룹의 위치를 지정합니다.


for i in range(c):
    num_passengers = 0

    while num_passengers + groups[next_idx] <= l:
        num_passengers += groups[next_idx]
        next_idx = (next_idx + 1) % n
    total_revenue += num_passengers
print(total_revenue)
```

이전에 작성했던 코드보다 많이 좋아졌습니다. 하지만 변경된 코드에는 버그가 하나 있습니다. 혹시 찾을 수 있나요? 힌트를 드리겠습니다. 예를 들어 롤러코스터의 정원 10명, 손님 그룹 2개, 각 그룹에는 2명씩 있는 경우를 생각해 봅시다. 첫 번째 그룹과 두 번째 그룹을 모두 태운 후 인덱스는 전체 그룹의 개수와 같은 2가 되어 다시 0이 되었습니다. 롤러코스터는 아직 6개의 빈 좌석이 남아 있기 때문에 승객을 더 태울 수 있습니다. 다음 인덱스인 0번 그룹의 손님을 더 태워야 합니다. 잠깐! 0번 그룹은 이미 탑승했는데, 어떻게 또 태우죠?

그렇습니다. 배열 방식으로 코드를 작성했을 때는 탑승한 승객을 배열에서 빼기 때문에 대기열에 손님이 남아 있는지 확인하기 쉬웠습니다. 하지만 인덱스로 변경하면서 배열을 비우지 않으므로 확인하기 어려워졌습니다. 인덱스 방식에서 대기열을 확인하려면 롤러코스터를 맨 처음 탑승했던 그룹의 인덱스를 저장해 두고, 그 인덱스가 한 바퀴 돌았는지 확인하면 됩니다.

```
l, c, n = [int(i) for i in input().split()]          # 정원(L), 운행 횟수(C), 그룹의 수(N)
groups = [int(input()) for i in range(n)]
total_revenue = 0
next_idx = 0


for i in range(c):
    num_passengers = 0
    begin_idx = next_idx                             # 맨 처음 탑승을 시작한 인덱스의 위치를 저장합니다.

    while num_passengers + groups[next_idx] <= l:
        num_passengers += groups[next_idx]
        next_idx = (next_idx + 1) % n
        # 처음 탑승을 시작했던 인덱스를 만나면 반복문을 빠져나옵니다.
```

```
        if next_idx == begin_idx:
            break
    total_revenue += num_passengers
print(total_revenue)
```

이제 버그를 모두 수정했습니다. next_idx가 begin_idx를 만나면 대기열의 모든 손님을 모두 태운 것이므로 반복문을 빠져나옵니다.

이 방법 말고도 대기열에 손님이 남아 있는지 확인할 수 있는 다른 방법이 있습니다. 대기열 손님의 총 인원을 합산해서 롤러코스터 정원보다 적은지 비교하는 것입니다. 왜냐하면 대기열 인원의 총합이 정원보다 많으면 한 번에 모든 승객을 태울 수 없기 때문에 다음 탑승 인덱스가 시작 인덱스와 만나지 않습니다. 반대로 대기열의 총 인원이 정원보다 적으면 모든 사람을 한 번에 태우고 계속 반복 운행하면 되기 때문에 탑승 인원을 계산하는 것이 매우 간단해집니다.

```
l, c, n = [int(i) for i in input().split()]        # 정원(L), 운행 횟수(C), 그룹의 수(N)
groups = [int(input()) for i in range(n)]
# sum은 배열 요소의 합을 구하는 파이썬 기본 함수입니다.
total_passengers = sum(groups)

total_revenue = 0
# 좌석이 전체 대기자보다 같거나 많으면 하루 운행 횟수를 곱하여 하루 매출액을 바로 구할 수 있습니다.
if total_passengers <= l:
    total_revenue = total_passengers * c
else:
    next_idx = 0

    for i in range(c):
        num_passengers = 0
        begin_idx = next_idx

        while num_passengers + groups[next_idx] <= l:
            num_passengers += groups[next_idx]
            next_idx = (next_idx + 1) % n
            # 이제 begin_idx와 next_idx를 비교할 필요가 없습니다.
        total_revenue += num_passengers
print(total_revenue)
```

어떤 방식을 사용할지는 여러분께 달려 있습니다. 여러분의 마음에 드는 방법을 택하기 바랍니다. 성능이 과연 향상되었을까요?

다시 테스트하겠습니다.

빽! 타임 아웃! 여섯 번째 테스트 케이스에서 다시 오류가 발생했습니다. 삶이 그렇게 호락호락하지 않네요. 이 정도로는 멀었나 봅니다. 충분히 개선했다 생각했는데 어디를 더 고쳐야 할까요? 이 게임의 핵심 요소는 탑승 횟수가 매우 많아 승객이 여러 번 탑승한다는 것입니다. 손님의 탑승 패턴에서 어떤 실마리를 찾을 수 있지 않을까요? 대기열의 손님이 수십 번 또는 수백 번 반복해서 탑승하다 보면 어느 순간에 같은 패턴이 반복되는 경우를 발견할 수 있습니다.

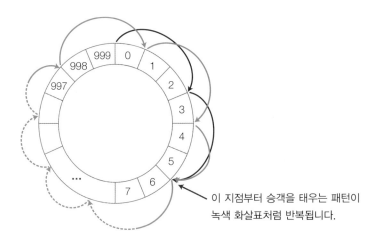

이 지점부터 승객을 태우는 패턴이
녹색 화살표처럼 반복됩니다.

선형 큐에서 데이터 추가 / 삭제

물론 이러한 반복 패턴이 항상 발생하는 것은 아닙니다. 그래도 탑승을 계속하다 보면 반복되는 패턴이 발생할 확률이 어느 정도 있습니다. 왜냐하면 비록 서로 다른 지점에서 승객을 태우기 시작했다 하더라도 다음 그룹의 인원을 모두 태우지 못한다면 같은 지점에서 탑승이 마감되는 경우가 있기 때문입니다. 이러한 반복 패턴을 발견하면 탑승 인원을 계산할 때, 이전에 계산한 값을 재사용하여 효율을 향상시킬 수 있습니다. 이와 같이 문제 해결 중간 과정에서 얻은 값을 재사용하여 전체 문제의 계산을 빠르게 수행하도록 코드를 작성하는 방법을 동적 프로그래밍이라고 합니다.

15-4 필요한 알고리즘은?

원형 큐

동적 프로그래밍을 설명하기에 앞서 한 가지 정리할 사항이 있습니다. 앞에서 대기열을 원형으로 변경하여 인덱스 방식으로 코드를 작성했던 것을 기억하나요? 큐의 맨 앞과 맨 뒤가 연결되어 있어 마치 원형처럼 이루어진 경우를 원형 큐circular queue 또는 순환 큐cyclic queue라고 합니다. 원형 큐는 선형 큐linear queue에 비해 데이터를 넣고 빼는 것이 매우 효율적입니다.

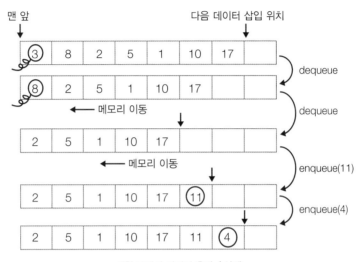

선형 큐에서 데이터 추가 / 삭제

배열을 이용한 선형 큐에서 데이터를 빼내면 메모리를 하나씩 앞으로 이동해야 합니다. 큐의 첫 번째 요소는 항상 0번 인덱스에 위치해야 하기 때문입니다. 삽입의 경우는 맨 뒤에 단순히 추가하면 되기 때문에 별도의 메모리 이동이 필요하지 않습니다. 선형 큐의 시간 복잡도는 삽입의 경우 O(1)이고, 삭제의 경우 O(n)이 됩니다.

똑같은 상황을 원형 큐에서 수행하면 훨씬 효율적으로 처리할 수 있습니다.

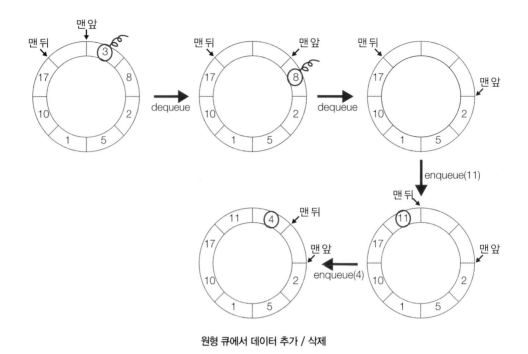

원형 큐에서 데이터 추가 / 삭제

원형 큐를 이용하면 데이터 삽입 또는 삭제 시 인덱스만 변경하고 메모리를 이동하지는 않습니다. 항상 지정된 위치에서 삭제와 삽입을 하고 인덱스만 변경합니다. 원형 큐의 시간 복잡도는 삽입과 삭제 모두 O(1)입니다.

원형 큐가 선형 큐에 비해 이렇게 성능이 뛰어나다면 왜 모두 원형 큐를 사용하지 않는지 궁금할 수도 있겠는데요. 사실 대부분의 프로그래밍 언어에서 큐의 실제 내부 구현은 원형 큐 방식으로 구현되어 있습니다. 선형 큐는 어디까지나 큐의 기본 동작 원리인 FIFO$^{First-In\ First-Out}$를 설명하기 위해 사용하죠. 큐에 대해서는 이 정도로 하고 이제 동적 프로그래밍에 대해 알아보도록 하겠습니다.

동적 프로그래밍

동적 프로그래밍$^{dynamic\ programming}$이란 문제를 해결하면서 얻게 되는 중간 과정의 결과물을 이용하여 문제를 효과적으로 풀어 가는 방법을 말합니다. 다시 말하면 하나의 문제를 여러 개의 작은 문제로 나누고 작은 문제의 해법을 재사용하여 큰 문제를 효과적으로 푸는 것을 말합니다. 일종의 최적화 방법이라 할 수 있습니다.

예를 들어 피보나치 수열을 구하는 함수를 생각해 보겠습니다. 피보나치 수열은 첫 번째 항과 두 번째 항이 1이며, 그 뒤의 모든 항은 앞 두 항의 합인 수열입니다. 1, 1, 2, 3, 5, 8, 13, 21, … 과 같은 순서로 숫자가 전개되죠. 프로그래밍 언어에서 피보나치 수열은 197쪽에서 살펴봤듯 재귀 함수^{recursive function}를 설명할 때 가장 많이 사용되는 예입니다. 피보나치 수열을 재귀 함수를 이용하여 작성하면 다음과 같습니다.

```python
def fibonacci(number):
    if number <= 2:                                    # 1번 항과 2번 항은 1을 반환합니다.
        return 1
    return fibonacci(number - 1) + fibonacci(number - 2)   # 앞 두 항의 합을 반환합니다.
```

코드가 매우 간결하면서 피보나치 수열의 정의에 딱 맞게 작성되어 있습니다. 이해하기도 매우 쉽죠. 재귀 함수를 설명하는 데 이보다 더 좋은 예를 찾기 힘들 정도입니다. 하지만 이 코드에는 매우 치명적인 단점이 있습니다. 그것은 바로 항이 커질수록 계산 속도가 매우 느려진다는 점입니다.

일례로 피보나치 수열의 5번 항을 구하려면 4번 항과 3번 항을 구한 후 그 둘을 더해야 합니다. 4번 항은 다시 3번 항과 2번 항을 구해서 더해야 하며, 3번 항은 2번 항과 1번 항을 구해서 더해야 합니다. 피보나치 수열의 5번 항을 구하기 위해서 계산해야 하는 모든 항의 횟수는 다음과 같습니다.

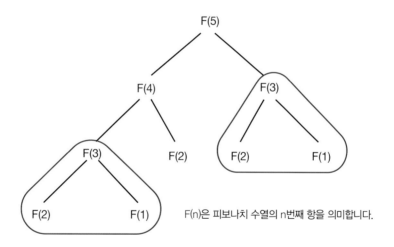

F(n)은 피보나치 수열의 n번째 항을 의미합니다.

$$F(5) = F(4) + F(3)$$
$$= \{F(3) + F(2)\} + \{F(2) + F(1)\}$$
$$= \{F(2) + F(1)\} + F(2) + F(2) + F(1)$$

F(5)를 계산하기 위해 F(4)는 1번, F(3)은 2번, F(2)는 3번, F(1)은 2번 불렀습니다. 중복 호출이 꽤 많네요. 겨우 두세 번 중복한 게 무슨 대수냐고요? 그렇다면 100번째 항은 어떨까요?

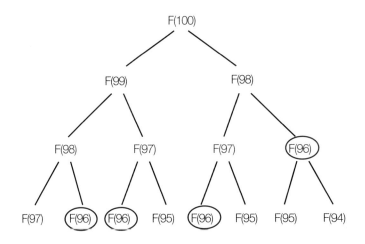

F(96)은 4번 호출되지만 F(96)을 계산하기 위해 호출되는 부분 함수는 셀 수 없을 정도로 많습니다. 피보나치 수열의 100번째 항을 구하기 위해 호출해야 하는 부분 함수의 총 횟수만 해도 대략 2^{98}이 됩니다. 여러분의 컴퓨터에서 재귀 함수를 이용하여 피보나치 수열의 100번째 항을 계산하면 언제 완료될지 기약 없이 기다려야 합니다. 그림에서 보듯이 F(96)은 겨우 4번 호출되지만 한 번 한 번의 계산 시간이 매우 오래 걸립니다. 이를 줄일 방법이 필요합니다. 여러분도 알다시피 F(96)은 몇 번을 실행해도 항상 같은 값을 반환합니다. 즉, 한 번만 계산하고 이를 재사용하면 되는데 매번 계산하는 것은 매우 비효율적입니다. 수열의 각 항을 계산한 후 그 값을 어딘가에 저장 했다가 다음에 값은 항을 계산할 때 저장했던 값을 사용하면 어떨까요? 저장된 값을 꺼내오는 것은 새로 계산하는 것보다 빠릅니다. 이 점을 이용하여 코드를 구현해 보겠습니다.

```python
precomputed = {}                   # 한 번 계산한 피보나치 수열의 항을 저장할 딕셔너리
def fibonacci(number):
    if number <= 2:                # 1번 항과 2번 항은 1을 반환합니다.
        return 1
    elif number in precomputed:    # 이미 계산된 숫자가 딕셔너리에 있다면 이를 곧바로 반환합니다.
        return precomputed [number]
    else:                          # 그렇지 않으면 이를 계산하고 딕셔너리에 저장합니다.
        result = fibonacci(number - 1) + fibonacci(number - 2)
        precomputed [number] = result
        return result
```

딕셔너리^{dictionary}를 이용하여 한 번 계산한 피보나치 수열의 각 항을 저장하고 이를 이용하도록 작성했습니다. 이제 피보나치 수열의 100번 항을 빠르게 구할 수 있습니다. 여러분도 두 버전을 직접 작성해서 확인해 보기 바랍니다.

동적 프로그래밍은 이와 같이 문제 해결 과정 중간에 얻은 결과를 재사용하여 전체 문제를 해결하는 방법입니다. 동적 프로그래밍은 특별한 구현법이 있는 알고리즘이 아닙니다. 일종의 방법론입니다. 그렇기 때문에 문제에 적용되는 방식이 모두 다를 수 있습니다. 또한 어떤 문제에 동적 프로그래밍을 적용해야 하는지 확실한 기준은 없습니다.

동적 프로그래밍을 문제에 적용하기 위해서는 몇 가지 상황이 맞아떨어져야 합니다. 먼저 전체 문제를 여러 개의 작은 단위로 나눌 수 있어야 하며, 각 단위는 다른 단위에 영향을 미치지 않아야 합니다. 피보나치 수열에서 $F(3)$, $F(4)$, $F(96)$은 모두 독립적으로 계산할 수 있습니다. 또한 동적 프로그래밍에서는 중간 값을 저장하기 때문에 메모리 사용량이 다른 풀이법에 비해 많은 편입니다. 메모리 사용량이 제한된 곳에서는 사용이 힘들 수 있습니다.

사실 피보나치 수열은 반복문을 이용하면 더 간단하게 풀 수 있습니다.

```python
def fibonacci(number):
    precomputed = [1] * number     # 초깃값을 모두 1로 합니다.
    for i in range(2, number):     # 처음 두 항은 값이 1이므로, 3번째 항부터 반복문을 시작합니다.
        # n번째 항까지 각 항의 값을 순차적으로 계산합니다.
        precomputed[i] = precomputed[i - 1]  + precomputed[i - 2]
    return precomputed[number - 1] # 인덱스는 0부터 시작하기 때문에 -1을 반환합니다.
```

왜냐하면 피보나치 수열은 1항부터 n항까지 차례대로 모든 항을 계산해야 하기 때문에 배열을 적용하기 좋습니다. 배열과 반복문을 이용하여 작성하면 더욱 간단하고 매우 빠르게 피보나치 수열을 계산할 수 있습니다. 딕셔너리를 이용했던 방법은 큰 수에서 작은 수로 줄여 가는 방식이라면 배열을 이용한 방법은 작은 수부터 큰 수로 올라가면서 중간 값을 저장하는 방식입니다. 동적 프로그래밍에도 다양한 방법이 있음을 이해하고 어떤 방법이 가장 효율적일지 고민하면서 여러 가지 방법으로 시도해 보는 것이 좋습니다.

15-5 풀어 봅시다-2

다시 롤러코스터 문제로 돌아오도록 하겠습니다. 이전에 시도했던 코드를 다시 확인하겠습니다.

```python
l, c, n = [int(i) for i in input().split()]          # 정원(L), 운행 횟수(C), 그룹의 수(N)
groups = [int(input()) for i in range(n)]
# sum은 배열 안의 요소의 합을 구하는 파이썬 기본 함수입니다.
total_passengers = sum(groups)
total_revenue = 0

if total_passengers <= l:
    # 좌석이 전체 대기자보다 많으면 하루 운행 횟수를 곱하여 하루 매출액을 바로 구할 수 있습니다.
    total_revenue = total_passengers * c
else:
    next_idx = 0
    for i in range(c):
        num_passengers = 0
        begin_idx = next_idx
        while num_passengers + groups[next_idx] <= l:
            num_passengers += groups[next_idx]
            next_idx = (next_idx + 1) % n
        # 이곳에서 탑승 인원 정보를 저장하여 다음 번에 재사용할 수 있게 합니다.
        total_revenue += num_passengers
print(total_revenue)
```

안쪽 while문은 롤러코스터의 탑승 인원을 계산하는 곳입니다. while문을 빠져나오기 전과 나온 후의 상황을 비교하면 탑승 인덱스와 탑승 인원만 변경되었음을 알 수 있습니다. 이 정보를 저장해서 재사용하겠습니다. 딕셔너리의 키는 시작 인덱스로 하고 딕셔너리에 저장할 값은 탑승 인원과 탑승을 마치고 난 후의 인덱스가 됩니다. 다시 말해서 시작 인덱스만 알면 탑승 인원과 탑승을 끝마친 후의 인덱스를 알 수 있다는 뜻입니다.

```python
# 위쪽 코드 생략
revenue_history = {}                      # 탑승 정보를 저장할 딕셔너리
next_idx = 0
for i in range(c):
    num_passengers = 0
    begin_idx = next_idx
    while num_passengers + groups[next_idx] <= l:
        num_passengers += groups[next_idx]
        next_idx = (next_idx + 1) % n
```

```python
        # 계산한 정보를 사전에 저장하여 다음 운행에서 재사용할 수 있도록 합니다.
        revenue_history[begin_idx] = (next_idx, num_passengers)
        total_revenue += num_passengers
```

revenue_history에는 탑승 정보를 저장했습니다. 이제는 손님을 태우기 전에 시작 인덱스가 revenue_history에 있는지 확인하고, 인덱스가 존재하면 곧바로 revenue_history에 저장된 값을 재사용합니다.

```python
# 위쪽 코드 생략
revenue_history = {}                          # 탑승 정보를 저장할 딕셔너리
next_idx = 0


for i in range(c):
    num_passengers = 0
    if next_idx in revenue_history:
        # 인덱스가 딕셔너리에 있다면 바로 다음 운행 정보와 탑승 인원을 얻어옵니다.
        next_idx, num_passengers = revenue_history[next_idx]
    else:
        # 운행 정보가 없다면 기존의 방식대로 계산합니다.
        begin_idx = next_idx
        while num_passengers + groups[next_idx] <= l:
            num_passengers += groups[next_idx]
            next_idx = (next_idx + 1) % n
        # 계산한 정보를 딕셔너리에 저장하여 다음 운행에서 재사용할 수 있도록 합니다.
        revenue_history[begin_idx] = (next_idx, num_passengers)
    total_revenue += num_passengers
```

이 코드의 시간 복잡도는 딕셔너리에 있는 값을 이용할 때는 $O(n)$이고 기존의 while문을 이용할 때는 $O(n^2)$이 됩니다. 이제는 정말 성능 향상이 기대됩니다. 이번에는 성공하겠죠?

```
06          Works with a large dataset          ▶ PLAY TESTCASE
```

축하합니다. 이제 동적 프로그래밍 방법에 대해 터득했습니다. 다시 말하지만, 동적 프로그래밍은 모든 문제마다 적용하는 방법이 조금씩 다릅니다. 많은 연습을 거쳐 본인만의 스타일을 만들기 바랍니다.

15-6 더 생각해 봅시다

시간 초과 개선 방법

앞에서 작성한 동적 프로그래밍은 게임의 테스트를 통과했지만 여전히 시간이 많이 소요됩니다. 더 큰 데이터가 들어올 경우 다시 시간 초과가 발생할 수 있습니다. 더 개선할 여지는 없을까요?

앞에서 동적 프로그래밍을 적용하여 최적화를 이루었지만, 딕셔너리를 참조하는 횟수 자체가 매우 많기 때문에 여전히 시간이 많이 걸리는 편입니다. 달리 개선할 여지가 없는지 문제를 조금 더 들여다보겠습니다.

예를 들어 하루에 20회 운행하는 롤러코스터가 있습니다. 탑승 정원은 15명이고, 대기열의 그룹은 16개입니다. 각 그룹의 인원은 다음과 같습니다.

5	6	3	2	5	3	5	4	6	4	1	2	3	4	2	3

이를 바탕으로 매 운행 시 탑승 시작 인덱스의 변화를 그리면 다음과 같습니다.

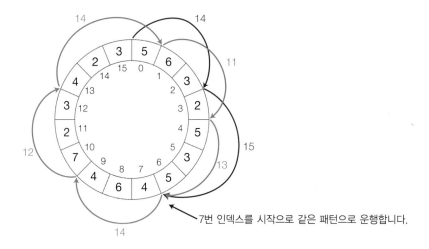

7번 인덱스를 시작으로 같은 패턴으로 운행합니다.

0번 인덱스를 시작으로 3번, 7번, 10번, 13번에서 탑승을 시작합니다. 그리고 한 바퀴 돌아 1번과 4번을 거쳐 7번으로 순번이 돌아옵니다. 7번부터는 이미 한 번 운행했던 패턴을 따라 계속 반복합니다. 즉, 7번, 10번, 13번, 1번, 4번을 거쳐 7번으로 되돌아오는 패턴이 계속 반복될 뿐입니다. 롤러코스터가 하루에 몇 번을 운행하든 이 패턴만 반복됩니다. 그래서 반복 패턴을 한 번 찾으면 더 이상 탑승 인원 계산을 할 필요가 없습니다. 이미 각 운행의 탑승 인원은 저장해 두었기 때문에 총 탑승 인원을 어렵지 않게 계산할 수 있습니다. 그럼 직접 계산해 볼까요?

이 롤러코스터의 하루 운행 횟수는 20회입니다. 롤러코스터가 7번 인덱스에 도달하기 전 2회(0번,

3번) 운행합니다. 그 후 5회(7번, 10번, 13번, 1번, 4번) 운행하는 순환 주기를 반복합니다. 이 반복 패턴을 3회 돌면 총 15회 운행하겠죠? 처음 2회를 별도로 운행했으니 3회의 운행만이 남았습니다. 7번에서 운행을 시작하여 10번, 13번까지 3회의 추가 운행을 마치면 하루 운행 횟수를 채우게 됩니다. 이 과정을 공식화하면 다음과 같습니다.

❶ 전체 운행 횟수에서 반복 주기가 시작되기 전 운행 횟수를 뺍니다.

20회 − 2회 = 18회

❷ 남은 운행 횟수를 반복 패턴 한 주기의 운행 횟수로 나눕니다.

18회 ÷ 5 = 몫 3, 나머지 3

❸ 나눈 몫만큼 전체 패턴의 한 주기를 반복합니다.

5회 × 3 = 15회

❹ 나눈 나머지만큼 별도의 운행을 추가합니다.

3회의 추가 운행

매출액 계산도 간단하게 할 수 있습니다. 먼저 롤러코스터 첫 운행부터 탑승 시작 인덱스와 그 매출액을 차례대로 배열에 저장하면 다음과 같습니다.

각 운행의 탑승객 인원수

1단계에 해당하는 2회의 운행은 탑승객 배열의 처음 2개의 합과 같습니다.

14 + 15 = 29

5회를 한 주기로 하는 패턴의 총 탑승객 수는 배열의 3번 항부터 7번 항까지의 합과 같습니다.

14 + 12 + 14 + 11 + 13 = 64

이를 3회 반복하므로 3을 곱합니다.

64 × 3 = 192

그리고 나서 남은 나머지 3회에 대한 부분 운행을 합니다. 이는 반복 패턴의 시작 인덱스부터 처음 3개(7번, 10번 13번) 탑승객의 합과 같습니다.

$$14 + 12 + 14 = 40$$

이 모든 것을 더하면 최종 탑승 인원이 됩니다.

$$29 + 192 + 40 = 261$$

하루에 총 탑승하는 인원은 261명입니다. 이와 같이 모든 케이스를 매번 계산하는 것이 아니라, 반복 패턴을 이용하면 더욱 빠르게 프로그램을 실행할 수 있습니다. 이제는 하루 운행 횟수가 200회가 됐든 2000회가 됐든 매우 빠르게 계산할 수 있습니다.

이를 바탕으로 작성한 코드는 다음과 같습니다. 변경한 코드는 딕셔너리를 사용하지 않고 2개의 배열을 사용했습니다. 배열을 사용한 이유는 반복 패턴을 발견했을 때 탑승 인덱스의 순서를 그대로 가져올 수 있기 때문입니다. 또한 탑승객의 숫자를 각각 별도의 배열에 저장했습니다. 탑승객 인덱스는 반복 패턴을 찾을 때 사용하고, 탑승객 숫자 배열은 매출액을 계산할 때 사용합니다. 둘을 묶지 않고 각각의 배열로 만든 이유는 탐색과 합계 등의 기능을 쉽게 쓰기 위함입니다. 그렇기 때문에 탑승 시작 인덱스 배열과 탑승 인원 배열의 순서는 항상 일치해야 한다는 것을 잊지 않길 바랍니다.

```python
revenue_index_history = []     # 탑승 시작 인덱스를 저장합니다.
revenue_history = []           # 해당 인덱스부터 탑승을 시작했을 때의 총 탑승 인원을 저장합니다.
total_revenue = 0
next_idx = 0                   # 대기열의 다음 탑승 위치

for i in range(c):
    # 다음 탑승객의 위치가 배열에 존재하는 경우 반복 주기를 찾은 상황입니다.
    if next_idx in revenue_index_history:
        # 전체 히스토리에서 반복 패턴이 시작되는 위치를 구합니다.
        begin = revenue_index_history.index(next_idx)
        # 반복 패턴이 사작되기 전까지의 운행 정보를 담은 배열
        initial_history = revenue_history[:begin]
        # 반복 패턴의 운행 정보를 담은 배열. 이 지점부터 배열의 끝까지가 순환 주기가 됩니다.
        repeated_pattern = revenue_history[begin:]
        # 전체 운행 횟수에서 반복 패턴이 시작되기 전 운행했던 횟수를 차감합니다.
        c -= len(initial_history)
        # 전체 주기를 몇 번 반복해야 하는지 계산합니다.
        # num_loop_count에는 전체 주기의 반복 횟수가 저장되고,
        # num_remaining_part에는 추가적으로 운행해야 하는 횟수가 저장됩니다.
```

```
            num_loop_count = c // len(repeated_pattern)
            num_remaining_part = c % len(repeated_pattern)
            # 전체 매출액은 크게 3단계로 구분할 수 있습니다.
            total_revenue = sum(initial_history)         # 반복 패턴이 시작되기 전까지의 탑승객 수
                + sum(repeated_pattern) * num_loop_count   # 반복 패턴의 전체 탑승객 수×반복 횟수
                + sum(repeated_pattern[:num_remaining_part]) # 반복 패턴에서 부분적으로 운행하는 구간
            break
    else:
        # 대기열의 시작 인덱스를 발견하지 못한 경우,
        # 앞선 코드 그대로 탑승객을 더해 가면서 다음 인덱스를 구해야 합니다.
        num_passengers = 0
        begin_idx = next_idx
        while num_passengers + groups[next_idx] <= l:
            num_passengers += groups[next_idx]
            next_idx = (next_idx + 1) % n
        # next_idx는 이제 직접적으로 사용할 일이 없으므로 저장하지 않습니다.
        revenue_index_history.append(begin_idx)
        revenue_history.append(num_passengers)
    total_revenue += num_passengers
```

이 방법은 단순히 동적 프로그래밍을 적용한 것뿐만 아니라, 문제 분석을 기반으로 하여 성능을 개선한 방법입니다. 알고리즘은 문제를 해결하는 효율적인 방법을 알려줍니다. 하지만 알고리즘이 만능 해결책은 아닙니다. 무엇보다도 더 중요한 것은 문제의 본질을 제대로 이해하고 파악하는 것입니다. 단순히 알고리즘을 적용하여 주어진 문제를 푸는 것으로 만족하지 말고 끊임 없이 고민하고 사고하여 최적의 방법을 찾는 자세를 잃지 않기를 바랍니다.

부록

A

먼저 취업한
선배들의
도움되는
Talk Talk

다 배운 건데 막상 테스트를 보려고 하면 앞이 깜깜하고 막막해지죠? 기술 인터뷰 중에는 잘 이야기하다가도 왜 꼭 1~2개가 생각이 나지 않는 건지 답답하시죠? 어느 정도 깊이 있게 대답해야 합격할 수 있는지도 모르겠고, 전문가에게 물어보면 무조건 많이 대답하라고 하는데 그 '많이'가 어느 정도를 말하는지도 몰라 답답하죠.

코딩 테스트 혹은 기술 인터뷰를 한 번쯤 해본 사람들은 요즘 말로 '현타(현실자각 타임)'가 한 번도 오지 않은 사람이 없다고 합니다. 아는 것만 나오고, 아는 것만 물어봐 주면 정말 좋을텐데, 현실은 그렇지 않죠. 그래서 회사마다 다른 채용 프로세스와 코딩 테스트, 기술 인터뷰 내용에 대해 먼저 경험해 본 선배들의 이야기를 들어보겠습니다.

※ 인터뷰에서 이름을 밝히지 않은 분들은 회사의 채용 프로세스에 대해 본인의 생각을 표현한 것이기에 회사의 입장과 다를 수 있어 익명을 요청하셨습니다.

프로그래밍 관련 기반 지식의 균형있는 이해가 필요해요

박만호
게임 및 응용프로그램 개발 분야 15년
네오위즈와 엔씨소프트에서 mmorpg 게임을 개발한 경험이 있는
현재 넥슨의 게임 클라이언트 개발자

Q1. 본인 회사의 채용 프로세스에 대해 간단히 이야기해 주세요.

이 인터뷰의 내용은 네오위즈에서 리드 프로그래머 역할을 할 때의 경험을 토대로 작성한 것
입니다(2012~2017년).

A1. 서류 전형은 채용 시스템에 입력된 정보를 기반으로 입사 지원자의 이력서 및 경력 사항
혹은 포트폴리오 등에 대한 서류 전형을 실시합니다. 서류 전형 통과자를 대상으로 기술 면접
을 실시하는데, 기술 면접은 신입과 경력(3년 이상)을 나누어 따로 실시합니다. 신입직의 경우
에는 직무 관련 사전 질문(코딩 테스트 겸)에 대한 답변을 면접 전에 별도로 작성하도록 하여
답변을 바탕으로 면접을 진행합니다. 경력직의 경우에는 별도의 사전 질문지를 작성하지 않고
경력 사항을 바탕으로 면접을 진행합니다. 기술 면접 통과자를 대상으로 인사 면접을 진행합니
다. 인사팀에서 기술 외적인 부분에 대한 평가 면접과 근로 조건 및 처우 관련 사항에 대한 협
의를 진행합니다. 마지막으로 회사 대표 혹은 게임 프로젝트 PD와의 최종 면접을 진행합니다.

Q2. 코딩 테스트가 채용에 차지하는 비중은 어느 정도인가요?

A2. 결론부터 말하면 신입 사원 면접의 경우 코딩 테스트가 면접의 1차 관문 역할을 하는
경우가 많습니다. 서류 전형 통과자의 경우 코딩 테스트의 결과와는 무관하게 기술 면접을
보았고, 코딩 테스트는 작성된 결과물 자체를 평가하기보다는 기술 면접 진행을 위한 기초
자료로만 사용하였습니다. 하지만 코딩 테스트의 결과물이 좋지 않으면서 기술 면접에서 좋
은 평가를 받는 경우는 거의 없었습니다. 물론 코딩 테스트의 결과물은 좋았지만 인터뷰에서
좋지 않은 평가를 받게 되는 경우도 많기에 코딩 테스트의 결과물이 성공적인 채용을 보장해
주지는 못했습니다.

Q3. 코딩 테스트에서 중점적으로 확인하는 것은 무엇입니까?

A3. 직무 수행에 필요한 일반적인 기술 요소들에 대해 얼마나 폭넓은 상식을 갖추고 있는지를 확인하였습니다. 입사 지원자 중에서 특정한 분야의 전문가를 선택할 것인가 아니면 여러 가지 분야에 대한 능력을 고르게 갖추고 있는 지원자를 선택할 것인가는 팀마다 혹은 채용 당시의 상황에 따라 다를 수 있습니다. 제가 속한 팀에서는 프로그래밍 관련 기반 지식들에 대해 균형 있는 이해를 갖추고 있는 지원자를 선호하였고 이러한 기술적인 균형을 체크하는 데 코딩 테스트를 활용하였습니다. 물론 예외적인 경우도 있었는데, 특수한 기술 분야에 전문적인 능력을 필요로 하는 경우에는 팀에서 인정되는 범위에 한하여(비록 다른 분야에 대한 식견이 부족하더라도) 그에 맞는 별도의 기준으로 테스트를 진행하기도 하였습니다.

Q4. 기술 인터뷰에서는 주로 어떤 점을 확인하나요?

A4. 기술 인터뷰에서는 앞서 진행한 코딩 테스트 혹은 경력 기술서상에 드러난 이슈들 중에 개별 면접관이 주목한 항목에 대해 얼마나 설득력 있게 면접관에게 설명할 수 있는지를 확인합니다. 또한 이슈를 해결하는 과정에서 전형적인 해법을 단순히 참고(또는 복사&붙여 넣기)하여 해결하였는가 아니면 해당 이슈에 대한 해법을 본인 스스로 검증해 보고 다른 가능성에 대해 생각해 보았는지를 확인합니다. 문제 해결 여부나 겉으로 드러난 성과보다는 당면한 문제에 대한 해결책을 찾아 가는 과정이 얼마나 합리적으로 그리고 성실하게 진행하는지의 여부가 좀 더 중요한 평가 기준이 됩니다.

Q5. 회사의 일을 하는데 있어 자료구조와 알고리즘을 얼마나 알아야 하나요? 또는 얼마나 중요한가요?

A5. 제가 진행해 온 게임 프로젝트는 대부분 상용 게임 엔진을 기반으로 진행하였습니다. 이러한 경우 자료구조나 알고리즘을 새롭게 구현하는 일은 매우 드물었기 때문에 대부분의 개발자의 직무에서 이 부분의 중요성이 그리 높지는 않았습니다. 하지만 엔진에서 지원하지 않거나 혹은 엔진에서 제공하는 라이브러리의 한계를 넘어서는 구현이 필요한 부분도 있기

때문에 이러한 부분을 구현하기 위해 자료구조나 알고리즘에 대한 이해도가 높은 개발자에게 업무를 분배하도록 신경 써야 했습니다. 즉, 일반적인 업무를 수행하는 개발자라면 본인이 작업해야 하는 일에 적합한 자료구조나 알고리즘을 선택할 수 있는 정도의 능력이 필수로 요구되고, 특별한 업무를 수행해야 하는 일부 개발자에게는 자료구조나 알고리즘에 대한 보다 깊은 지식이 요구된다고 할 수 있습니다.

Q6. 코딩 알고리즘과 자료구조를 학습하는 데 좋은 방법이 있다면 알려주세요.

A6. 게임 개발은 자료구조나 알고리즘에 대한 실용적인 접근이 필요한 분야라서 기본적으로 우리가 사용하는 라이브러리 코드에 대한 분석 위주의 학습을 권하는 편입니다. STL이나 BOOST 같은 구현 코드를 분석해 보면 많이 도움이 될 것이라 생각합니다. 소스 코드가 공개된 게임 엔진에서 제공되는 자료구조나 알고리즘들도 코드 분석 및 연습용 코드 작성을 통해서 많은 도움을 얻을 수 있었습니다. 아직 이러한 소스 분석에 어려움을 느끼는 사람에게는 C++ 관련 유명 저자들의 도서들(Scott Myers, Herb Shutter 등)을 추천하기도 합니다.

Q7. 자주 출제되는 (최신) 유형 혹은 많이 확인하는 알고리즘이 있나요?

A7. 기본 자료구조로는 리스트, 스택, 큐, 트리, 정렬이 있고 알고리즘에서는 버블, 삽입, 퀵 정렬이 있으며 심화로 들어가면 이진 탐색 트리(binary search tree), 레드/블랙 트리(red black tree), 해시 테이블(hash table), 알고리즘 성능 분석(Big O notation) 등이 있고, 게임과 관련해서는 AABB(Axis-Aligned Bounding Box), 공간 분할 트리(Quadtree, Octree), 길찾기(Dijkstra, A*) 등이 있습니다.

편향된 시각을 제거하고
지속적인 자기계발 노력이 중요해요

김성균

게임 프로그래머로 20년 가까이 코딩해 왔고
지금도 매일 코딩하는
현 VR 게임 전문 개발사 ㈜리얼리티매직 대표

Q1. 본인 회사의 채용 프로세스를 간단히 얘기해 주세요.

A1. 최초에는 전화상으로 10분 이내로 저희 회사의 채용 요건에 맞는 사람인지 간단히 확인한 후에 당사 사무실에서 필기+구술 테스트와 인·적성 면접을 진행합니다.

Q2. 코딩 테스트가 채용에 차지하는 비중은 어느 정도입니까?

A2. 기술적인 검증이 전체 인터뷰 배점의 80% 정도인데, 이 중 코딩 자체에 특화된 부분은 50% 정도로 생각합니다. 특히 상용 제품에서 요구되는 수준의 알고리즘 구성, 가독성, 유지보수성 등을 만족하는 코드를 제한 시간 내에 작성할 수 있는지 점검합니다. 그 외에는 기술 인터뷰를 통해 우리 산업에서 요구되는 충분한 범위의 기술 지식들을 갖고 있는지, 특정 스타일이나 기술 분야에 편향된 시각은 없는지, 지속적인 자기계발 노력이 있는지 등을 확인합니다.

Q3. 대표님이 생각하시기에 회사의 일을 하는 데 있어 자료구조와 알고리즘은 얼마나 알고 있어야 한다고 생각하시나요? 또는 얼마나 중요하다고 생각하시나요?

A3. 대학 학부 수준의 자료구조와 알고리즘들은 게임 개발 쪽에서 매우 자주 사용되는 기법들입니다. 따라서 이 산업에서 오랫동안 살아남기 위해서는 그 정도의 지식은 필수라고 생각합니다. 그렇기 때문에 재미는 없겠지만 알고리즘이나 자료구조의 개론에 해당하는 교과서들을 처음부터 끝까지 정독할 필요가 있습니다. 백지 상태에서 단편적으로 궁금한 것들만 검색해서 알아나가는 것으로는 비는 부분이 많이 생길 것으로 생각합니다. 그다음 단계로는 특정 분야의 논문이나 기고문들을 널리 알려진 것부터 차례로 습득해 나가야 전문성을 키울 수 있을 것입니다.

프로젝트 개발의 기반이 되는 기초 쌓기를 게을리 하지 마세요

유재욱

한글과컴퓨터 한글개발팀을 시작으로
이스트소프트 알마인드개발팀,
이스트시큐리티 알약M개발팀, PMS-MPI개발팀에서 일하는
19년차 응용 프로그램 개발자

Q1. 본인 회사의 채용 프로세스를 간단히 얘기해 주세요.

A1. 2019년 현재 경력 3년을 기준으로 채용 프로세스가 다르게 진행됩니다. 경력 3년 미만 개발자는 서류 전형 ➔ 코딩 테스트 ➔ 실무진 면접 ➔ 경영진 면접 순으로 진행되고, 경력 3년 이상 개발자는 서류 전형 ➔ 실무진 면접 ➔ 경영진 면접으로 진행됩니다. 예외적으로 서류 심사 과정에서 심사관 요청 시 코딩 테스트가 진행되기도 합니다. 코딩 테스트는 온라인 코딩 테스트로 진행되고, 정해진 커트라인 이상의 점수를 획득하면 실무진 면접이 진행됩니다.

Q2. 코딩 테스트가 채용에 차지하는 비중은 어느 정도인가요?

A2. 경력 3년 미만의 개발자 채용 프로세스에서는 코딩 테스트를 통과하지 못하면 기술 인터뷰를 진행하지 않으니 중요한 부분을 차지합니다. 하지만 채용 여부를 결정하는 핵심은 실무진 면접(기술 인터뷰)입니다. 코딩 테스트는 다른 개발자들과 함께 업무를 진행할 기초 능력이 있는지 정도만 체크하는 과정이라고 생각합니다. 한 번의 테스트로 기초 능력을 확인해야 하므로 채용을 준비하는 과정에서 가장 많은 리소스가 투입되는 과정입니다. 문제의 선택부터 커트라인 설정까지 많은 개발자가 준비해서 진행합니다.

Q3. 코딩 테스트에서 중점적으로 확인하는 것은 무엇입니까?

A3. 기본적인 자료구조와 알고리즘을 잘 이해하고 주어진 문제를 해결하는가를 중점적으로 확인합니다. 알고리즘과 자료구조를 활용하는 문제와 코딩 능력을 확인할 수 있는 문제를 적절히 섞어서 출제하여 다른 개발자들과 함께 일할 수 있는 지원자인지 파악하는 것이 목표입니다.

Q4. 기술 인터뷰는 주로 어떤 점을 확인하나요?

A4. 우선 코딩 테스트에 대한 질문을 시작으로 기본적인 개발 지식을 확인합니다. 그리고 채용을 진행하는 팀의 개발자들이 인터뷰를 진행하므로 실무에 필요한 소양을 갖추고 있는지 확인합니다.

Q5. 코딩 알고리즘과 자료구조 중 자주 묻는 질문은 무엇이며, 학습하는 데 좋은 방법이 있다면 알려주세요.

A5. 스택, 큐, 리스트, 트리, 정렬 등을 잘 이해하고 있으면 대부분의 문제는 풀 수 있습니다. 알고리즘 및 자료구조 책 초반부에서 언급하고 있는 기초 지식을 자주 묻는 편입니다. 코딩 알고리즘과 자료구조 학습은 온라인 코딩 사이트에서 연습하는 것도 좋은 방법이지만 실제 프로젝트를 진행하면서 배우는 것이 더 많다고 생각합니다. 실제 프로젝트는 학습 과정에서 배우는 것이 어려우니, 우선 책을 많이 읽고 예제를 많이 접해 보면서 탄탄하게 기초를 쌓아 두는 것이 매우 중요할 것 같습니다. 이렇게 해야 실전 프로젝트에서 당황하지 않을 수 있습니다.

세상에 마법처럼 저절로 알게 되는 학습 방법은 없죠

전형규

넥슨코리아 데브캣 스튜디오 프로젝트DH팀의 엔지니어링 책임자로
PC 플랫폼 온라임 게임 '드래곤 하운드' 개발

Q1. 본인 회사의 채용 프로세스를 간단히 얘기해 주세요.

A1. 지원자가 제출한 이력서가 해당 부서에서 통과되면 4~5개 정도의 문제를 풀어 보는 코딩 테스트 단계가 시작됩니다. 테스트는 온라인으로 진행되며 지원자가 원하는 시간 및 장소에서 자유롭게 문제를 풀 수 있습니다. 코딩 테스트에 통과한 지원자는 회사에 방문하여 1시간 정도의 기술 인터뷰를 보게 되고 그 결과에 따라서 실제로 근무하게 될 부서와 최종 인터뷰를 진행합니다.

Q2. 코딩 테스트가 채용에 차지하는 비중은 어느 정도입니까?

A2. 채용 프로세스의 첫 단계가 코딩 테스트인 만큼, 코딩이 능숙하지 않은 지원자는 채용될 가능성이 낮습니다. 기초적인 자료구조와 알고리즘을 활용하여 문제를 해결할 수 있는지 확인합니다. 시간이 충분히 주어지기 때문에 빠른 시간 안에 문제를 푸는 순발력과 같은 역량은 코딩 테스트로 확인하지 않습니다.

Q3. 기술 인터뷰에서는 주로 어떤 점을 확인하나요?

A3. 해당 부서에서 주로 사용하는 프로그래밍 언어나 개발 도구에 대한 질문을 주로 하고 있습니다. 지원자가 네트워크, 그래픽스, 데이터베이스, 인공지능과 같은 특정 분야에 대한 경험이 있다면 그 분야의 기본적인 배경 지식을 질문합니다.

Q4. 회사 일을 하는 데 있어 자료구조와 알고리즘을 얼마나 알아야 하나요? 또는 학습하는 데 좋은 방법이 있다면 알려주세요.

A4. 자료구조와 알고리즘을 많이 알고 있는 사람은 그렇지 않은 사람에 비해서 처리할 수 있는 업무의 영역이 훨씬 넓습니다. 업무 경험을 동료들에게 전파하고 신입 개발자를 코칭하려면 체계적인 컴퓨터공학 지식이 필요합니다. 저희는 게임에서 주로 사용되는 2차원 격자나 그래프 탐색과 관련된 질문을 자주 합니다. 마법처럼 저절로 알게 되는 학습 방법이 있다면 좋겠지만, 지금까지 우리가 공부해 왔듯이 분야를 막론하고 많이 읽고, 많이 활용해 보는 것 이상의 좋은 방법은 없는 것 같습니다.

한 줄의 코드를 작성해도
반드시 알고리즘을 고려해야 합니다

anonymous
국내 오피스 프로그램 개발팀 팀장
15년간 워드프로세서 개발

Q1. 본인 회사의 채용 프로세스를 간단히 얘기해 주세요.

A1. 서류 전형 후에 합격자에게 알고리즘과 코딩 문제를 이메일로 전달합니다. 문제의 답안 중에 일정 기준을 넘긴 인원에게 기술 인터뷰와 임원 면접을 진행합니다. 기술 인터뷰에서는 간단한 퀴즈를 진행하는 경우도 있습니다.

Q2. 코딩 테스트가 채용에서 차지하는 비중은 어느 정도입니까?

A2. 신입 사원은 알고리즘 해결 능력이나 코딩 스타일을 중점적으로 확인합니다. 프로젝트 경험과 역할을 중요하게 평가하기 때문에 코딩의 비중은 50% 정도입니다. 경력 사원의 경우에는 프로그래밍 완성도와 함께 개발에 대한 숙련도를 평가합니다. 주어진 문제에 대해서 객체 지향적으로 설계할 수 있는지, 알고리즘을 해결하기 위해서 성능과 구조적인 고민을 했는지를 확인하고 있습니다.

Q3. 기술 인터뷰에서는 주로 어떤 점을 확인하나요?

A3. 이전에 진행한 프로젝트에서 어떤 역할을 수행했는지, 문제가 발생했을 때 어떻게 해결 했는지를 확인합니다. 기술 지식에 대해서는 기본적인 사항만 확인하고 있습니다.

Q4. 회사 일을 하는 데 있어 자료구조와 알고리즘을 얼마나 알아야 하나요? 또는 학습 하는 데 좋은 방법이 있다면 알려주세요.

A4. 한 줄의 코드를 작성하는데도 알고리즘을 고려하지 않는다면 최적의 성능과 확장성을 보장할 수 없습니다. 기존의 이론 지식을 쌓는 것도 중요하지만, 실제 프로그램에 어떻게 적 용하느냐를 고민하면서 학습하면 경험을 확장하는 데 도움이 될 것입니다.

코딩 테스트가 없는 게임 회사는 한 곳도 없었습니다

anonymous

현 외국계 게임회사 10년차 게임 개발자

코딩 테스트가 없는 게임 회사는 한 곳도 없었습니다. 문제 유형은 회사별로 천차만별입니다. 간단한 문자열이나 정렬부터 탐색이나 동적 프로그래밍 등 매우 다양했습니다. 저는 코딩 테스트를 위해 딱히 준비한 적은 없었고, 평소에 재미 삼아 풀던 문제들을 많이 풀었습니다. 기술 인터뷰를 위해서는 관련 서적을 한 권 정도 읽어봤고, 인터뷰 직전에 잘 기억나지 않는 부분을 인터넷 검색을 통해 재차 확인했습니다.

코딩게임은 재미는 물론 도전의식도 불러일으켜 주죠

anonymous

한국 게임회사에서 모바일 게임 클라이언트 개발 5년,
외국계 게임회사에서 콘솔 및 모바일 게임 클라이언트 개발 5년,
현 외국계 게임회사 10년차 게임 개발자

Q1. 어떠한 과정을 통해 채용되었나요?

A1. 첫 회사인 한국 게임회사는 대학교 4학년 2학기에 인턴으로 들어갔습니다(2010년). 인턴 기간을 마친 뒤에 공채 시험 및 면접 과정을 통해 정직원이 되었습니다. 두 번째 회사인 외국계 게임회사는 링크드인에서 만난 헤드헌터를 통해 지원했으며, 코딩 테스트를 통과한 후에 기술 및 인사팀 면접 과정을 거쳐 채용되었습니다(2014년).

Q2. 입사 지원했던 회사에서 모두 코딩 테스트를 치렀나요?

A2. 첫 번째 회사에서는 코딩 테스트 없이 코딩 관련 시험(4지선다 및 주관식)을 봤고, 두 번째 회사는 알고리즘 관련 코딩 테스트를 봤습니다. 그 외에 입사 지원했던 회사에서도 대부분 코딩 테스트가 있었습니다(지원했던 회사들의 약 80%).

Q3. 주로 어떤 문제들이 출제되었나요?

A3. 문제 유형은 그래프 알고리즘 관련 문제(최단 거리 찾기 등), 탐욕 알고리즘 문제(길찾기 등)가 있었습니다. 간단한 게임 프레임워크(Init, Deinit, Draw, Update)와 게임 명세를 준 뒤 게임을 개발하도록 하는 회사도 있었습니다.

Q4. 기술 인터뷰는 어떻게 진행되었나요?

A4. 주로 코딩 테스트 솔루션에 관한 이야기, 즉 알고리즘을 선택한 이유나 솔루션에 아쉬운 점이 없는지 등에 관한 이야기를 많이 나눴습니다. 또한 과거 프로젝트 경험 및 보유 기술 등에 관해 이야기를 많이 나눴습니다.

Q5. 코딩 테스트를 위해 어떤 준비를 하셨나요?

A5. 이론 관련된 공부는 codility.com 또는 hackerrank.com에서 실제 문제를 풀면서 공부했고, 응용 방법은 코딩게임에서 공부했습니다. 문제를 많이 풀어 봤습니다.

Q6. 기술 인터뷰를 위해 어떤 준비를 하셨나요?

A6. Game Programming Architecture(Jason Gregory)나 Game Coding Complete (Mike McShaffry) 등 게임 개발 전반을 다루는 책들을 주로 읽었고, Programming Interview Exposed(John Mongan) 등 개발자 인터뷰 전문 책들도 읽었습니다.

Q7. 코딩게임은 어떻게 학습에 도움이 되었나요?

A7. 코딩게임은 내가 작성한 코드가 어떻게 동작하는지 인터랙티브하게 결과를 보여줘서 재미도 있고 도전 의식을 불러일으킵니다. 또 다른 개발자들과의 경쟁 요소도 있습니다. 때문에 다른 코딩 사이트에서는 단순히 이론을 공부하고 사용해 보는 데에 그치는 반면, 코딩게임에서는 좀 더 나은 코드를 여러 번 적용해 보고 테스트해 보게 됩니다.

좀 더 깊은 지식에 대해 반복적으로 질문하기도 합니다

anonymous

외국계 게임회사 테크니컬 매니저

Q1. 본인 회사의 채용 프로세스를 간단히 얘기해 주세요.

A1. 저는 A, B 두 군데 회사의 경험이 있는데, A 회사는 공채를 기준으로 말씀드리면(2016년) 1차로 프로그래머 지원자 대상 공통 필기 시험을 진행합니다. 1차에서 일정 점수 이상을 획득한 지원자를 대상으로 실무 면접을 진행합니다. 사전에 프로그래밍 과제들을 주고, 이 과제를 풀어서 제출하면 실무 면접 시 함께 검토합니다. B 회사는 1차로 프로그래머 지원자 대상 온라인 프로그래밍 과제 테스트를 진행하고, 과제 테스트를 통과한 지원자는 실무 면접과 함께 오프라인 프로그래밍 테스트를 진행합니다.

Q2. 코딩 테스트가 채용에 차지하는 비중은 어느 정도입니까?

A2. A 회사는 실시간 코딩 테스트 형태로 지원자를 평가하지는 않았고, 대신 실무 면접 며칠 전에 과제를 주고 실무 면접에서 그 프로그래밍 과제에 대한 풀이를 검토하고 관련한 질문 답변을 진행하여 당락을 판단했습니다. 즉 코딩 테스트가 절대적인 비중을 차지한다고 볼 수 있죠. B 회사는 온라인 사전 과제 테스트 및 오프라인 프로그래밍 테스트 모두 프로그래밍 자체에 대한 테스트이며, 이 테스트를 통과해야만 이후 면접을 진행하게 되므로 이 회사 또한 코딩 테스트의 비중이 절대적이었다고 할 수 있겠네요.

Q3. 코딩 테스트에서 중점적으로 확인하는 것은 무엇입니까?

A3. A 회사의 테스트는 기본기를 갖추었는지 확인하는 것이 주 목표입니다. 복잡하고 어려운 문제가 아닌, 조금만 생각하면 어느 정도 풀 수 있는 문제를 출제하는데요. 대신 그 문제를 얼마나 효율적으로 풀었는지, 필요한 자료구조를 충분히 이해하고 잘 활용하는지 그리고

프로그램 전체의 구조가 수정 및 확장에 용이한지 등을 살펴봅니다. B 회사의 경우에는 지원자가 충분한 프로그래밍 지식과 집중력, 순발력을 가지고 있는지 살펴봅니다. 테스트 시간이 길지 않기 때문에 원하는 결과를 얻기 위해서는 사전에 방대한 지식 및 경험을 필수적으로 갖춰야 하며, 현장에서 짧은 시간에 집중하여 문제를 풀 수 있는 능력이 요구됩니다.

Q4. 기술 인터뷰에서는 주로 어떤 점을 확인하나요?

A4. A 회사는 기본적인 자료구조나 알고리즘을 알고 있는지, 그리고 그런 것을 어떻게 활용할 수 있는지를 많이 물어보는 편입니다. 피상적인 지식보다는 근본적인 이해를 원하기 때문에 한 질문에 대해 지원자가 답변을 하면 그 답변과 관련된 좀 더 깊은 지식에 대해 반복적으로 질문함으로써 지원자가 정말 잘 알고 있고 잘 활용할 준비가 되어 있는지를 가늠합니다. B 회사는 프로그래밍 테스트 결과를 지원자와 함께 검토하면서 지원자가 어느 정도의 지식을 가지고 있는지, 어떠한 경험을 쌓아왔는지 그리고 검토 중 확인된 문제들에 대해 얼마나 빠르고 현명하게 대처할 수 있는지 등을 살펴봅니다.

Q5. 회사 일을 하는 데 있어 자료구조와 알고리즘을 얼마나 알아야 하나요? 또는 얼마나 중요한가요?

A5. 사실 회사 업무에서는 당장에 자료구조와 알고리즘을 모르더라도 필요하면 찾아서 배우고 활용하면 되지만, 어떤 때에 어떤 것이 필요한지, 어떤 것에 주의해야 하는지 같은 지식을 미리 갖추고 있으면 문제 해결에 있어 잘 모르는 사람과는 비교할 수 없을 정도로 유리합니다. 그러므로 평소에 다양한 자료구조와 알고리즘에 대해 폭넓게 알아 두고 주요한 것들에 대해서는 깊게 공부해 두는 것이 업무 효율을 높이는 데에 많은 도움이 됩니다.

Q6. 코딩 알고리즘과 자료구조를 학습하는 데 좋은 방법이 있다면 알려주세요.

A6. 이론적인 내용은 TAOCP(The Art of Computer Programming, 도널드 커누스, 한빛미디어)와 같은 유명한 책을 꾸준히 학습하고, 각종 온라인 테스트 사이트에서 레벨에 맞는 문제들을 풀어 보는 것이 도움이 됩니다. 어느 정도 지식과 경험이 쌓이면 코딩게임과 같이 다양한 실전 테스트가 가능한 사이트에서 여러 문제에 도전하다 보면 실력이 늘어 가는 걸 느낄 수 있습니다.

Q7. 자주 출제되는 (최신) 유형 혹은 많이 확인하는 알고리즘이 있나요?

A7. 언제나 가장 중요한 것은 기본 알고리즘 및 자료구조입니다. 대학 학부 과정에서 한 학기 정도 동안 배우는 기본 내용 정도는 숙지해서 막힘 없이 코딩할 만큼 완벽하게는 아니더라도 각종 자료구조와 알고리즘의 장점, 단점, 활용 방법 등은 어느 정도 잘 알고 있어야 합니다.

코딩 테스트는 기본이 안 되어 있는 사람을
필터링하는 용도입니다

문성훈

재미인터랙티브 서버 팀장, 시맨텍 프로그램 팀장

18년차 개발자

저희 회사에서 코딩 테스트의 비중은 10% 정도입니다. 잘한다고 가산되지 않을 정도로 쉬운 문제지만 기본이 안된 사람을 필터링하는 용도로 활용됩니다. 기술 인터뷰에서는 이력서에서 기술한 내용을 얼마나 알고 있는지 확인하고 자신의 한 일을 정확히 전달하는 커뮤니케이션 능력을 봅니다.

제가 지원자의 입장이었을 때는 대부분의 큰 회사는 코딩 테스트를 기본으로 보는 추세이고 회사마다 난이도와 방식이 조금씩 달랐습니다. 오프라인 코딩 테스트는 손코딩 수준의 문제들 위주였고 온라인 코딩 테스트는 중상급 정도의 문제들이 나왔습니다.

공부 방식은 책과 인터넷에서 코딩 테스트 문제를 반복해서 풀어보는 방식으로 준비했습니다.

부록

B

프로그램 이해에 도움되는 수도코드

문제 풀이에 막혔다고요? 걱정하지 마세요. 그런 분들을 위해 힌트를 마련했습니다. 각 문제의 전체 코드 윤곽을 제공하고 있으니 이를 참조해서 다시 한번 풀어 보기 바랍니다. 일부는 코드로 제공하고, 일부는 수도코드로 제공합니다. 수도코드로 되어 있는 부분을 여러분이 직접 코드로 변경하면 대부분 정답을 찾을 수 있습니다.

자료실 www.hanbit.co.kr/src/10161

03 The Descent

```
while True:
    max_h = 0                  # 가장 높은 산의 높이를 저장할 변수입니다.
    max_index = 0              # 가장 높은 산의 인덱스를 저장할 변수입니다.
    for i in range(8):         # 턴마다 8개의 입력 값을 받습니다.
        # mountain_h에는 각 산의 높이가 저장됩니다.
        mountain_h = int(input())

        if 입력 받은 산의 높이가 현재까지의 최댓값보다 크다면:
            산의 높이와 인덱스를 갱신한다.

    # 산의 높이가 아닌 인덱스를 출력해야 합니다.
    max_index를 출력한다.
```

04 Temperatures

```
n = int(input())
if 입력의 개수가 0이면:
    "0"을 출력한다.
else:
    # 5527로 초기화한 이유는 제약 사항에서 온도의 범위가 -273에서 5526으로 주어졌기 때문입니다.
    min_t = 5527
    for i in input().split():
        t = int(i)
        if 입력 받은 온도의 절댓값이 min_t보다 작을 경우:
            min_t = t
        if 두 온도의 절댓값이 같을 경우:
            if t > 0:                   # 양수를 최솟값으로 합니다.
                min_t = t
    min_t를 출력한다.
```

```
# bin 함수를 이용하여 이진수로 변환합니다.
def to_binary(decimal):
    # bin 함수는 맨 앞에 "0b"가 붙기 때문에 앞의 두 글자를 제거합니다.
    binary = bin(decimal)[2:]

    2진수 문자열의 길이가 6일 경우 0을 덧붙인다.
    # 단, bin 함수를 이용하여 binary는 이미 이진수로 변경되었기에 "0"을 앞쪽에 붙입니다.

    return binary


# 주어진 이진 문자열을 척노리스 인코딩을 하여 반환합니다.
def chuck_norris_encoding(message):
    previous_bit = ""              # 이전 비트를 저장할 변수입니다.
    encoded_message = ""           # 최종 인코딩된 메시지를 저장할 변수입니다.
    for bit in message:
        if bit != previous_bit:    # 비트가 변경될 때마다 현재 비트에 따라 "0"또는 "00"을 추가합니다.
            if bit == "1":         # 1은 "0"이고 0이 "00"입니다.
                encoded_message += " 0 "    # 앞뒤로 공백이 있음을 주의하기 바랍니다.
            else:
                encoded_message += " 00 "   # 마찬가지로 앞뒤로 공백이 있습니다.
        answer += "0"
        previous_bit = bit
    # 문자열의 맨 앞에 공백이 하나 붙기 때문에 이를 제거해야 합니다.
    encoded_message를 반환한다.


message = input()                  # 인코딩할 문자열을 입력 받아 message에 저장합니다.
binary_string = ""                 # 2진수 문자열을 저장할 변수를 선언합니다.


for char in message:
    char의 아스키 코드를 구하여 ascii_value에 대입한다.
    ascii_value를 2진수로 변환한다.
    변환된 2진수를 binary_string에 병합한다.


# 파트2. 2진수 문자열을 척 노리스 방식으로 인코딩하여 출력합니다.
encoded_message = chuck_norris_encoding(binary_string)
encoded_message를 최종 출력한다.
```

06 Stock Exchange Losses

```
n = int(input())
highest_price = max_loss = 0              # 최고가와 최대 손실을 저장할 변수를 선언합니다.
for p in input().split():
    p = int(p)                            # 입력 받은 문자를 정수형으로 변환합니다.
    if 현재가가 최고가보다 더 크면:
        최고가를 현재가로 변경한다.
    if 현재가에서 최고가를 뺀 금액(손실)이 최대 손실보다 더 크면:
        최대 손실 = 현재가 - 최고가
최대 손실을 출력한다.
```

07 There is No Spoon

```
def find_right_power_node(power_x, power_y, cells, width, height):
    for x in 파워셀의 오른쪽 노드부터 행의 끝까지:
        if cells[power_y][x] == '0':          # 오른쪽 이웃 파워 노드를 찾았습니다.
            return (x, power_y)
    return (-1, -1)


def find_lower_power_node(power_x, power_y, cells, width, height):
    for y in 파워셀의 아래쪽 노드부터 열의 끝까지:
        if cells[y][power_x] == '0':          # 아래쪽 이웃 파워 노드를 찾았습니다.
            return (power_x, y)
    return (-1, -1)


width = int(input())     # x축의 길이
height = int(input())    # y축의 높이

# 입력을 받아 2 x 2 배열에 저장합니다.
cells = [''] * height
for y in range(height):
    cells[y] = [''] * width
    line = (input())
    for x in range(width):
        cells[y][x] = line[x]

for y in range(height):
    for x in range(width):
        if cells[y][x] == '0':
```

```
        # 파워 노드 셀을 찾았습니다.
        right_x, right_y = 오른쪽 이웃 파워 노드를 찾는다.
        lower_x, lower_y = 아래쪽 이웃 파워 노드를 찾는다.
        x, y, right_x, right_y, lower_x, lower_y를 출력한다.
```

08 WAR

```
def get_card_rank(card):
    card_ranks = ['2', '3', '4', '5', '6', '7', '8', '9', '10', 'J', 'Q', 'K', 'A']
    # 카드의 맨 뒷글자(무늬 정보)를 제거한 후, card_ranks에서 위치를 찾아 반환합니다.
    카드의 등급 정보를 반환한다.

def fight(card1, card2):
    rank1 = card1의 등급
    rank2 = card2의 등급
    if rank1 > rank2:        # 플레이어 1 승리
        return 1
    elif rank1 < rank2:      # 플레이어 2 승리
        return 2
    else:
        return 0             # 무승부


n = int(input())          # 플레이어 1의 카드 개수
deck1 = [input() for i in range(n)]
m = int(input())          # 플레이어 2의 카드 개수
deck2 = [input() for j in range(m)]


num_turns = 0              # 전체 턴 횟수를 저장하기 위한 변수입니다.
result = 0                 # 결투의 결과를 저장할 변수입니다.
while 두 플레이어 모두 카드가 남아 있는 동안:
    num_turns += 1
    index = 0
    결투를 벌이고 그 결과를 result에 반영한다.
    while result == 0:
        # 결투의 결과가 0(무승부)이면 전쟁을 시작합니다.
        # 전쟁에서는 4번째(3장 버림 + 1장 결투) 카드로 결투하므로 index를 4씩 증가합니다.
        index += 4
        # 한 명이라도 남은 카드가 4장 미만이면 무승부를 발생하고 while문을 종료합니다.
        if index >= len(deck1) or index >= len(deck2):
```

```
        break
```

다시 결투를 벌이고 그 결과를 result에 저장한다.

```
# 카드 꾸러미의 0번 인덱스부터 마지막 인덱스까지 전쟁 또는 결투에서 사용한 카드이므로
# 마지막 인덱스를 기준으로 카드 꾸러미를 재배치합니다.
# deck[0:index+1] - 카드 꾸러미에서 사용한 카드
# deck[index+1:] - 카드 꾸러미에서 사용하지 않은 카드
if result == 1:          # 플레이어 1 승리
    deck1 = deck1[index+1:] + deck1[0:index+1] + deck2[0:index+1]
    deck2 = deck2[index+1:]
elif result == 2:   # 플레이어 2 승리
    deck2 = deck2[index+1:] + deck1[0:index+1] + deck2[0:index+1]
    deck1 = deck1[index+1:]
else:                # 무승부
    # 전쟁의 결과가 무승부이므로 반복문을 빠져나옵니다.
    break
```

```
# 마지막 결투의 결과가 게임의 최종 승자입니다.
if 최종 결투의 결과가 0이면:
    "PAT"를 출력한다.
else:
    승자와 전체 턴 횟수를 출력한다.
```

09 Scrabble

```python
def get_word_score(word):
    # 문제에서 단어는 소문자로 주어지지만, 만일을 대비해서 소문자로 변경합니다.
    letters = word.lower()
    score = 0
    for ch in letters:
        if ch in "eaionrtlsu": score += 1
        elif ch in "dg" : score += 2
        elif ch in "bcmp" : score += 3
        elif ch in "fhvwy" : score += 4
        elif ch in "k" : score += 5
        elif ch in "jx" : score += 8
        elif ch in "qz" : score += 10
    return score
```

```python
def is_word_feasible(word, letters):
    for char in word:
        if 단어에 사용된 글자의 개수가 알파벳 꾸러미의 글자의 개수보다 많으면:
            return False
    return True


n = int(input())
dictionary = [input() for i in range(n)]
letters = input()
print("dictionary = %s" % (dictionary), file=sys.stderr)
print("letters = %s" % (letters), file=sys.stderr)


max_score = 0
max_scored_word = ''

for word in dictionary:
    if word가 letters로 조합가능하면:
        score = word의 점수를 얻어온다.
        if score가 max_score보다 크면:
            max_score와 max_scored_word를 갱신한다.

max_scored_word를 출력한다.
```

10 Shadows of the Knight

```python
# w: 빌딩의 가로 길이
# h: 빌딩의 세로 높이
w, h = [int(i) for i in input().split()]
n = int(input())  # 배트맨이 점프할 수 있는 최대 횟수
x, y = [int(i) for i in input().split()]

low_y = 0
high_y = h - 1
left_x = 0
right_x = w - 1
```

```
while True:
    bomb_dir = input()
    if 'U' in bomb_dir:        # Up: 폭탄이 위에 있으므로 아래쪽은 더 이상 찾지 않습니다.
        # 상하가 뒤집혀 있으므로 low가 아닌 high를 변경합니다.
        high_y를 배트맨의 현재 위치 -1로 옮긴다.
    elif 'D' in bomb_dir:      # Down: 폭탄이 아래에 있으므로 위쪽은 더 이상 찾지 않습니다.
        # 상하가 뒤집혀 있으므로 high가 아닌 low를 변경합니다.
        low_y를 배트맨의 현재 위치 +1로 옮긴다.
    else:
        low_y = high_y = y     # 이곳이 폭탄이 설치되어 있는 방의 y좌표입니다.

    if 'R' in bomb_dir:        # Right: 폭탄이 오른쪽에 있으므로 왼쪽은 더 이상 찾지 않습니다.
        left_x를 배트맨의 현재 위치 +1로 옮긴다.
    elif 'L' in bomb_dir:      # Left: 폭탄이 왼쪽에 있으므로 오른쪽은 더 이상 찾지 않습니다.
        right_x를 배트맨의 현재 위치 -1로 옮긴다.
    else:
        left_x = right_x = x   # 이곳이 폭탄이 설치되어 있는 방의 x좌표입니다.

    x = left_x와 right_x의 중간값
    y = low_y와 high_y의 중간값
    x와 y좌표를 출력한다.
```

11 The Gift

```
n = int(input())
cost = int(input())
budgets = [int(input()) for i in range(n)]

if 예산의 총합이 선물 가격보다 적으면:
    IMPOSSIBLE을 출력한다.
else:
    예산을 가격순(오름차순)으로 정렬한다.
    for i in range(n):
        avg = 남은 물건 가격을 남아 있는 사람으로 나눈 평균 (정수형)
        spend = 평균액과 본인의 예산 중 적은 값.
        지불할 금액(spend)을 출력한다.
        지불한 금액만큼 물건 가격에서 차감한다.
```

```
class Node:
    def __init__(self, value):  # 생성자
        self.value = value       # 노드 안의 각 항목을 저장할 변수, 여기서는 노드 번호
        self.children = []       # 자식 노드를 담을 배열

    def __repr__(self):
        return 'Node(' + str(self.value) + ')'

    def __str__(self):
        return 'Node({0}) -> {1}'.format(self.value, self.children)

    def add_child(self, other):
        self.children.append(other)

    def get_height(self):
        max_height = 0
        for child in self.children:
            child.get_height()의 결과중 가장 큰 값을 max_height에 저장한다.

        # 자식 노드의 가장 큰 높이 + 1이 현재 노드의 높이가 됩니다.
        # 자식 노드가 없는 경우는 max_height의 초깃값이 0이므로 1을 반환합니다.
        return max_height + 1


class Graph:
    def __init__(self):
        # 전체 노드를 저장할 변수, 노드 번호를 키로 하는 딕셔너리를 사용합니다.
        self.nodes = {}

    # 입력 받은 두 노드 번호를 연결합니다. (x -> y)
    def influence(self, x, y):
        # x, y 노드가 딕셔너리에 존재하지 않을 경우 새로 생성합니다.
        if x not in self.nodes:
            self.nodes[x] = Node(x)
        if y not in self.nodes:
            self.nodes[y] = Node(y)
        # x를 부모 노드로 y를 자식 노드로 하는 참조 관계를 형성합니다.
        self.nodes[y]를 self.nodes[x]의 자식 노드로 추가한다.

    # 그래프의 높이를 구한다.
    def get_graph_height(self):
        graph_height = 0
```

```
                    # 자식 노드의 높이 중 최댓값이 그래프의 높이다.
                    for idx in self.nodes:
                        child_height = self.nodes[idx].get_height()
                        child_height의 값 중 가장 큰 값을 graph_height에 저장한다.
                    return graph_height


graph = Graph()
n = int(input())      # 영향력 관계의 개수 n을 입력 받습니다.
for i in range(n):
    # 영향력 관계에 있는 두 사람의 번호를 입력 받습니다.
    # x가 y에 영향을 미친다는 뜻입니다.(x-->y)
    x, y = [int(j) for j in input().split()]
    # 그래프 자료구조에 이 관계를 추가합니다.
    graph.influence(x, y)

graph의 높이를 계산하여 출력한다.
```

13 Skynet Revolution

```
class Node:
    def __init__(self, number):
        self.number = number
        self.parent = None
        self.children = []

    def connect(self, other):
        self.children.append(other)


class Graph:
    def __init__(self):
        # 노드를 빠르게 참조하기 위해 배열보다 딕셔너리를 사용합니다
        self.nodes = {}

    def connect(self, x, y):
        # 딕셔너리에 노드가 존재하지 않으면 새로운 노드를 만듭니다.
        if x not in self.nodes:
            self.nodes[x] = Node(x)
```

```
            if y not in self.nodes:
                self.nodes[y] = Node(y)
            # 양방향 그래프이므로 양쪽 노드에 추가합니다.
            self.nodes[x].connect(self.nodes[y])
            self.nodes[y].connect(self.nodes[x])

    def remove_connection(self, x, y):
        # 양방향 그래프이므로 양쪽 노드에서 삭제해야 합니다.
        self.nodes[x].children.remove(self.nodes[y])
        self.nodes[y].children.remove(self.nodes[x])

    def find_shortest_path(self, start, goal):
        open_list = [self.nodes[start]]      # 열린 목록에 출발 노드를 추가합니다.
        closed_list = []                     # 탐색 종료된 노드를 저장할 닫힌 목록을 생성합니다.

        # 열린 목록에 탐색할 노드가 남아 있는 동안 탐색을 수행합니다.
        while open_list:
            current = 열린 목록의 첫번째 노드를 가져온다.
            current는 이제 탐색을 완료 했기 때문에 닫힌 목록에 집어 넣는다.

            if 현재 노드의 번호가 goal이라면:
                # 이동 경로는 목적지부터 시작 위치까지 부모 노드를 역으로 참조하면서 생성합니다.
                shortest_path = []
                while current.number != start:
                    # 노드의 번호를 배열에 추가하면서 되돌아갑니다.
                    shortest_path.append(current.number)
                    # current를 부모 노드로 갱신합니다.
                    current = current.parent
                shortest_path.append(start)
                return shortest_path를 뒤집어서 반환한다.

            # 목적지가 아니라면 현재 노드의 이웃 노드를 열린 목록에 추가합니다.
            for node in current.children:
                if node가 열린 목록과 닫힌 목록에 모두 존재하지 않으면:
                    node.parent = current        # 노드의 이동 경로를 표시합니다.
                    node를 열린 목록에 추가한다.

        # 모든 노드를 탐색하고도 목적지를 찾지 못하면 빈 배열을 반환합니다.
        return []


# n: 출구를 포함한 전체 노드의 개수
# l: 노드 간 연결의 개수
```

```
# e: 출구의 개수
n, l, e = [int(i) for i in input().split()]
graph = Graph()
for i in range(l):
    # n1 노드와 n2 노드의 위치를 받습니다.
    n1, n2 = [int(j) for j in input().split()]
    # 그래프의 두 노드를 연결합니다.
    graph.connect(n1, n2)

# 출구 노드의 위치를 얻어옵니다.
exits = [int(input()) for i in range(e)]
while True:
    si = int(input())          # 스카이넷 에이전트의 현재 위치를 얻어옵니다.
    shortest_path = None       # 에이전트와 가장 가까운 노드와의 최단 경로를 저장할 변수입니다.
    for goal in exits:
        path = 에이전트의 현재 위치에서 출구까지의 최단 경로를 구한다.
        # 노드 연결을 실제로 끊은 경우 최단 경로를 찾지 못할 수 있기 때문에 길이를 확인해야 합니다.
        if len(path) > 0:
            # 출구와의 거리가 가장 짧은 경로를 찾습니다.
            if shortest_path 가 None이거나 len(path)가 기존 최단 경로의 길이보다 더 짧으면:
                최단 경로를 새로운 경로로 갱신한다.
    경로의 마지막 두 노드 번호를 출력하여 연결을 끊는다.
```

14 TAN Network

```
class Node:
    def __init__(self, identifier, name, latitude, longitude):
        self.identifier = identifier # 고유 식별자
        self.name = name             # 정거장 이름
        self.latitude = latitude     # 위도
        self.longitude = longitude   # 경도
        self.distance = 0.0          # 시작 정거장부터 이 정거장까지의 거리
        self.parent = None           # 부모 노드: 경로의 직전 노드
        self.children = []           # 자식 노드: 이 정거장과 연결된 다른 정거장 정보를 담을 리스트

    def connect(self, other):
        self.children.append(other)

    def get_distance(self, other):
```

```
        distance = 문제에서 주어진 공식을 이용하여 self와 other사이의 거리를 구한다.
        return distance

class Graph:
    def __init__(self):
        self.nodes = {}

    # 사용 예 : graph.insert("ABDU", Node("ABDU", "Abel Durand", 47.22, -1.60))
    def insert(self, uid, node):
        self.nodes[uid] = node            # uid는 노드 클래스 식별자

    def connect(self, id1, id2):
        self.nodes[id1].connect(self.nodes[id2])

    def find_shortest_path(self, start_id, end_id):
        start_stop = self.nodes[start_id]      # 출발 정거장
        end_stop = self.nodes[ end_id]         # 도착 정거장
        open_list = [start_stop]
        closed_list = []
        while open_list:
            current = open_list.pop(0)
            closed_list.append(current)
            if 도착 정거장을 찾으면:
                path = []
                while current is not None:
                    # 역 이름을 경로에 담습니다.
                    path.append(current.name)
                    current = current.parent
                return path를 뒤집어 반환한다.

            for neighbor in current.children:
                # 이미 열린 목록에 있는 경우 두 경로의 거리를 비교합니다.
                if neighbor in open_list:
                    exist_one = open_list[open_list.index(neighbor)]
                    new_distance = current.distance + neighbor.get_distance(current)
                    if 기존 경로보다 더 좋은 경로를 발견하면:
                        부모 노드와 거리 값을 갱신하여 경로를 수정한다.elif

                # 한 번도 확인하지 않은 경우 열린 목록에 집어 넣습니다.
                elif neighbor가 열린 목록과 닫힌 목록에 모두 없다면:
                    # 현재 노드를 이웃 노드의 부모 노드로 지정하여 이웃 노드의 이동 방향을 결정합니다.
                    neighbor.parent = current
                    # 이웃 노드의 거리는 현재 노드의 거리(시작 노드부터 현재 노드까지의 거리)와
```

```python
            # 현재 노드에서 이웃 노드까지의 거리의 합입니다.
            neighbor.distance = current.distance + neighbor.get_distance(current)
            open_list.append(neighbor)
        # 열린 목록을 거리순으로 정렬합니다.
        open_list = sorted(open_list, key=lambda x: x.distance)
    return []


# 입력 형식은 StopArea:ABDU와 같습니다.
# split 함수를 이용하여 ':'를 기준으로 분리한 후 뒷부분만을 취합니다.
start_id = input().split(':')[1]    # ABDU와 같은 식별자를 저장합니다.
end_id = input().split(':')[1]      # 마찬가지로 도착 정거장의 식별자를 저장합니다.


# StopArea:ABDU,"Abel Durand",,47.22019661,-1.60337553,,,1,
# 징거장 정보에는 여러 가지 내용이 있지만 우리는 다음 4가지의 정보만을 필요로 합니다.
# 인덱스 0: 식별자, 1: 정거장 이름, 3: 위도, 4: 경도
tan = Graph()
n = int(input())
for i in range(n):
    info = input()
    stop_info = info.split(',')              # 정거장 정보의 각 필드는 콤마(,)로 구분합니다.
    identifier = stop_info[0].split(':')[1]  # 식별자는 정거장 이름과 같은 방법으로 얻어옵니다.
    name = stop_info[1].strip('\"')  # 정거장 이름의 앞뒤에 큰 따옴표("")가 있어 이를 제거합니다.
    latitude = float(stop_info[3])           # 위도값을 실수형으로 변환합니다.
    longitude = float(stop_info[4])          # 경도값을 실수형으로 변환합니다.
    # 필요한 정보를 모두 얻었으면 노드 클래스를 생성하여 딕셔너리에 추가합니다.
    tan.insert(identifier, Node(identifier, name, latitude, longitude))


# add connections
m = int(input())                            # 정거장의 연결 정보의 개수
for i in range(m):
    stop_area1, stop_area2 = input().split(' ')
    stop1_id = stop_area1.split(':')[1]
    stop2_id = stop_area2.split(':')[1]
    tan.connect(stop1_id, stop2_id)         # 각 정거장을 연결합니다.


path = tan.find_shortest_path(start_id, end_id)
if 경로를 찾으면:
    정거장 이름을 한 줄에 하나씩 출력한다.
else:
    경로를 찾지 못할 경우 IMPOSSIBLE을 출력한다.
```

15 Roller Coaster

```
l, c, n = [int(i) for i in input().split()]        # 정원(L), 운행 횟수(C), 그룹의 개수(N)
groups = [int(input()) for i in range(n)]          # 대기열
total_revenue = 0                                   # 롤러코스터 총 매출액


total_passengers = sum(groups)
if total_passengers가 정원(l)보다 적거나 같으면:
    # 전체 인원수에 하루 운행 횟수를 곱하여 매출을 바로 구할 수 있습니다.
    total_revenue = total_passengers * c
else:
    revenue_history = {}                            # 탑승 정보를 저장할 딕셔너리 입니다.
    next_idx = 0                                    # 다음 탑승할 그룹의 위치를 지정합니다.
    for i in range(c):                              # 하루 운행 횟수(c)만큼 반복문을 수행합니다
        num_passengers = 0                          # 롤러코스터 탑승객 수
        if next_idx in revenue_history:
            # 인덱스가 딕셔너리에 있으면 곧바로 다음 운행 인덱스와 탑승 인원을 얻어옵니다.
            next_idx, num_passengers = revenue_history[next_idx]
        else:
            # 운행 정보가 없으면 기존의 방식 그대로 계산합니다.
            begin_idx = next_idx                    # 탑승 시작한 인덱스를 저장합니다.
            while 손님을 태울 수 있는 동안:          # 탑승한 그룹의 인원수만큼 탑승객 수를 증가시킵니다.
                num_passengers += groups[next_idx]
                next_idx = (next_idx + 1) % n       # 인덱스를 1 증가시킵니다.
            # 계산한 정보를 딕셔너리에 저장하여 다음 운행에서 이용할 수 있도록 합니다.
            revenue_history[begin_idx] = (next_idx, num_passengers)
        운행을 마치면 총 매출액(total_revenue)에 탑승객 수(num_passengers)를 더한다.
최종 매출액(total_revenue)을 출력한다.
```

훌륭합니다. 여기까지 끝마치셨군요. 코딩게임에는 이 책에서 다룬 문제 말고도 재미있는 문제가 많이 있습니다. 마음 같아서는 전부 다 소개하고 싶었지만, 그러지 못해 많이 아쉽군요. 저는 개인적으로 Skynet Revolution 시리즈를 재미있게 했는데 여러분은 어떤 게임이 재미있었나요? 이 책에서 미처 다루지 못한 문제도 시간을 들여 하나씩 풀어 보시기 바랍니다. 그리고 그 과정에서 코딩의 즐거움을 깨닫기를 희망합니다.

이 책에서 주로 풀이한 문제는 중급 문제를 중점으로 풀었습니다. 많은 개발사에서 찾는 개발자의 역량이 중급과 고급 사이에 있기 때문이죠. 여러분이 중급 문제를 혼자서 충분히 풀 수 있다면 어느 정도 자신감을 가져도 됩니다. 중급 및 고급 문제를 풀기 위해서는 몇몇 프로그래밍 알고리즘 지식이 필요합니다. 하지만 실제 현업에서 일하기 위해 이러한 알고리즘을 알아야 하느냐고 묻는다면 저는 아니라고 말할 겁니다. 현업에서 필요한 것은 알고리즘보다 문제 분석 및 해결 방법입니다. 앞에서도 알고리즘보다 문제 분석에 의존해서 풀었던 문제 기억하죠? 조금 극단적으로 얘기해서 어떤 알고리즘을 썼는지는 전혀 중요하게 생각하지 않고 문제를 해결하는 것에만 집중하는 회사도 있습니다. 그럼에도 알고리즘을 이야기하는 이유는 알고리즘은 그 동안 있어 왔던 많은 문제를 분석해서 이를 효율적으로 해결할 수 있는 방법을 일반화한 방법이기 때문입니다. 어떤 문제를 접할 때 직감적으로 이 문제는 이러한 알고리즘을 적용하면 쉽게 해결할 수 있을 거라는 생각을 한다면 문제의 반은 해결한 것이나 다름없습니다. 나머지는 알고리즘을 각각의 환경에 맞춰 적용하는 일뿐이니까요.

사실 저는 알고리즘이나 프로그래밍에 그렇게 뛰어난 편은 아닙니다. 여러분보다 조금 더 많이, 그리고 조금 더 오래 했을 뿐입니다. 그리고 프로그래밍을 즐기고 있을 뿐입니다. 그래서 저는 여러분께 어떤 알고리즘을 소개한다기보다는 여러분이 코딩의 즐거움과 몰입의 즐거움을 깨닫기를 바랄 뿐입니다. 코딩을 즐기기 시작한다면 나머지는 군이 제가 안내하지 않아도 여러분이 알아서 공부하고 있을 테니까요.

요즘은 많은 개발사에서 입사 전 코딩 테스트를 거의 필수적으로 봅니다. 다른 지식이 뛰어나다 하더라도 개발자로서 필수 역량인 코딩 실력이 그에 못 미친다면 개발자로서 기회를 얻기가 쉽지 않을 것입니다. 코딩 테스트는 개발자의 길에 들어서는 첫 번째 관문입니다. 코딩 테스트는 꼭 신입들만 보는 것이 아닙니다. 경력자도 다른 직장으로 이직할 때 코딩 테스트를 치르는 경우가 많이 있습니다. 저도 지금까지 수많은 코딩 테스트를 치렀습니다. 성공적으로 치러 합격까지 이끌어 준 결과도 있는 반면 실패했던 경험도 많이 있습니다. 또한 코딩 테스트의 결과는 그저 그랬지만 그 이후의 인터뷰에서 좋은 결과를 얻어 취직에 성공했던 경험도 있습니다.

개발자 인터뷰에서 확인했듯이 대부분의 회사에서 인재 채용을 할 때 코딩 테스트를 치르고 있습니다. 회사마다 정도의 차이는 있지만 대체로 코딩 테스트와 기술 인터뷰의 비중이 매우 높음을 알 수 있습니다. 신입 개발자의 경우 그 비중은 더욱 높습니다. 개발자의 길로 들어선 이상 코딩 테스트는 피할 수 없음을 이해하고 이를 대처할 방법을 찾기를 바랍니다. 그리고 이 책이 그 방법 중의 하나가 되기를 소망합니다.

Index

기타

2진법 **061**

2진수 **063**

2차원 배열 **088, 095**

A

abs **048**

algorithm **020**

array **057, 094**

B

big-O **023**

bin **072**

binary **061, 154**

binary search **154**

breadth first search **189, 212**

brute-force **167**

C

child node **184**

circular queue **261**

closed list **214, 233**

console output **040**

constant **023**

count **136**

cyclic queue **261**

D

depth first search **189**

deque **111**

dictionary **265**

Dijkstra algorithm **233**

directed graph **184**

divide and conquer **051**

dynamic programming **176, 262**

E

edge **183**

F

FIFO **111, 262**

First In First Out **111**

G

graph **183**

greedy algorithm **167**

H

hash map **139**

hash table **139**

I

in **135**

index **128**

L

lambda **240**

Last In First Out **112**

LIFO **112**

linear **023**

linear queue **261**

N

node **183**

O

open list **214, 233**

ord **067**

P

parent node **184**

pseudo code **039**

Q

queue **111, 189, 213**

R

recursion **197**

recursive function **197, 263**

root node **184**

S

slice **065**

space complexity **022**

split **050**

stack **112, 189**

T

time complexity **022**

travelling salesperson problem **024, 176**

tree **201**

tuple **122**

U

undirected graph **184**

V

vertex **183**

Index

ㄱ

간선 183
공간 복잡도 022
그래프 183, 204, 211
깊이 우선 탐색 188, 189

ㄴ

너비 우선 탐색 188, 189, 204, 212
노드 183

ㄷ

다익스트라 알고리즘 233
다중 할당 126
단방향 그래프 184
닫힌 목록 214, 233
데크 111
동적 프로그래밍 176, 262
디버그 모드 091
디버깅 042
딕셔너리 139, 265

ㄹ

람다 240
로그형 시간 복잡도 023
루트 노드 184
리스트 088

ㅁ

무차별 대입법 167
문자열 060
문제 분석 능력 085

ㅂ

바이너리 154
반복문 045, 049, 076
배열 045, 057, 094
부모 노드 184
분할 정복 051
브루트-포스 167
비트 시프트 073
비트 시프트 연산자 060
빅오 표기법 023

ㅅ

상수 시간 복잡도 023
선형 시간 복잡도 023
선형 큐 261
수도코드 039
순환 큐 261
스택 112, 189
슬라이스 065
시간 복잡도 022
시프트 연산 073

ㅁ

아스키 코드 **060, 062**

알고리즘 **020**

양방향 그래프 **184**

열린 목록 **214, 233**

외판원 문제 **024, 176**

원형 큐 **261**

이진 탐색 **154, 156**

인덱스 **035, 043**

인코딩 **060, 066**

ㅈ

자식 노드 **184**

재귀 **197**

재귀 함수 **197, 262**

절댓값 **047**

정점 **183**

조건문 **035, 038, 076**

중첩 반복문 **088, 097**

지수형 **023**

ㅊ

최댓값 **035, 039**

ㅋ

컴퓨터 알고리즘 **021**

코딩게임 **025**

콘솔 출력 창 **040**

큐 **102, 111, 189, 213**

ㅌ

탐욕 알고리즘 **167**

턴제 시뮬레이션 게임 **027**

튜플 **102, 122**

트리 **201**

ㅍ

프로그래밍 알고리즘 **021**

ㅎ

해시 **145**

해시맵 **139**

해시테이블 **139**